Elite
01

關於**哲學**的100個故事

100 Storys of Philosophy

黎瑞山◎編著

　　某天，一位著名的哲學教授給學生們上完哲學導論課後，一名女學生向他抱怨：「教授，聽完您的課，我覺得您在我深信不疑的每一件事情上都戳了一個孔，可是又沒有替代品來填補，我真的有點無所適從！」

　　「同學，」教授嚴肅地答道，「我們的思想中有太多的幼稚、固執和非理性，哲學的任務就是來清理它們的，如果妳感到無所適從，那麼妳就開始真正走上哲學之路了！」這就是哲學，一個高尚的名詞，一個追尋生存意義的科學，一個號稱眾學女王的學問。它看似遙不可及，但其實就在我們的心裡；它看似缺乏實際意義，但卻深刻的影響著您的一切；它看似某些人的專利，但卻是大眾的福音。

　　本書將帶您步入100個哲學故事，使您在領略哲學理論的同時，又能真切體味到哲學的韻味，進而使您享受到思想之光的照耀。書中的每個故事都富饒趣味，極具經典性和代表性，它們濃縮了哲學的精髓。閱讀這些故事，挖掘、汲取蘊藏其中的哲理智慧，不僅可以對哲學的歷史、思想和人物有更真切的理解，還能獲得啟迪，對事業、生活和感情有所幫助。

　　此外，本書透過頗具文化韻味的設計，豐富的圖片，簡約大方的版式等各種要素的密切配合，營造了一個輕鬆有趣且充滿文化氣息的閱讀空間，使讀者能感受到文化與藝術的雙重薰陶，獲得一種難以言喻的美妙感受。

　　無論您是疲倦時，還是休閒時，打開本書，它將給您最溫馨的感受和智慧的啟迪，在撫慰您精神的同時，讓您的思想得以進一步的昇華。只要您隨便翻閱它的任一頁，相信您都會滿載而歸，因為它有助於拓展您的眼界與心胸，不僅能培養獨立思考的能力，也能在特定議題上採取合理的原則與立場。

第一章 中國哲學

文王拘而演周易 ……………………………… 10

崇尚自然的老子 ……………………………… 13

中國的至聖先師 ……………………………… 17

平民主義的墨子 ……………………………… 20

民貴君輕的孟子 ……………………………… 23

殺美人的軍事家 ……………………………… 27

逍遙無為的莊子 ……………………………… 30

學富五車的惠施 ……………………………… 34

「白馬非馬」的公孫龍 ……………………… 36

先秦儒家的大老荀子 ………………………… 39

口吃的雄辯家 ………………………………… 42

罷黜百家，獨尊儒術，功耶？過耶？ ……… 45

王充的「氣」生萬物 ………………………… 48

清高自負的王弼 ……………………………… 50

從此世無廣陵散 ……………………………… 53

青眼有加的怪人 ……………………………… 56

道儒合一的葛洪 ……………………………… 59

第一個反對佛教的狂人 ……………………… 63

儒釋道三合一的王通 ………………………… 66

《西遊記》裡的主角 ………………………… 69

諫迎佛骨觸怒帝王 …………………………………………… 71

中國第一位文盲宗師 ………………………………………… 75

喜愛蓮花的君子 ……………………………………………… 78

安樂窩中的逍遙先生 ………………………………………… 81

吟風弄月以歸的大程 ………………………………………… 84

程門立雪中的小程 …………………………………………… 87

苦行僧般的氣學家 …………………………………………… 90

帝王之師、理學宗師 ………………………………………… 93

「鵝湖之會」及其故事始末 ………………………………… 96

最大的功利主義哲學家 ……………………………………… 99

破山中賊易，破心中賊難 ………………………………… 102

狂放不羈的李贄 …………………………………………… 105

第一個有科技思想的哲學家 ……………………………… 108

日生而日成的船山先生 …………………………………… 111

宣導實幹的顏元 …………………………………………… 115

理存於欲的戴震 …………………………………………… 118

孫中山的「知先行後」 …………………………………… 121

心學思想的當代傳人 ……………………………………… 125

關鍵的轉型人物胡適 ……………………………………… 128

中國最後的儒家 …………………………………………… 131

第一個真正的邏輯學家 …………………………………… 134

哲學史上的奠基人 ⋯⋯⋯⋯⋯⋯⋯⋯⋯ 137

第二章　西方哲學

用理性之光看世界的哲學家──泰勒斯 ⋯⋯⋯⋯ 142

尋求數學規律的哲學家──畢達哥拉斯 ⋯⋯⋯⋯ 145

堅信變的赫拉克利特 ⋯⋯⋯⋯⋯⋯⋯⋯ 148

追尋永恆的巴門尼德 ⋯⋯⋯⋯⋯⋯⋯⋯ 151

思想助產士──蘇格拉底 ⋯⋯⋯⋯⋯⋯⋯ 154

大智大勇者──蘇格拉底 ⋯⋯⋯⋯⋯⋯⋯ 157

亦幻亦真的理念世界──柏拉圖 ⋯⋯⋯⋯⋯ 161

柏拉圖的理想國 ⋯⋯⋯⋯⋯⋯⋯⋯⋯ 165

可笑的與可敬的亞里斯多德 ⋯⋯⋯⋯⋯⋯ 168

住在桶裡的哲學家──第歐根尼 ⋯⋯⋯⋯⋯ 171

「聖人」奧古斯丁 ⋯⋯⋯⋯⋯⋯⋯⋯⋯ 175

證明「上帝存在」的安瑟爾謨 ⋯⋯⋯⋯⋯ 177

高盧的蘇格拉底──阿伯拉爾 ⋯⋯⋯⋯⋯ 179

響聞歐洲的西西里──湯瑪斯・阿奎納 ⋯⋯⋯ 183

知識剃刀──威廉・奧卡姆 ⋯⋯⋯⋯⋯⋯ 185

對傳統的英國批判者──培根 ⋯⋯⋯⋯⋯ 187

對傳統的德國批判者──笛卡兒 ⋯⋯⋯⋯⋯ 190

初定契約──霍布斯・湯瑪斯 ⋯⋯⋯⋯⋯ 193

猶太人的「知識就是美德」——斯賓諾莎 …………………… 196

科全書式的天才 …………………………………………… 199

再訂社會契約——洛克 …………………………………… 202

淘氣的貝克萊 ……………………………………………… 204

走向不可知論的休謨 ……………………………………… 207

上帝猶如一位建築師 ……………………………………… 209

自然神論者孟德斯鳩 ……………………………………… 212

三訂社會契約——盧梭 …………………………………… 215

一個最規則的動詞 ………………………………………… 218

以幸福為尺規的邊沁 ……………………………………… 221

以「自我」為起點 ………………………………………… 223

自然是可見的精神 ………………………………………… 225

「絕對真理」的黑格爾 …………………………………… 227

悲觀主義的叔本華 ………………………………………… 230

人，就是人自己的上帝 …………………………………… 233

唱響自由的密爾 …………………………………………… 236

存在主義的先驅克爾凱郭爾 ……………………………… 239

「超人」——尼采 ………………………………………… 241

實用主義哲學的先驅 ……………………………………… 244

生命就像街頭拐角處的風 ………………………………… 247

教育即生活 ………………………………………………… 249

孤獨的磨刀者 　　　　　　　　　　　　　　　　252

羅素與「羅素悖論」　　　　　　　　　　　　　　255

兩部書兩個世界──維特根斯坦　　　　　　　　　257

現代瑜伽的創始人　　　　　　　　　　　　　　　260

存在主義哲學的創始人　　　　　　　　　　　　　263

波普的三個世界理論　　　　　　　　　　　　　　266

存在就是被拋棄　　　　　　　　　　　　　　　　270

土地上的兩個兒子　　　　　　　　　　　　　　　273

死就意味著終結　　　　　　　　　　　　　　　　276

結構還是後結構主義──羅蘭‧巴特　　　　　　　278

愛滋病思想家　　　　　　　　　　　　　　　　　280

第三章　科學之外的哲學世界

捨身餵鷹，佛法無邊的佛祖　　　　　　　　　　　284

大乘佛教的鼻祖　　　　　　　　　　　　　　　　286

唯識派大師無著　　　　　　　　　　　　　　　　289

解空第一的僧肇　　　　　　　　　　　　　　　　292

山林間的優雅僧人　　　　　　　　　　　　　　　295

吠陀哲學大師喬荼波陀　　　　　　　　　　　　　298

阿拉伯最著名的哲學家　　　　　　　　　　　　　300

朝鮮的朱熹──李退溪　　　　　　　　　　　　　303

第一章

中國哲學

以前，兒童入學，首先要讀的就是「四書」。其中包括《論語》、《孟子》、《大學》、《中庸》。而且，它們還是在宋朝以後道學認為最重要的文獻。孩子在學認字的時候，通常用的課本就是《三字經》，雖然它只是當時中國兒童的識字課本，但其中卻包含著哲學的基本思想。例如文章的第一句話「人之初，性本善」等。

由此可見，哲學在中國所受到的重視，它也是每一位受過高等教育的人都會去密切關注的領域。當然，從中國的哲學傳統上來說，哲學的功能不是為了增長一些基礎知識與資訊，它是為了提高和淨化人的心靈，進而超越現實世界，體驗高於道德的價值。

本章將會以中國歷代哲學家的代表人物為主軸，向大家介紹一些哲學的基本知識，以便引領大家能更快地進入哲學之門。

文王拘而演周易

《周易》也叫《易經》，從戰國時代起，就被視為中國古代儒家學派的經典著作之一，後來被列為儒家經典之首。

周文王，姓姬名昌（西元前1213年～西元前1117年），史稱西伯，是商末周族的領袖，他廣施仁德，禮賢下士，發展生產，深得人民的擁戴。因此引起商王紂（後稱殷紂王）的猜忌和不滿，昏庸殘暴的紂王聽信讒言，將姬昌囚禁於當時的國家監獄——羑里城。

姬昌被囚後，殷紂王以種種野蠻手段對其進行侮辱和折磨，甚至將其長子殺害後做成肉羹逼其吞食。姬昌被囚禁7年，在監獄裡，他將伏羲的先天八卦改造成後天八卦。八卦推演出來了，它們代表了世間萬物的八種基本性質，萬物萬事的性質可以抽象為八種，但具體的事物則是無窮無盡的，不可能有八種，因此又稱為「八卦小成」，因為它不能反映複雜的變化。「引而伸之，觸類而長之」，「因而重之，爻在其中矣」，就是八卦每一卦都可以為太極，以本氣相推，與八卦相

周文王像

疊，遂成八八六十四卦，反映宇宙間不同的複雜變化。進而推演成六十四卦並系以卦爻辭，並提出「剛柔相對，變在其中」的富有樸素辨證法的觀點，完成了《周易》這部千古不朽的著作。這便是歷史上著名的「文王拘而演周易」的故事。《周易》以占筮的形式推測自然和社會的變化，內容幾乎涵蓋了人類社會的全部內容，被譽為「群經之首」。

《周易》認為世界是由天、地（含萬物）、人共同構成的，這是世界的本體，世界首先是三維客觀不變的空間系統。而且，世界是可以認識的，知識也

周文王所作《古風操》

是可以傳遞的。它顯示了人的認知的侷限性，人不是上帝。但上帝與人同在，沒有人的客觀意識，也沒有上帝。這是《周易》的認識論。蒙卦準確地表達了世界與我的同在協同性這一認識論思想。八卦代表八方或萬物的八種共性。

「太極」為「一」，宇宙之初的混沌狀態，這其中包涵的是整體觀的的思想，五行則把氣分成五類，五行的生剋則充分體現了事物之間的關聯，即互相影響與互相制約。

五行生剋又是有條件的，是要看生剋雙方的力量對比，主生方有沒有能力生，被生方有沒有承受生的能力，這又充分體現了條件論的思想，即矛盾的普遍性與特殊性，一切要從實際出發，具體問題具體分析，否則就不能全面看問題，如正格與從格的關係一樣。

《周易》中還有得位不得位之說，啟示我們要找對自己的位置，要有集體意識，處理好整體與局部的關係。在合適的時間和地點做合適的事，這樣才能更有利，才能做到正確認識自我，發揮自己最大的人生價值。

周文王全身像

《周易》中有三易，「簡易……不易……變易」，簡易，大道至簡；不易，規律的穩定性；變易則告訴我們一切事物都是在變化發展的，所以我們要以發展的觀點來看問題，「生生不息謂之易也」。《周易》雖然在形式上是占筮書，但內容卻廣泛地記錄了西周社會的各個方面，包含了史料價值、思想價值和文學價值。《周易》隨著政治變遷、理論需求，以及自身地位變化，其性質也有所不同。

《周易》包括「經」和「傳」兩個部分。

「經」又分為「上經」、「下經」兩部分。一共有六十四卦。每一卦由卦畫、標題、卦辭、爻辭四部分組成。六十四卦由乾、坎、艮、震、巽、離、坤、兌重疊濟變而來。每個卦畫都有六行，爻分陰陽，陽性稱為「九」，陰性稱為「六」。從下向上排列成六行，依次叫做初、二、三、四、五、上。六十四個卦畫共有三百八十四爻。標題與卦辭、爻辭的內容有關。卦辭在爻辭前，一般起說明題義的作用。爻辭是主要的部分，根據有關內容按六爻的先後來安排。

「傳」一共七種十篇，分別是：《彖》上下篇，《象》上下篇，《文言》、《繫辭》上下篇，《說卦》、《雜卦》和《序卦》。古人把這十篇「傳」叫做「十翼」，意思是說「傳」是附屬於「經」的羽翼，即用來解說「經」的內容。《彖》是專門對易經卦名和卦辭的注釋。《象》是對易經卦名及爻辭的注釋。《文言》對《乾》、《坤》二卦作了進一步的解釋。《繫辭》是《易經》的哲學綱領，其內容博大精深，是學易必讀之篇。《繫辭》是易傳十篇中最重要、最有代表性的文字。它是中國第一部對易的產生、原理、意義及易卦占法等，全面、系統的說明。它闡發了許多從易經本文中看不到的思想。《繫辭》與《彖》、《象》不同，它不是對易經的卦辭、爻辭的逐項注釋，而是對易經的整體評說。《說卦》是對八卦卦象的具體說明。是研究術數的理論基礎之一。

八卦：
《易經》八種基本圖形由「 —— 」、「——」兩爻相迭變化，每卦三爻組成。它們是：乾、坤、震、巽、坎、離、艮、兌。《易經》六十四卦均由八經卦兩兩相迭組合變化而成，並從八卦的基本性質及其組合變化來占筮、判定吉凶臧否。《易傳》以伏羲作八卦，認為八卦主要代表天、地、雷、風、水、火、山、澤等八種自然事物，並由這八種基本事物交感變化而產生出萬事萬物。

崇尚自然的老子

老子以「道」解釋宇宙萬物的演變，以為「道生一，一生二，二生三，三生萬物」，「道之尊，德之貴，夫莫之命而常自然」，因而「人法地，地法天，天法道，道法自然」。

老子銅像

被人們奉為「至聖先師」的孔子有一次去向老子請教《禮》方面的學問，先派了他的學生子貢去拜見。子貢見到老子後，老子對子貢說：「你的老師叫孔丘，他如果跟隨我三年，我才能教他。」

孔子見了老子，老子對孔子說：「善於經商的人雖然富有但卻像什麼也沒擁有，德高的君子往往像個愚笨的人一樣毫不外露。你應該盡快去掉你的驕氣和過多的欲望，因為這些東西對你沒有一點好處。」

老子出關圖

有一次老子問孔子在讀什麼書，孔子說《周易》，並說聖人都讀這本書。老子說：「聖人讀它可以，你為什麼要讀它呢？這本書的精髓是什麼？」孔子說：「精髓是宣揚仁義的。」老子說：「所謂仁義，是一種惑亂人心的東西，就像夜裡咬得人不能睡覺的蚊蟲一樣，只能給人們增加混亂和煩惱罷了。你看，那鴻鵠不用每天洗滌羽毛就自然雪白，烏鴉也不用每天染墨而自然漆黑。天自來高，地自來厚，日月自來就放射光芒，星辰自來就是排列有序，草木生來就有區別。你如果修道，就順從自然

存在的規律，自然就能夠得道。宣揚那些仁義之類的有什麼用呢？那不和敲著鼓去尋找遺失的羊一樣可笑嗎？你是在破壞自然規律，敗壞人的天性啊！」

老子又問孔子，「你已經得道了吧？」孔子說：「我求了二十七年，仍然沒有得到啊！」老子說：「如果道是一種有形的東西可以拿來獻人，那人們會爭著拿它獻給君王。如果道可以送人，人們就會拿它送給親人。如果道可以說得清楚，人們都會把它告訴自己的兄弟。如果道可以傳給別人，那人們都會爭著傳給自己的子女了。」

然而上面說的那些都是不可能的，原因很簡單，那就是一個人心裡沒有正確的對道的認識，那道就絕不會來到他的心中。」孔子說：「我研究《詩經》、《書經》、《周禮》、《周樂》、《易經》、《春秋》，闡述先三治國之道，深明周公、召公成功之路，我以此謁晉了七十多個國君，但都不採用我的主張。看來人們是太難說服了！」

茅山老子像

老子說：「你那『六藝』全都是先王時代的陳舊歷史，你說那些又有什麼用呢？你現在所修的，也都是些陳陳相因的舊東西。『跡』就是人的鞋子留下的印跡，腳印和腳印，還能有什麼不同嗎？」

孔子從老子那裡回來，三天沒有說話。子貢很奇怪地問是怎麼了，孔子說：「我如果遇見有人的思路像飛鳥一樣放達時，我可以用我似弓箭般準確又銳利的論點射住它、制服它。如果對方的思想似麋鹿一樣奔馳無羈，我可以用獵犬來追逐它，一定能使他被我的論點所制服。如果對方的思想像魚一樣邀遊在理論的深淵中，我可以用釣鉤來捕捉它。然而如果對方的思想像龍一樣，騰雲駕霧，邀遊於太虛幻境，無影無形，捉摸不定，我就無法追逐和捕捉它了。

我見到老子，覺得他的思想境界就像遨遊在太虛中的龍，總能問得我張口結舌，弄得我心神不定，不知道他到底是人還是神啊！」

老子（西元前570年左右～西元前470年左右）姓李名耳，字伯陽，又稱老聃。是道家始祖，是中國古代的大哲學家、大思想家。老子一生下來，就有白色的眉毛及鬍子，所以被人稱為老子。

由於他生活在奴隸制沒落、新興封建勢力成長時期，反映在思想領域中的是重民輕天思想的高漲，擔任過周守藏史的老子，雖然一方面篤信天命鬼神，另一方面又以極大的勇氣，廢黜了天帝鬼神的神聖權威，提出了一個新的宇宙本體棄道。在他看來，「道」是「萬物之宗」、「象帝之先」、「為天下母」，是第一性的，宇宙萬物是從它派生出來的，是第二性的，道於是取代了上帝，成了宇宙萬物老祖宗。

據說孔子曾向他學習禮法。後西出函關，不知所終，幸被關令尹喜叫住，留下千言《道德經》才放行。

部分《道德經》

在修身方面，老子是道家性命雙修的始祖，講究虛心實腹、不與人爭的修持。在政治上，老子主張無為而治、不言之教。在權術上，老子講究物極必反之理。主要著作《道德經》，也直接叫做《老子》。

透過以上的故事，我們可以看到，孔子將老子比喻為龍，是因為老子具有高深的道學思想。

「道」為客觀自然規律，同時又具有「獨立不改，周行而不殆」的永恆意義。老子還提出大量樸素辨證法觀點，如以為一切事物均具有正反兩面，「反者道之動」，並能由對立而轉化，「正複為奇，善複為妖」，「禍兮福之所倚，福兮禍之所伏」。又以為世間事物均為「有」與「無」之統一，「有、無相

生」，而「無」為基礎，「天下萬物生於有，有生於無」。「天之道，損有餘而補不足，人之道則不然，損不足以奉有餘」；「民之饑，以其上食稅之多」；「民之輕死，以其上求生之厚」；「民不畏死，奈何以死懼之？」。

老子的天道觀雖然是唯心主義的，但卻含有樸素的辨證法思想因素。老子從自己的親身經歷中，看到客觀世界變化無窮，認識到天地萬物都存在矛盾對立的兩個方面，並相互依存、相互轉化。

雖然他的《道德經》中存在許多時代的侷限。但是這部流傳2000年的跨時代作品，在不同的時代，這部作品會被解釋出不同的含義。有人曾統計，《道德經》是僅次於基督教《聖經》被翻譯語言最多的一部作品。聖經是傳教士主動翻譯的，這部作品則是被許多民族欣賞而自行翻譯的。

老子壁像

無為：

道家哲學思想。老子認為，道生萬物是自然而然，不受任何意志支配的。就「道」聽任自然而言，是「無為」，而就其生長萬物言，又是「無不為」，所以「道常無為而無不為」。人的行為也應該效法天道，順應自然，不要任意妄為。執政者更應該以「無為」治國，才能「無敗」、「無失」，達到「無不為」。老子「無為」論所含的否定人的主觀能動性的消極因素，後來被莊子所發展，而其要求人們不要任意妄為的思想，則為《淮南子》發展成「因物之所為」、「循理而舉事」，進而有所作為的思想。

中國的至聖先師

作為儒家思想的創始人，孔子主張人來到世間就應該剛健有為，積極入世來施展人生的抱負。孔子入世行道的主張，以興邦治國為人生之大節，他知難而進，膽大勇為，坦誠真爽。

子路有一次跟在孔子後面走，因為脫了隊，落後了。「遇丈人」，碰到一個老頭子。「丈人」不是岳父，古代丈人是對長輩的尊稱。過去寫信，對父執輩稱世伯，自稱世晚或世侄，但有的與父輩沒有交情，而年歲、地位又比自己高很多，這時就尊稱對方為「丈」，就是長者、前輩的意思。子路碰到一位老先生，用他的拐杖，挑了些編織竹器的青竹篾藤，子路就問他：「你有看到我的老師嗎？」

可是沒想到這個老頭子卻罵了子路一頓，「什麼你的老師？這種人光在那裡吹牛，也不去勞動勞動，連五穀都分不清楚，一天到晚只在那裡用頭腦、用嘴巴吹牛，我才不認識你的什麼老師。」老頭說完，把拐杖往田裡一插，在那裡耘田，手扶著杖頭，用腳把禾苗周圍的草，踩到泥土裡面。子路沒辦法，又被他的氣勢震懾住，站在那裡恭恭敬敬的不知所措。於是這位老頭帶子路回家，留他住下，還殺雞，煮了很多的菜，很豐盛的款待他，而且還叫兩個兒子來做陪客。第二天子路找到孔子，又報告了經過。孔子說，他是一個隱居的高人，讓子路回去找他，可是子路到了那裡一看，老先生已經搬家了。

孔子像

子路找不到這個荷蓧老人，回來告訴孔子後，談起這件事有所感悟。子路

17

說：「不做官是不對的。長幼間的關係是不可能廢棄的；君臣間的關係怎麼能廢棄呢？想要自身清白，卻破壞了根本的君臣倫理關係。君子做官，只是為了實行君臣之義的。至於道的行不通，早就知道了。」

子路之所以這麼說，因為他覺得出仕，並不是為了自己想出風頭，而是為了貢獻給國家社會——「行其義也」。看了這些隱士們，就曉得「道之不行」了。因為社會上的知識分子，多半喜歡

孔子講學

走隱士的路線，覺得救不了時代，就做隱士，向後退，不敢跳下這個渾水去。大家都像這個樣子，有學問、有修養的人，頭腦太清明了，看清楚了，不願意淌這個渾水。所以子路說他懂了，他知道跟孔子這位老師所走的路線，自始至終，永遠都是自我犧牲，因為其他的知識分子，多半只管自己了。

孔子（西元前551年～西元前479年），名丘，字仲尼，魯國人（今山東曲阜東南）。中國春秋末期偉大的思想教育家，儒家學派的創始人。

孔子3歲喪父，隨母親顏征在移居闕里，並受其教。孔子幼年，「為兒嬉戲，常陳俎豆，設禮容」。少時家境貧寒，15歲立志於學。及長，做過管理倉庫的「委吏」和管理牛羊的「乘田」。他虛心好學，學無常師，相傳曾問禮於老聃，學樂於萇弘，學琴於師襄。30歲時，已博學多才，成為當地較有名氣的一位學者，並在闕里收徒授業，開創私人辦學之先河。其思想核心是「仁」，「仁」即「愛人」。他把「仁」作為行仁的規範和目的，使「仁」和「禮」相互為用。主張統治者對人民「道之以德，齊之以禮」，進而再現「禮樂征伐自天子出」的西周盛世，進而實現他一心嚮往的「大同」理想。

孔子認為，一個社會能夠井然有序，那麼，君、臣、父、子就應當完成各自的責任和義務。另外，孔子還特別強調事人、人事的重要性，要從人事活動

中去體認天命（自然），積極有為，而不是消極順命。從這一立場出發，孔子強調「修己安人」，即透過自覺的自我修養，使別人得到安樂。因此，理想的人生就是將主體道德修養和「濟世」結合起來，這才符合「禮」和「仁」的要求。孔子的人生觀為他之後的儒家所繼承，逐漸形成了「修身」、「齊家」、「治國」、「平天下」的處世原則和「內聖外王」的理想人格模式。

孔子64歲時回到衛國，68歲時在其弟子冉求的努力下，被迎回魯國，但仍是被敬而不用。魯哀公16年，孔子73歲，患病，不癒而卒。

孔子的政治觀是德治，仁，是孔子道德觀的核心。仁，在其政治觀當中，是基礎和歸宿。所有，這些都是建立在一定哲學觀念上的，正是從一定的哲學，即最一般性的思維模式出發，孔子，架構了政治思想、道德思想、教育思想、傳播思想。而他的思想最終也一直影響了中國幾千年，直到現在仍是中國人最重要的思想來源之一。他更被古代知識分子奉為「至聖先師」，是中國思想史上名副其實的第一人。

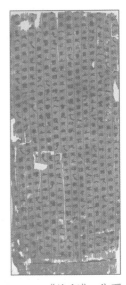

《論語》殘頁

仁：

指一種高尚的美好品德。孔子以仁為最高的道德原則，以仁為核心建立起自己的思想體系。仁的核心是愛人，主張人與人之間相互親愛，提出「忠恕」之道。要求人們的行為符合宗法制度的禮制，並把仁愛的原則推廣到政治之中。在此基礎上，孟子進一步提出了仁政的學說。道家老莊則主張「絕仁棄義」，認為「大道廢，有仁義」。漢以後，仁成為五德（仁、義、禮、智、信）之首。宋代學者更以天理說仁，仁具有了萬物本源的意義。近代學者接受西方資產階級思想，並以之改造仁的學說，仁便從封建宗法血緣道德轉變為近代資產階級人道主義思想。

平民主義的墨子

墨家以「為萬民興利除害」為自己使命，並為之孜孜奮鬥，遊說諸侯，謀求制止戰爭，安定社會，安定民生。

墨子像

墨子（約西元前468年～西元前376年） 春秋戰國時思想家、政治家，墨家創始人。名翟。相傳原為宋國人，後長期住在魯國。曾學習儒術，因不滿「禮」之煩瑣，另立新說，聚徒講學，成為儒家的主要反對派。也是一個具有平民意識的思想家。

在《墨子·公輸》篇裡記載著一段非常有趣的故事。當時楚國雇用了一個機械發明家公輸般，發明了攻城的武器。楚國將使用這武器進攻宋國。墨子得訊後，前往楚國，勸阻楚王出兵。在楚王面前，公輸般演習他準備用以進攻宋國的新武器，墨子則示範他準備用以防禦楚國進攻的防禦武器。墨子首先解下腰帶，用以劃出一座城，用小木棍代表武器。公輸般採用了九種攻城機械來進攻，都被墨子的防禦武器擋住了。最後，公輸般的進攻武器都已用盡，而墨子的防禦武器卻還有餘。公輸般不肯認輸，說：「我知道怎樣擊敗你，但是我不說。」墨子回答：「我知道你想用的那個辦法，我也不說！」

楚王問他們，到底是什麼意思？墨子回答說：「公輸般想謀害我。但是，我的弟子禽滑厘等三百人，已經用我設計的武器武裝起來，

墨子講學

墨子晚年回到家鄉

在宋國城牆上等候著楚國軍隊的進攻。我可以被謀殺，但是楚軍無法殺盡他們。」楚王聽後說：「如此說來，我們就放棄對宋國的進攻。」

墨家是儒家的主要反對派。墨學於當時對思想界影響很大，與儒家並稱「顯學」。他認為，「儒之道，足以喪天下者四焉」：1、儒者不相信天或鬼，結果是「天鬼不悅」。2、儒家堅持厚葬，特別是父母去世，子女要守三年之喪，浪費了民眾的財富和精力。3、儒家「盛為聲樂以愚民」，結果只是少數貴族奢侈享受。4、儒家主張宿命論，造成民眾怠惰順命。（《墨子·公孟》在《非儒》篇裡，墨子還說：「累壽不能盡其學，當年不能行其禮，積財不能瞻其樂。盛飾邪術，以營世君；盛為聲樂，以淫遇民；其道不可以期世，其學不可以導眾。」）

這些批評顯示出儒家和墨家的不同社會背景。早在孔子之前，一些有學識、有思想的人已經開始放棄對天帝鬼神的信仰。這時，開始興起一種懷疑主義思潮。處於社會底層的大眾，總是落後於社會新思潮，墨子所反映的正是當時社會下層民眾的觀點。上面墨子批判儒家的第一點，其意義就在於此。墨子批判儒家的第二、第三點，也是由這個思想基礎出發的。

不過，墨子對孔子的中心思想——仁義，並沒有提出異議。在《墨子》一書中，墨子經常提到仁義和仁人、義人，但是其含義和儒家略有不同。墨子認為，仁義都是「兼愛」的表現。「兼愛」是墨子哲學的中心思想，它是墨子所有出身的遊俠們的職業道德的自然延伸。他們的職業道德是：遊俠之間，「有福同享，有禍同當。」墨子以這種思想為基礎，把它擴大推廣，主張天下所有的人都應當不分高低，彼此相愛。

在《墨子》一書中，墨子首先區分他所說的「兼」與「別」。堅持愛有「區

分」的人認為，要我把朋友看成如同自己一樣，把朋友的父母看成如同自己的父母一樣，是荒謬的。結果，這樣的人對朋友十分冷漠；主張兼愛的人則恰恰相反，認為：我應當像關心自己那樣關心朋友和朋友的父母。結果是，他為朋友竭盡己力。墨子在例舉上述兩種情況後問道：這兩種原則，誰是誰非？

為了衡量「兼」與「別」以及各種原則孰是孰非。墨子提出了衡量是非的「三表」，即三項準則：第一，人做事是否根據天和神靈的意志，與古代聖王的事業一致，這是事物之本。其次，所做的事應當是百姓能夠耳聞目睹、加以驗證的事，這是事物之原；第三，由政府付諸實施，看是否對國家、百姓有利，即所謂事物之用。三表之中，衡量價值的標準是「對國家和民眾有利」。而這也是墨子據以論證「兼愛」的主要原則。

墨子在外面

另外，墨子認為仁人以利世除害為宗旨，就必須以「兼愛」作為為人處世的標準。如果天下人都能這樣做，「以兼為正，是以聰明耳目，相與視聽乎；是以股肱畢強，相與動宰乎？而有道肄相教誨，是以老而無妻子者，有所侍養以終其壽；幼弱孤童之無父母者，有所放依以長其身。今唯毋以兼為正，即若其利也。」這是墨子的理想世界；他認為，唯有實行兼愛，才能創造出這個理想世界。

兼愛：

墨子的政治思想和道德主張。墨家學說的核心內容。意指天下之人應當相互親愛。強調人應樹立遠大的道德理想，興天下之利，除天下之害。反映了古代的平等觀念，代表下層勞動者利益。

民貴君輕的孟子

孟子認為，如果統治者實行仁政，可以得到人民的衷心擁護；反之，如果不顧人民死活，推行虐政，將會失去民心而變成獨夫民賊，被人民推翻。仁政的具體領域很廣泛，包括經濟、政治、教育以及統一天下的途徑等，其中貫穿著一條民本思想的線索。

孟子（約西元前372年～西元前289年）戰國時思想家、政治家、教育家。名軻，字子輿。鄒（今山東鄒縣東南）人。受業於子思門人。曾遊歷齊、宋、滕、魏等國，一度任齊宣王客卿。因所言不見採用，退而與弟子萬章等著書立說。孟子是中國繼孔子之後儒家的又一位大思想家，被尊稱為「亞聖」。孟子的先祖是周公旦的後人，他也同樣出身顯赫，不過家族也很早就衰微了，到了孟子的父親已經默默無聞了。

孟子像

對於孟子的教育，主要是孟子的母親完成的。「孟母三遷」的故事，已經家喻戶曉了。這是一個偉大的母親，為了讓孩子生活在一個比較好的環境裡，付出了巨大的心血。孟子從學於孔子，學成之後，就開始「周遊列國」，想以學顯於諸侯。他遊說諸侯的第一站選擇了齊國，當時他大約40多歲。他本想透過正在「一鳴驚人」的齊威王施展其「仁政」理想，但卻不受齊威王的重用，只是被任為客卿。

他失望之餘，選擇了離開。後來就來到了魏國，國君梁惠王向他請教了治國之道。這被記錄在《孟子》一書裡。他們之間有很多有趣的事，從中也可以

看出孟子的主要思想。

孟子游梁祠遺址

例如：在《孟子‧離婁上》中的《嫂溺，援之以手》，據說齊國的辯士淳于髡（姓淳于，名髡，曾仕於齊威王、齊宣王和梁惠王等朝）。想難倒孟子，有一天，他問孟子道：「男女之間不親手傳送接受東西，這是禮的規定嗎？」孟子答道：「是禮的規定。」淳于髡又問：「如果嫂嫂落到水裡，那麼，能用手把她拉上岸嗎？」孟子答：「嫂嫂落水不去拉，簡直是豺狼！男女之間不親手接送東西，是守禮制；嫂嫂落水而動手去拉她，是緊急變通的手段啊！」（「權」，權變，衡量輕重以變通處理）淳于髡問：「現在整個天下的人都落在水裡，夫子不肯動手去拉他們上岸，這是為什麼呢？」孟子說：「天下的人掉在水裡，要用『道』去援救他們，嫂嫂落在水裡，才用手去拉她。你難道要我用手去援救天下嗎？」孟子論述「權變」就是要根據實際情況而靈活運用。

孟子繼承和發展了孔子的德治思想，發展為仁政學說，成為其政治思想的核心。他把「親親」、「長長」的原則運用於政治，以緩和階級矛盾，維護封建統治階級的長遠利益，孟子一方面嚴格區分了統治者與被統治者的階級地位，認為「勞心者治人，勞力者治於人」，並且模仿周制擬定了一套從天子到庶人的等級制度；另一方面，又把統治者和被統治者的關係比作父母對子女的關係，主張統治者應該像父母一樣關心人民的疾

孟母像

苦，人民應該像對待父母一樣去親近、服侍統治者。

　　他認為，人民的物質生活有了保障，統治者再興辦學校，用孝悌的道理進行教化，引導他們向善，這就可以造成一種「親親」、「長長」的良好道德風尚，即「人人親其親，長其長，而天下平」。

　　孟子把道德規範概括為四種，即仁、義、禮、智。同時把人倫關係概括為五種，即「父子有親，君臣有義，夫婦有別，長幼有序，朋友有信」。孟子認為，仁、義、禮、智四者之中，仁、義最為重要。仁、義的基礎是孝、悌，而孝、悌是處理父子和兄弟血緣關係基本的道德規範。他認為如果每個社會成員都用仁義來處理各種人與人的關係，封建秩序的穩定和天下的統一就有了可靠保證。

　　為了說明這些道德規範的起源，孟子提出了人性本善的思想。他認為，儘管各個社會成員之間有分工的不同和階級的差別，但是他們的人性卻是一致的。他說：「故凡同類者，舉相似也，何獨至於人而疑之？聖人與我同類者。」

孟子故里

　　這裡，孟子把統治者和被統治者擺在平等的地位，探討他們所具有的普遍的人性。這種探討適應於當時奴隸解放和社會變革的歷史潮流，象徵著人類認知的深化，對倫理思想的發展是一個巨大的推進。

　　孟子的性善說是一種道德先驗論。宋代以後，為理學家們普遍接受，成為正統的人性論思想，影響深遠。

　　孟子哲學思想的最高範疇是天。孟子繼承了孔子的天命思想，剔除了其中殘留的人格神的含義，把天想像成為具有道德屬性的精神實體。他說：「誠

者，天之道也。」孟子把誠這個道德概念規定為天的本質屬性，認為天是人性固有的道德觀念的本源。

孟子的思想體系，包括他的政治思想和倫理思想，都是以天這個範疇為基石的。關於天人關係，孟子認為天與人二者是相通的。從天的方面來說，天是萬事萬物的主宰，人事的一切，都是由天決定的。從人的方面來說，不僅人的

善性來自天賦，而且人心的思維功能也是天所賜與的。人心具備天的本質屬性，只要反求諸己，盡量發揮、擴展自己的本心，就可以認識天。

孟子極力追求盡心、知性、知天的精神境界。為了達到這種境界，他提出了一套道德修養的方法和認識論的思想，強調主體的自覺、向內追求，認為如果達到了這種境界，可以產生一種巨大的精神力量。

《孟子》

性善論：

中國古代人性論的主要觀點之一，戰國時孟子首先提出。性善就是說人的本性具有善的道德價值，每個人生來就有向善的潛能。性善論是孟子仁政學說的理論基礎，對後世有重要影響，宋明學者予以改造後，成為中國古代人性論的正統理論。

殺美人的軍事家

《孫子兵法》談兵論戰，集「韜略」、「詭道」之大成，被歷代軍事家廣為援用，書中不少計名、典故，在中國也是婦孺皆知。

孫武像

春秋時侯，有一位著名軍事學家名孫武，他攜帶自己寫的《孫子兵法》去見吳王闔廬。吳王看過之後說：「你的十三篇兵法，我都看過了，要不要拿我的軍隊試試？」孫武說可以。吳王再問：「用婦女來試驗可以嗎？」孫武說可以。於是吳王召集一百八十名宮中美女，請孫武訓練。

孫武將她們分為兩隊，用吳王寵愛的兩個宮姬為隊長，並叫她們每個人都拿著長戟。隊伍站好後，孫武便發問：「妳們知道怎樣向前、向後和向左、向右轉嗎？」眾女兵說：「知道。」孫武再說：「向前就看我心胸；向左就看我左手；向右就看我右手；向後就看我背後。」眾女兵說：「明白了。」於是孫武使命搬出鐵鉞（古時殺人用的刑具），三番五次向她們申誡。說完便擊鼓發出向右轉的號令。怎知眾女兵不僅沒有依令行動，反而哈哈大笑。孫武見狀說：「解釋不明，交代不清，應該是將官們的過錯。」於是又將剛才的一番話詳盡地再向她們解釋一次。再而擊鼓發出向左轉的號令。眾女兵仍然只是大笑。

孫武便說：「解釋不明，交代不清，是將官的過錯。既然交代清楚而不聽令，就是隊長和士兵的過錯了。」說完命左右隨從把兩個隊長推出斬首。吳王見孫武要斬他的愛姬，急忙派人向孫武講情，可是孫武說：「我既受命為將

軍，將在軍中，君命有所不受！」遂命左右將兩位女隊長斬了，再命兩位排頭的為隊長，繼續練兵。當孫武再次擊鼓發令時，眾宮女再也不敢玩鬧，前後左右，進退迴旋，跪爬滾起，全都合乎標準，陣形十分齊整。吳王見識了孫武的手段，怒氣就消了，便拜孫武為將軍。

在孫武的嚴格訓練下，吳軍的軍事素質有了明顯的提升。此後數年，孫武輔佐兩代吳王，在諸侯征戰中不斷取勝。

西元前482年，吳王在諸侯國中爭得了霸主的地位。而孫武精心訓練軍隊和

孫武故園

制定軍事謀略，對吳王建立霸業有著不可抹煞的巨大貢獻。

隨著吳國霸業的蒸蒸日上，吳王夫差漸漸自以為是，不納忠言，卻聽信奸臣的挑撥。孫武於是悄然歸隱，息影深山，根據自己訓練軍隊、指揮作戰的經驗，修訂其兵法13篇，使其更臻完善。

《孫子兵法》雖然只有13篇6000字，但是卻體現了孫武完整的軍事思想體系，也是中國古籍在世界影響最大、最為廣泛的著作之一。被後世譽為「世界古代第一兵書」、「兵學聖典」。它所闡述的謀略思想和哲學思想，被廣泛地運用於軍事、政治、經濟等各領域中。

孫子，名武，字長卿，春秋末期齊國樂安（今山東惠民縣）人。生卒年代不詳，大約與儒學創始人孔子屬於同時代而略晚些。

孫子認為，兵家的致勝之道分為「五事」、「七計」。「五事」即道、天、地、將、法。「七計」即主孰有道、將孰有能、天地孰得、法令孰行、兵眾孰

強、士卒熟練、賞罰熟明。也就是說，決定軍事組織效能的因素首先是政治背景，人心所向，戰略方針；然後要看將帥是否具有智、仁、勇、嚴等素質；此外，取決於環境、條件、天時、地利；另外軍法制度，職責劃分等方面也不能忽視。己方的情報倒是好辦，敵方的有關情報如何獲取呢？孫子認為，可以透過「直接觀察敵情」、「透過小規模部隊和敵人直接較量」、「派遣間諜實施偵察」等方法來獲取情報，進而穩操勝券。

《孫子兵法》有豐富的辨證法思想，書中探討了與戰爭有關的一系列矛盾的對立和轉化，如敵我、主客、眾寡、強弱、攻守、勝敗、利患等。《孫子兵法》正是在研究這種種矛盾及其轉化條件的基礎上，提出其戰爭的戰略和戰術的。這當中體現的辨證思想，在中國辨證思維發展史中佔有重要地位。《孫子兵法》縝密的軍事、哲學思想體系，深遠的哲理、變化無窮的戰略戰術，常讀常新的探討韻味，在世界軍事思想領域也擁有廣泛的影響，享有極高的聲譽。

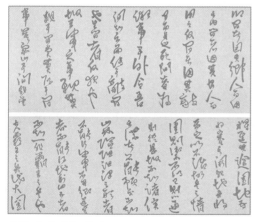

《孫子兵法》局部

民貴君輕：
孟子提出的社會政治思想。意為從天下國家的立場來看，民是基礎，是根本，民比君更加重要。是孟子仁政學說的核心。具有民本主義色彩，對中國後世的思想家有極大的影響。

逍遙無為的莊子

莊子在中國哲學史上既是一位有著鮮明特色的偉大哲學家，又富於詩人的氣質，在他的著作中，用生動形象而幽默詭異的寓言故事來闡述自己的思想，這種寓言的方式使莊子的思想和想像具有著水一般的整體性。

莊子（約西元前369年～西元前286年），名周，戰國時宋國蒙人，他是中國古代著名的思想家、哲學家、文學家，道家思想的代表人物。莊子一生對現實極度厭惡，進而提出了他相對主義的人生觀和哲學觀，尤其是他對名利的淡泊和對逍遙的追求，成了中國哲學中一條始終存在的潛流。

莊子像

吳王壽準備攻打楚國，怕臣子反對，下了一道命令：誰敢勸阻出兵，就砍下誰的腦袋。因而誰也不敢再去進諫。

在侍候吳王的人中有個少年，也認為攻楚會造成後患，應勸吳王別這樣做。於是有一天，他拿一支彈弓，在王宮後園尋找目標打鳥。

持續到了第三天，吳王開始注意他的行為，問他是否打到鳥了，他說沒有打到，但看到了一件有趣的事。吳王很有興趣地要他說出來，於是他說道：「我在打鳥的時候，看到園子裡一棵樹上有隻知了。知了高高地停在樹上，悲哀地鳴叫著，同時飲著露水，卻不知道螳螂正在牠的背後。那隻螳螂彎著身子，屈著前肢，將要去捕捉知了，卻不知道黃雀正在牠的身後呢！」

「那隻黃雀要做什麼呢？」吳王插話說。少年接著說：「那隻黃雀伸長脖子，正想把螳螂吃掉，卻不知道我的彈弓已對準了牠，即將把牠射死。知了、螳螂和黃雀都一心想得到眼前的利益，卻沒有顧到牠們的後面有禍患啊！」

　　吳王這時才領悟到，原來這位少年是在規勸自己不要貿然出兵攻打楚國，以免造成禍患。於是，他下令停止出兵。

　　這個故事說明了如果一個人一心想算計別人、占別人的便宜，終究是不會有好結果的，因為他沒有想到背後還有很多人正在算計他自己。在莊子的哲學中，一個重要概念就是「無為」。就是說，君主治理天下，沒有比無為而治更好的了。君主要順物而動，隨天而行，無為而治，萬物才會升騰。

莊周夢蝶

　　他舉例說，古代君王管理天下，毫無欲望，無所作為，天下財富足。君主只有運用無為之道，天下才能大治。在《天道》篇中說：「以此處上，帝王天子之德也；以此處下，玄聖素王（不處於帝王職位而被天下人仰慕的道德素質）之道也。以此退居而閒遊，江海山林之士（隱士）服，以此進為（做官）而撫世（統治人民），則功大名顯而天下一也（統一）。」這段話說明，不堅決反對功名，而把「無為」當作最大的功名。莊子從「無」的論點出發，進而又否認是非、大小、貴賤，有用無用的區別。所以世間也就沒有了對錯之分，沒有客觀標準判斷是非。

　　《齊物論》中說：「是亦彼也，彼亦是也。彼亦一是非，此亦一是非。」這是典型的相對論觀點。從上述可見，《莊子》「道」可以生萬物，萬物最終化為烏有。從不可體察的道產生了世間不可認識的萬物，最後達到「無待」，達到了絕對的「無」。

　　「無為」思想貫徹於他的整個人生哲學中。認為人生在世「身若槁木」，「心若死灰」。所以無所謂喜、怒、哀、樂。在《天地》篇裡要求人們做到「壽而不悅，夭而不悲，通達不以為榮，窮困不以為醜。」《庚桑楚》中又說：「敬

莊周故鄉

之而不喜，侮之而不怒者，唯同乎天和者為然」。總之要求人們要像嬰兒那樣無知，忘掉自身，拋棄各種欲望，茫茫然徬徨於塵世之外，逍遙在無所事事之中。

在這種基本的人生態度下，莊子提出了他的全面哲學觀和人生觀，有一個莊子的經歷可以全面體現他的思想：有一次，莊子與弟子走到一座大山下，見到一株大樹，枝繁葉茂，高約千丈，粗有百尺，聳立在河邊，特別顯眼，可是有個伐木者卻在旁邊砍伐別的樹，而不動這棵樹。

莊子於是問伐木者：「請問師傅，如此好木材，怎麼一直無人砍伐呢？」伐木者對此樹不屑一顧，道：「這何足為奇？此樹是一種不中用的木材。用來作舟船，則沉於水；用來作棺材，則很快腐爛；用來作器具，則容易毀壞；用來作門窗，則脂液不乾；用來作柱子，則易受蟲蝕，此乃不成材之木呀！」

莊子祠

聽了此話，莊子對弟子說：「此樹因不材而得以終其天年，豈不是無用之用，無為而於己有為？樹無用，不求有為而免遭斤斧；白額之牛，亢曼之豬，痔瘡之人，巫師認為是不祥之物，故祭河神才不會把牠們投進河裡；殘廢之人，徵兵不會徵到他，故能終其天年。形體殘廢，尚且可以養身保命，何況德才殘廢者呢？樹不成材，方可免禍；人不成才，亦可保身也。」

過了一會兒，師徒二人出了山，留宿於莊子故友之家。主人很高興，命兒子殺雁款待。兒子問：「一雁能鳴，一雁不能鳴，請問殺哪隻？」 主人道：

「當然殺不能鳴的。」第二天，出了朋友之家，沒走多遠，弟子便忍不住問道：「昨日山中之木，因不材得終其天年；今主人之雁，因不材被殺。弟子糊塗，請問：先生將何處？」莊子笑道：「我莊子將處於材與不材之間。但材與不材之間，似是而非，仍難免於累……」莊子欲言又止，弟子急待下文：「那又怎麼處世呢？有材不行，無材也不行，材與不材間也不行，究竟如何是好？」

莊子沉思片刻，仰頭道：「如乘道德而浮游則不然：無譽無毀，一龍一

《莊子》

蛇，與時俱化，而不肯專為。一下一上，以和為量，浮游於萬物之初，物物而不物於物，則還有什麼可累的呢？此神農、黃帝之法則也。至於物之性、人倫之情則不然：成則毀，銳則挫，尊則議，有為則虧，賢則厚，不肖則欺。怎能免累呢？弟子記住，唯道德之鄉才逍遙啊！」

弟子道：「道德之鄉，人只能神遊其中；當今亂世，人究竟怎樣安息？」

莊子道：「你知道鵪鶉、鳥是怎樣飲食起居的嗎？」

弟子道：「先生的意思是說：人應像鵪鶉一樣起居，以四海為家，居無常居，隨遇而安；像鳥一樣飲食：不擇精粗，不挑肥瘦，隨吃而飽；像飛鳥一樣行走，自在逍遙，不留痕跡？」莊子微笑著點點頭。這就是莊子的哲學與人生觀，一切都不要講求絕對，而在那個相對的奇妙狀態中達到最終的逍遙。

逍遙：
中國戰國時期哲學家莊子用語。指一種個人精神的絕對自由狀態。莊子認為，真正的自由是無待，即不依賴於任何條件的，如果借助了一定的條件，則會「為物所役」、「所累」，從而不自由。

學富五車的惠施

惠施把一切事物看作處於變動之中，例如他說：「太陽剛升到正中，同時就開始西斜了；一件東西剛生下來，同時又走向死亡了。」這種看法在一定程度上認識了事物矛盾運動的辨證過程。但是他無條件地承認「亦彼亦此」，只講轉化而不講轉化的條件，這樣就否定了事物質的相對穩定性，不免陷入相對主義的泥沼去。

惠施（約西元前370年～西元前310年），戰國時的哲學家，他是名家的代表人物，宋國人。他與莊子是好朋友，他們經常一起辯論，並合作上演一齣齣很多有趣的富有哲學思辯意義的活劇，「濠梁之上」是其中最著名的一個：有一次莊子與惠施在濠水的橋上遊玩。

莊子對惠施說：「白魚在河水中游得多麼悠閒自得，這是魚的快樂啊！」

惠施反問說：「你不是魚，又怎能知道魚的快樂呢？」

莊子說：「你又不是我，怎能知道我不知道魚的快樂呢？」

惠施又說：「我不是你，固然不知道你；但你本來就不是魚，你不知道魚的快樂，是可以肯定的！」

莊子說：「請從我們最初的話題說起。你說『你怎能知道魚快樂』的話，說明你已經知道我知道魚快樂而在問我。我是在濠水的橋上知道的。」從中可以看到，惠子好辯，注重邏輯的分析，對於事物有一種追根究底的認知態度，重在知識的探討，這在中國哲學中是很可貴的精神。惠施和莊子兩個人學問旗鼓相當，在辯論中樹立了深厚的友誼。後來，惠施死了，莊子很寂寞，因為他再也找不到可以對談的人了。

據說有一次，莊子經過惠施的墳墓，回頭對跟隨他的人說：「楚國有一個

郢人曾捏白堊土，鼻尖上不小心濺到了一滴如蠅翼般大小的污泥，他去請石匠替他削掉。石匠就揮動斧頭呼呼作響，他隨手劈下去，把那小滴的泥點完全削除，而鼻子卻沒有受到絲毫損傷。郢人也一直站著面不改色。

宋元君聽說了這件事，把石匠找來說：『那替我試試看。』石匠答道：『我以前能削，但是現在我的對手卻早已經死了！』自從惠施去世後，我再也沒有對手了，我再也沒有談論的對象了！」

惠施主張聯合齊、楚，停止戰爭，並隨同魏惠王見齊威王，使魏、齊互尊為王。在當時的名辯思潮中，他和公孫龍分別代表名家的兩個基本派別：一個傾向於合萬物之異，即「合同異」；一個傾向於離萬物之同，即「離堅白」。

惠施的「合同異」命題，有「大同而與小同異，此之謂小同異；萬物畢同畢異，此謂之大同異」；「天與地卑，山與澤平」，「物方生方死」，「南方無窮而有窮」等。認為一切事物的差別、對立都是相對的，歸根到「泛愛萬物，天地一體也」的思想。他在「遍為萬物說」的論證中，大量揭露事物的矛盾統一，具有樸素的辨證法思想。但由於過分誇大了事物相對的同一性的一面，而忽視了事物的相對穩定性和本質差別，結果導致相對主義的詭辨。

惠施在當時思想界是一位博學善辯的大學者。莊子曾將他與儒家、墨家、楊朱、公孫龍並提。傳說，「惠施多方，其書五車」。可見著作之多。而「學富五車」一詞，就是由惠施這裡來的。

道法自然：
中國春秋末期思想家老子用語。《老子》二十五章：「人法地，地法天，天法道，道法自然。」道法自然，否定了宇宙間有意志的主宰存在，但老子因此反對人為，否定了人的主觀能動性。

「白馬非馬」的公孫龍

公孫龍以「白馬非馬」著稱於世，又持「堅白石離」之說，被稱為「離堅白」學派的主要代表。由於受當時詭辯思潮的影響，公孫龍在邏輯上犯有嚴重的詭辯錯誤，可以說是鄧析以後真正集古代詭辯學派之大成的代表人物。

公孫龍是春秋、戰國時期的思想家，字子秉，趙國人，活動年代大約在西元前320年至西元前250年間。

他的具體生平現在已經無法詳知，但可以肯定的是，他一生因為兩件事而名垂千史。第一件事，就是著名的「偃兵」事件。

戰國以來，長期的兼併戰爭，給人民、群眾帶來了深重的災難。戰爭所到之處，人民流離失所，暴骨草莽；田園荒蕪，無以為生。

戰國初期，有兩種互相對立的戰爭觀念最為鮮明，一種是「偃兵止武論」，一種是以兵攻兵的「義兵」學說。兩個有名的主張「偃兵」學說的士人，其中一個就是公孫龍。在《呂氏春秋·審應》篇云：趙惠王謂公孫

公孫龍像

龍曰：「寡人事偃兵十餘年矣而不成，兵不可偃乎？」公孫龍對曰：「偃兵之意，兼愛天下之心也。」《應言》亦云：「公孫龍說燕昭王以偃兵。」

也就是西元前248年至西元前279年間，公孫龍從趙國帶領弟子到燕國講學並打算說服燕昭王「偃兵」。

燕王雖然表示同意，公孫龍看出燕王在敷衍自己，就說，當初大王招納兵士到燕國來，是為了大敗齊國。後來終於消滅了齊國。目前「諸侯之士在大王之本朝者，盡善用兵者」，所以我認為大王是不會偃兵的。

燕昭王聽完以後，無言以對。

趙王就問公孫龍說：「寡人已偃兵十餘年了，為什麼你說我就不能停止打仗呢？」

公孫龍回答道：「趙國的藺、離石兩地被秦侵佔，王就穿上喪國的服裝，縞素布總；東攻齊得城，而王加膳置酒，以示慶祝。這怎麼會是偃兵？」

秦國跟趙國訂立盟約：「秦之所欲為，趙助之；趙之所欲為，秦助之。」

過了不久，秦國舉兵攻打魏，趙欲救魏。秦王派人去責備趙惠文王不遵守盟約。趙王將這件事告訴了平原君。公孫龍於是給平原君出主意說，趙可以派遣使者去責備秦王說，秦不幫助趙國救魏，同樣也是違背盟約。

趙孝成王九年（西元前257年），秦兵攻趙，平原君使人向魏國求救。信陵君率兵救趙，邯鄲才得以保存。趙國的虞卿想藉機請求增加封地。公孫龍聽說了這件事，勸阻平原君說：「君無覆軍殺將之功，而封以東武城。趙國豪傑之士，多在君之右，而君為相國者以親故。夫君封以東武城，不讓無功，佩趙國相印，不辭無能，一解國患，欲求益地，是親戚受封，而國人計功也。為君計

平原君像

37

者，不如勿受便。」平原君想了一下，接受了公孫龍的意見，並沒有接受封地。公孫龍擅長辯論。據記載，公孫龍與孔穿在平原君家相會，談辯公孫龍的「白馬非馬」。

一天，公孫龍牽一匹白馬出關被阻，他便以白馬非馬的命題與之辯論，守關的人辯不過他，公孫龍就牽著馬出關去了（或說，他還是不得出關）。公孫龍說，白馬為非馬者，言白所以名色，言馬所以名形也；色非形，形非色也。夫言色則形不當與，言形則色不宜從，今合以為物，非也。如求白馬於廄中，無有，而有驪色之馬，然不可以應有白馬也。不可以應有白馬，則所求之馬亡矣；亡則白馬竟非馬。

公孫龍的意思就是說：「馬」指的是馬的形態，「白馬」指的是馬的顏色，而形態不等於顏色，所以白馬不是馬。其實，在哲學上，這就是把事物的共性和個性的關係混淆了。是個別和一般的關係問題。白馬代表個別；馬代表一般。

公孫龍提出「個別」概念和「一般」概念之間的差別、矛盾問題來進行論辯。他的答案是錯誤的，他否認個別與一般的關係，否認認識的辨證法，犯了絕對主義的詭辯論。但他發現了在「白馬是馬」這個常識性的、習焉不察的判斷中，存在著個別和一般的差異、對立關係。這對於古代邏輯思維的發展也是有貢獻的。

白馬非馬：
中國先秦名家公孫龍的命題。它是揭示個別與一般辨證關係的命題，觸及到了概念的同一性自身包含著差異性的思想。另外，這一命題也觸及到了概念的內涵與外延的關係問題，強調了概念之間的差異性和獨立性。

先秦儒家的大老荀子

荀子是先秦儒家的最後代表人物，和早於他的孟子成為儒家中對立的兩派。在宇宙觀方面，荀子認為自然界的存在，不以人的主觀意志為轉移，但人類可以用主觀努力去認識它、順應它、運用它，以趨吉避凶。他提出「制天命而用之」的思想。

荀子像

荀子的生卒年代不詳，可能是在西元前298年～西元前238年之間。荀子名況，又號荀卿，趙國（今河北省、山西省南部）人。

《荀子》一書有三十二篇，其中很多是內容詳細而邏輯嚴密的論文，可能是荀子親筆所寫的。儒家之中，荀子思想是孟子思想的對立面。荀子的思想有右也有左：右就右在強調社會控制；左就左在發揮了自然主義，因而直接反對任何宗教觀念。

荀子在齊國的時間很長，齊國有幾個著名的有學問的大夫，一是鄒衍，善於談論天上、海外宏大和遙遠的事物；一是鄒爽，善於修飾文詞；一是淳于髡，非常機智，經常有善言妙語，使人得益。還有田駢、慎到等思想家，經常討論政治和哲學問題。荀子長期生活於這樣的環境，使他對天、地、人生的種種問題，都有深刻的見解。後來做了秦國宰相的李斯、著名

的法家學者韓非，都是他的學生。

荀子《勸學篇》

荀子極端不滿意當時的政治，對當時接連不斷的君主被殺、國家被滅更是痛心疾首。在他看來，這些君主們最大的錯誤，是不按照正確的道路來治理國家，而是熱衷於求告神祇，相信那些巫師，從那些異常的自然現象中去猜測天意；而像莊周一類的人，又玩世不恭，用一些滑稽的言詞來調侃世事，擾亂人們的思想。所以他研究了儒家、墨家等諸子百家的言論，探討他們的主張與實行的效果，著書數萬言，名為《荀子》。

荀子曾經在楚國當過蘭陵令，後來離開了楚國，遊歷天下。他曾經在秦國與秦王討論過學習「先王之法」，在趙國與趙孝成王議論過兵法。楚國春申君的門客中有見識的人就對春申君說：「伊尹離開夏到殷去，殷稱王天下然而夏朝滅亡了；管仲離開了魯國到了齊國去，魯國弱而齊國強大了。所以有賢人所在的國度，君主尊貴國家安定。當今的荀卿是天下第一賢人，所到的國度，難道還會不安定嗎？」春申君於是派人去請荀子，但是荀子僅作歌賦給了春申君，春申君又再三邀請，荀子終於答應了，前往楚國繼續當他的蘭陵令了。

荀子反對天命、鬼神迷信之說，肯定了「天行有常」。

他承認人能夠透過「天官」和「天君」的知覺作用認識客觀世界。荀子認為人之初，性本惡──人為了滿足欲望而互相爭鬥，這是因為人生來性惡，因為人「性惡」，所以後天才要接受禮義的教化。教養好的，可以成為堯、禹那樣的聖人；教養不好的，就成為惡人。此說明了教育和學習對人非常重要。

荀子是儒家學派，但是他和孔、孟的學說有很大的分別。孔子強調禮治，荀子遵從他的教導，但他還認為，單靠禮治是不行的，還要注重刑法。禮和刑在一起，才是治國的根本。

應該說，荀子是春秋戰國「百家爭鳴」的集大成者，也是先秦儒家的最後一位大師。譚嗣同說：「兩千年來之學，荀子也。」梁啟超也認為：「自秦漢以後，政治學術，皆出於荀子。」不管這些評價是否過頭，但至少有一點可以確信無疑，也就是說，要瞭解中國的傳統文化，要把握住中國的民族精神，就不能不讀《荀子》。

荀子《修養之道》

性惡論：
中國古代人性論的重要學說之一，認為人的本性具有惡的道德價值，戰國末荀子宣導這種理論。性惡論以人性本惡，強調道德教育的必要性，性善論以人性本善，注重道德修養的自覺性，二者既對立，又相輔相成，對後世人性學說產生了重大影響。

口吃的雄辯家

韓非子有兩個解釋，一指人物，戰國末期韓國的哲學家、法學家韓非；二指一本書，也就是韓非的作品《韓非子》。

韓非子是中國戰國時期（西元前475年～西元前221年）一位著名的哲學家、散文家。他是法家學說的集大成者。他創立的法家學說，為中國第一個統一專制的中央集權制國家——秦的誕生提供了直接的理論依據。值得一提的是，他和後來的秦國丞相——李斯，都是荀子的親傳弟子。

韓非子生活在西元前3世紀，他是戰國後期韓國的王族。比較有意思的是，雖然他口吃，不善言辭，但是非常善於寫書，而且他的書非常善於

韓非子像

雄辯、論理非常有力。韓非子生活的時代，韓國國勢已經變得很削弱，無力抵抗周圍列強。他出於愛國心，曾經屢次上書韓國的國王，建議變法，主張統治者應當以「富國強兵」為最重要的任務，以便能在這樣的亂世裡繼續生存下去。但是國王並沒有採納他的意見。於是，他就根據歷史上各個君主治國的經驗教訓和當時的現實社會狀況，寫出了著名的《五蠹》、《孤憤》、《內外儲說》、《說林》、《說難》等十餘萬字的政治論文，編輯為《韓非子》一書。然而他的這些文章在韓國不受到重視，卻傳到了當時的強國——秦國，很受秦始皇的喜歡。後來，秦始皇舉兵攻打韓國，韓國國王派遣韓非子出使到秦國求和，秦始皇就留下他準備重用。但當時擔任秦國丞相的李斯是韓非子的同學，他深知韓非子的才能高過於他。

李斯非常嫉妒韓非子的才能，出於擔心自己的既得利益受到損害。於是就向秦始皇進讒言誣陷他，說他沒有效忠秦始皇的忠心，他來秦國是來謀反的。

秦始皇聽信了李斯的讒言，將韓非子關入監獄並毒死了他。

韓非子擅長論辯，尤其擅長使用寓言故事來進行論說。在《韓非子》中記載了很多寓言故事，例如：為了闡述他的法家學說，文中還不乏這樣的故事：有一天，韓昭

韓非子的觀點

侯喝醉酒然後睡覺，負責皇上帽子的人看見皇上寒冷，所以給皇上添加一件衣服在上面。皇上睡醒感到愉悅，問左右侍從：「誰添加衣服的？」左右侍從說：「負責帽子的人。」皇上於是定罪給了管帽子和管衣服的人——判管衣服的人有罪，是因為他沒有做到他該做的職責；判管帽子的人有罪，是因為他越權做了不屬於他職責範圍的事。不是不害怕寒冷，是因為越權辦事的危害比寒冷更加可怕啊！韓非子是透過這樣一個關於蠢人的故事，來講明針對當時出現的各式各樣的問題，要隨機應變，想出對應的辦法，而不應該一意孤行。

例如：有個衛人在女兒出嫁的時候告誡她說：「出嫁後一定要積蓄私房錢，嫁人後被休掉是常有的事情，留點錢以防萬一呀！」女兒果然很聽話，一直偷偷的積蓄私房錢。後來，她的婆婆以積蓄私房錢過多，把她休掉了。回到家中，女兒說：「爹，我被休回來了，不過我的財產比出嫁時多了一倍。」他老爸竟然認為女兒很聰明。韓非子說道：「人性自利，過度的為自己利益考慮，於是忘了自己應扮演的角色，今之官吏做事，往往都是這一類的。」

還有，子圉將孔子引見給宋國太宰。孔子離開之後……子圉問太宰：「您覺得孔子這個人如何呀？」太宰大笑回答：「見過孔子之後，看你如同蚤虱之流。我要將他引薦給宋君。」子圉輕笑一聲，答道：「您向國君引見孔子之後，國君看你也會像蚤虱之流一樣呀！」

於是，太宰因此沒有將孔子引見給宋君。韓非子說道：「下屬往往因為怕

自己失寵，而不推薦比自己優秀的賢人。如何開闢管道，不蔽賢人，是君主的課題呀！」韓非子吸收了道、儒、墨各家的長處，尤其是有選擇的接受了前期的法家思想。主張為治者「不務德而務法」，「賞厚而信，刑重而必」，制法應「編著之圖籍，設之於官府，而布之於百姓」，執法應「刑過不避大臣，賞善不遺匹夫」。又綜合商鞅、申不害、慎到三家的學說，提出以「法」為中心，「法、術、勢」三者合一的統治術。

在哲學上，他發展了荀子的唯物主義，以「道」為事物運動的普遍規律，而「理」則為具體事物運動的特殊規律，「萬物名異理，而道盡稽萬物之理，故不得不化。」具體事物不斷變化，「道」、「理」也應隨之變化。又主張「世異則事異」、「事異則備變」的歷史觀，認為人口和社會財富的多寡決定歷史變動。並認為，趨利避害乃人之常情，也是國家執行賞罰、制定法令之依據。

《韓非子》

道：

中國哲學的主要範疇之一。本義是人所行走的道路。引申為規律、原理、準則、本源等意義。春秋時「道」指事物運動變化的規律和人的行為準則。孔子少言天道，注重人道。老子首先從抽象的哲學意義把「道」規定為萬物的本體。莊子繼承發揮老子思想，以「道」為宇宙的本體。儒家後學則著重闡揚了「道」的倫理意義，所關心的仍是人道。到《易傳》，才提出「一陰一陽之謂道」，以「道」為天地萬物運動變化最根本的規律。這種理論對中國古代哲學發展產生了重大的影響。韓非子把「道」說成是萬物所依循的總規律。西漢董仲舒用道來論證三綱五常的絕對性。宋、明理學家在發揚儒學之時，吸收了道家和《易傳》的思想，把道規定為理，作為宇宙萬物的最高本體。

罷黜百家，獨尊儒術，功耶？過耶？

董仲舒以《公羊春秋》為依據，將周代以來的宗教天道觀和陰陽、五行學說結合起來，吸收法家、道家、陰陽家思想，建立了一個新的思想體系，成為漢代的官方統治哲學，對當時社會所提出的一系列哲學、政治、社會、歷史問題，給予了較為系統的回答。

董仲舒，西漢廣川人，今河北棗強縣廣川鎮。約生於漢文帝前元元年（西元前179年），約卒於漢武帝太初元年（西元前104年），西漢著名儒家學者、哲學家、《春秋》「公羊學」大師。

他向漢武帝推行儒術，得以採納。從此開始了儒家在中國統治者間的獨霸地位。他歷經西漢四朝，享年達80歲以上。董仲舒非常好學，讀書非常認真。他對社會上的事一無所知，除了讀書什麼都不知道。

據史籍記載，他在三年內由於刻苦讀書，連一眼園子的樣子都沒看過。可見其讀書之用工。「兩耳不聞窗外事，一心唯讀聖賢書」，這句話應該就是因為他而來的。因為其努力，加上天分，

董仲舒像

終於成為一個遠近弛名的大儒，名氣越來越大，各地慕名而來聽他講學的人絡繹不絕。他的門前到了車水馬龍的地步。他就在家裡掛一個帷幕，坐在裡邊講學。後來的人聽不到，就由前面聽到的人來復述。即使是這樣，人還是太多了。慕名而來的人，有很多都沒能見到他一面。可見其聲譽之高，氣派之盛。

　　漢武帝剛即位，就命令群臣選出「賢良文學之士」，由他親自考試。董仲舒在回答他的奏章中更把自然的發展變化和上天的意志合為一體，把皇權統治與天的意志結合起來。對刑罰提出看法，又大肆宣揚了一番儒家思想。

　　在這個基礎上，董仲舒提出了自己的一系列主張。他向漢武帝提議用儒家的思想來教化萬民。漢武帝看到董仲舒的對策，感到十分驚奇，他終於發現了最適合自己的思想基礎。於是他對董仲舒十分滿意。

　　然而，由於漢初以來崇尚「黃老之學」，執引無為的政策，而且當時，太皇太后——漢文帝的皇后竇氏還沒有去世，她十分喜歡和堅持黃老之學，所以漢武帝「有為」的方針政策還是有一定的阻力。

　　因此，漢武帝進行了第二次「冊問」，要賢良們再提對策。董仲舒又寫了一篇近兩千字的「對策」之冊，進一步闡述了自己的政治觀點。並花了大部分篇幅向漢武帝建議實行有為政策，更提出了君之道和治理天下的手段，對漢武帝產生了很大影響。

　　他還在頭一次奏章中提議，建議漢武帝興辦太學，選派明師。宣傳和發揚儒家的思想學說。而且還建議改革吏制，讓諸侯、郡守和其他高級官員每年選出兩人推薦給皇帝，選得好的官員有賞，懲罰選擇了壞人的官員。這樣，天下的賢士都可被發現，授之以官而使其材。董仲舒的兩次「對策」贏得了漢武帝的充分信任。

　　不久，漢武帝又進行了第三次冊問，主要是關於天人感應的問題。這一次，董仲舒的對策中，不但宣揚了天人感應，還進一步闡述了自己的主張。尤其獨特的是，他在文章中明確提出罷百家尊儒術，「臣愚認為諸不在六藝之科孔子之術者，皆絕其道，勿使並進」。

　　董仲舒的罷百家尊儒術的觀點，得到了漢武帝的認同，漢武帝因此施行了一系列措施，對當時的社會和歷史的發展發揮重大的作用。這一切都源自於董

仲舒所提供的思想基礎。

　　董仲舒與漢武帝的問答之間，透過這「天人三策」，董仲舒促成漢武帝進行了「罷黜百家，獨尊儒術」的改革，而他自己則被漢武帝任命為「江都相」。

　　董仲舒以《公羊春秋》為依據，將周代以來的宗教天道觀和陰陽、五行學說結合起來，吸收法家、道家、陰陽家思想，建立了一個新的思想體系，成為漢代的官方統治哲學，對當時社會所提出的一系列哲學、政治、社會、歷史問題，給予了較為系統的回答。

　　「天」的學說在董仲舒哲學體系中，「天」是最高的哲學概念，主要指神靈之天，是有意志、知覺，能主宰人世命運的人格神。董仲舒把道德屬性賦予天，使其神秘化、倫理化。同時，董仲舒吸收陰陽五行思想，建立了一個以陰陽五行為基礎的宇宙圖式。

　　認為陰陽四時、五行都是由氣分化產生的，天的雷、電、風、霹、雨、露、霜、雪的變化，都是陰陽二氣相互作用的結果。董仲舒又把天體運行說成是一種道德意識和目的的體現。認為天任陽不任陰，好德不好刑。四季的變化體現了天以生育長養為事的仁德。董仲舒給天體加上了道德的屬性，自然現象成為神的有意識、有目的的活動，甚至日月星辰、風霜雨露也成了天的情感和意識的體現。

天人感應：
中國古代關於天人關係的一種神秘學說。認為天和人相類相通，天具有意志，能干預人事，人的行為也能感應上天。戰國時陰陽學家者有持此說。西漢董仲舒加以系統化、哲理化。後導致讖緯神學的出現，故受到王充的批判。

王充的「氣」生萬物

王充在哲學上認為物質性的「元氣」是構成天地萬物的基本元素，「天地合氣，萬物自生。」他否定天人感應說：「夫人不能以行感天，天亦不隨行而應人。」

王充（西元27年～西元約100年），東漢思想家，字仲任，會稽上虞（今浙江上虞縣）人。幼年家境非常貧苦，不過他曾到當時的京城洛陽，拜當時的大儒班彪為師。他做過一段時間的小官，因為直言，觸怒了上司，被免官為民。之後就在家中專心著書，不再做官。

王充像

王充一生中最重要的著作是《論衡》。在這本書裡王充對當時已成為封建法典的「天人感應」和讖緯神學的妄說，展開了系統的批判和猛烈的抨擊。同時也針對其他學說，諸如道教、墨學等也進行了綜述。王充的《論衡》一書，其主要觀點是批判那些虛妄無際之言。王充在寫作《論衡》時，已經「貧無一畝庇身」，隨時受著饑寒的威脅，在生活上處於非常困厄的境地了。但是，王充忍受了這一切，並經過十幾年的奮鬥，終於在漢章帝元和三年（西元86年），完成了這部偉大的著作。

王充是一位充滿了批判意識和具有初步的科學啟蒙意識的思想家。他一生的傳奇故事很多。據說，有一次，王充路過了一個街頭，見到一地圍滿了人，他便擠了進去。原來，一位道人正盤腿而坐，他的面前放著一尊金佛，有黃綾，上面寫著「如來算命」四

王充《定賢篇》句

個篆字。那位道人口裡還念念有詞：「各人的吉凶禍福，佛祖全部瞭若指掌。只要你說出事由，佛祖便可以明示凶還是吉。吉祥的話，佛祖就會點頭，否則佛祖不動。」

王充像

王充覺得好笑，便問道人：「我想要做生意，不知能賺錢嗎？」那位道人對佛像深深地作了個揖，然後拿起一把金戒尺，在佛像前前後後繞了幾圈。奇怪的是那尊佛像隨即頻頻點頭，那位道人雙手合十，對王充說：「恭喜，恭喜，一定發財！」並向王充要了三兩紋銀。第二天，王充也帶了個泥塑金佛來到街上，對那位道人笑著說：「請您來試試這個菩薩靈不靈？」那位道人一愣，急得連半句話也說不出來，慌忙拿起那尊小金佛溜了。原來，那佛像是鐵做的，而金戒尺則一頭是鐵，另一頭是磁石。如果想要佛像點頭，便握著鐵質的一端，使磁石的一端在佛像頭部繞動，佛像還會不點頭嗎？這樣，王充在眾人面前就戳破了那位道人的騙人手法。

王充一生反對宗教神秘主義和目的論，以為「天地合氣，萬物自生，猶夫婦合氣，子自生矣」，即「氣」之運動產生萬物。自然界之「災異」，是「氣」變化之結果，與人事無關。又以為「夫天道，自然也，無為；如遣告人，是有為，非自然也」，人之生命與精神，均以「精氣」為物質基礎，「死而精氣滅」，不承認有脫離形體而獨立存在的靈魂。他重視理論思維的作用，強調「效驗」是檢驗知識可靠性的標準。他可以算是中國古代思想中比較特殊的一位，堪稱中國的批判哲學家。

> 天：
> 殷周人指最高的人格神，宇宙的主宰。春秋之際社會動盪，天命觀發生動搖。孔子既承認主宰之天，以文之滅興決定於天，又指自然之天。

清高自負的王弼

王弼的哲學思想核心是「以無為本」，與老子的「道生一，一生二，二生三，三生萬物」的宇宙生成論不同，帶有思辨玄學的色彩。他把老子的宇宙生成論發展為有無何以為本的本體論玄學。他認為「萬物萬形，其歸一也。何由致一？由於無也」。這樣，中國式的形而上之學在王弼手中已具雛形。

王弼《周易注》

王弼，字輔嗣，山陽高平（今山東金鄉）人。他是魏晉玄學的創始人和大師。於西元249年逝世，年僅24歲。但他短暫的一生，著述有很多。其中主要有《周易注》、《周易略例》、《老子注》、《老子指略》、《論語釋疑》等著作。

年紀未到20歲的王弼，對哲學問題已有相當深度的研究。對已成為時尚的玄學思想，也做過深刻的思考。所以，年輕的王弼在當時已小有名氣。

有一天，王弼去拜訪他的父輩裴徽。裴徽當時雖然只是個吏部郎，但在思想界卻享有盛名。裴徽一見王弼就很驚異，馬上把當時哲學領域的尖端問題向王弼提出來，他說：「夫無者，誠萬物之所資。聖人莫肯致言，而老子申之無已，何邪？」這是關於有與無、儒與道、名教與自然的關係問題。當時立學對貴無紛然雜陳的現象，它們之間的關係，尚未得到妥善解決。用學術界尚未解決的問題去問年輕的王弼，足見裴徽對王弼的看重了。

王弼則根據自己的研究和體會，明確而又簡潔地回答說：「聖人體無，無又不可以為訓，故言必及有，老、莊未免於有，訓其所不足。」

聖人指孔子。玄學家既尊孔又崇老，可見當時儒道合流的事實。

王弼的回答，兼顧了當時以儒學為核心的傳統價值觀念，妥善地明確了孔子與老子的地位，把儒道融為一體。他認為，無與有、本體與現象，結成了一對反覆循環的關係。「無」不可以直接訓說，必須透過「有」來闡明。

這就把前輩學者的研究向前推進了一大步，建立起以無為本、現象與本體相結合的哲學體系。從王弼胸有成竹的回答來看，他已對老子做了深入的研究，並對《老子》作了注。這件事很快就在學術界傳開了。

不久，宣導玄學的首領、任吏部尚書的何晏，本來早已提出「以無為本」的本體論思想，卻未能解決現象與本體之間的關係問題。他還未注釋完《老子》一書，一聽到這個消息，就迫不及待地親自去見王弼。年輕的王弼面對有名的何晏，毫無忌諱地將自己注《老子》的主要思想講給何晏聽。

這一講，本是學術探討、晚輩向長者討教的意思，豈知王弼用那善辯的口才，滔滔不絕地講出許多精闢的見解。這些問題又恰恰是何晏不足的地方。此時倒像是王弼在向何晏講學了，把何晏聽得啞口無言，只能「諾諾」稱是而無法討論，更不能擺架子以長者的身分闡述自己的觀點。

何晏回去後，不再作《老子》注，而把自己的思想寫成了論文《道德論》。

但王弼在世俗的為人處世方面卻存在很多毛病，清高自負而瞧不起別人。他善於論辯，論辯時不留餘地、不留情面，所以他也得罪了不少人。

王弼認為，世界的本體是「無」，世界的現象，即各種具體事物都是「有」，「無」是「本」，「有」是「末」。無是萬物之宗。無能生有。無，或者可說是生成宇宙萬物的本體，是萬物之宗。

他說：「無形無名者，萬物之宗也。不溫不涼，不宮不商。聽之不可得而聞，視之不可得而彰，體之不可得而知，味之不可得而嘗。」

王弼還提出「崇本息末」。「崇本以息末，守母以存子。」以母子的關係來比喻本與末，「母，本也；子，末也。得本以知末，不捨本以逐末也。」不能抓住問題的根本，治末不治本，捨本逐末，「皆捨本以治末」，只會導致國家的混亂和衰敗。只有抓住本，才能真正治理國家，而達到「無為而無不為」。

貴無論：

魏晉玄學的一種主要哲學思想。創始人為何晏、王弼。主要觀點是以「無」作為宇宙的本體，認為萬物（有）以無為存在的根據，貴無論促進了中國古代本體論哲學的發展，但錯誤地以空洞的抽象觀念為宇宙萬物的本體，故受到後來以裴頠為代表的崇有論的批判。

從此世無廣陵散

嵇康崇尚老莊，講求養生服食之道。在哲學上，他認為「元氣陶鑠，眾生稟焉」，提出「越名教而任自然」之說，主張回歸自然，厭惡儒家各種人為繁瑣禮教。

嵇康撫琴圖

嵇康（西元223年～西元262年），三國時譙郡銍人，字叔夜，魏晉著名思想家、文學家、音樂家，「竹林七賢」之一。

在魏晉玄學的思潮中，王弼是正統的學術一流，但真正能代表這個思潮的時代精神的卻是以阮籍、嵇康為首的竹林七賢，而身為其中最傑出的代表，嵇康更是用自己的一生，詮釋了魏晉玄學的究極底蘊是什麼；並且，在學術上來講，嵇康又比阮籍對玄學思想更有貢獻。

嵇康家道清貧，常與「竹林七賢」之一的向秀在樹蔭下打鐵謀生。鍾會是太傅鍾繇的兒子，有才善辯，名氣很大，但嵇康瞧不起他的為人。

有一天，鍾會前去拜訪，嵇康對他毫不理睬，只是低頭一下一下的打著鐵。鍾會待了良久，怏怏欲離，這時嵇康發話了：「何所聞而來？何所見而去？」鍾會沒好氣地答道：「聞所聞而來，見所見而去。」說完就拂袖而去，從此鍾會深恨嵇康，常在司馬昭面前說他的壞話。

嵇康最崇尚逍遙自得而又自由不羈的生活。有一次他遊於山中，碰到一位道士，名叫孫登。嵇康見到他，沒有說話，便長嘯一聲，聲音高亢入雲。孫登也沒說話，相應長嘯。兩人對笑，結為摯友。後來，兩人臨別之時，孫登說：

「君才則高矣，保身之道不足。」果然，嵇康最後栽在鍾會這個小人的手裡。

嵇康墓

當時，「竹林七賢」中的山濤想要辭官，朝廷要他舉薦賢能人士代替，山濤於是想請嵇康出仕。嵇康聽說，大怒，洋洋灑灑寫了一篇《與山巨源絕交書》，主張人各有志，人生抉擇不同，窮困、顯達並不會影響生命的價值，重要的是循順天賦的性情，各遂其志。嵇康舉了三國時代的兩個例子：華歆不強勸管寧為卿相，諸葛亮不逼徐庶入蜀，這都是真正相知的朋友。

又影射司馬氏所謂的以「孝」治天下，其實才是真正的不道德，他們才是真正的「非湯武而薄周孔」，他不屑在這樣虛偽、亂搞的政權下為官。他寧願守著陋巷，教養子孫，時常與親友聊天，陳述平生，喝酒一杯，彈琴一曲，了此一生。

司馬昭看到《與山巨源絕交書》，加上鍾會從中挑撥，便決心剷除嵇康。正好嵇康有個好朋友，名叫呂安，是個「志量開闊，有拔俗氣」的人。可是呂安卻有個不成材的哥哥呂巽，他看上了弟弟的妻子，並非禮了她。呂安戴了綠帽子，氣得不得了，想要舉發哥哥。可是還沒等他動手，呂巽竟然反過來誣告弟弟呂安「不孝」。對此，嵇康挺身而出，寫了《與呂長悌（即呂巽）絕交書》，為好友呂安辯護。結果，司馬昭、鍾會大喜，不但馬上把呂安逮捕入獄，又隨便給嵇康一個罪名，把他也打入大牢！

嵇康入獄，全洛陽城為之譁然，竟然有三千名太學生上書請願，甚至有人願意

祝允明嵇康酒會詩

陪獄！這三千太學生的請願，不僅沒讓司馬昭與鍾會改變主意，反而讓他們堅定了處死嵇康的決心。

臨刑前，嵇康從容索琴彈了一曲「廣陵散」，曲畢，感歎道：「『廣陵散』從此絕矣！」可惜，從此絕矣的不僅是「廣陵散」，還有這位古今少有的風采人物。嵇康崇尚老莊，講求養生之道。在哲學上，他認為「元氣陶鑠，眾生稟焉」，提出「越名教而任自然」之說，主張回歸自然，厭惡儒家各種繁瑣禮教。這些，都符合魏晉玄學的表面特徵。

但是，從嵇康的一生之中，我們發現，所謂的魏晉玄學的反道德，其實恰恰是他們看到了當時統治者的假道德，所以才要反這個道德，而事實上，如阮籍、嵇康等哲學家，他們本身反而是對道德最堅定的履行者。

可惜的是，東晉以後，本來意義上的魏晉玄學成為了官方統治者和上層貴公子的顯擺自身所謂瀟灑風度的工具，失去了本來意義，結果，給後世造成了「清談誤國」的表面現象。也正因為如此，魏晉玄學開始衰落，而來自西土新的哲學思想開始在中國傳播興盛，這就是佛教。

嵇康圖

天志：
中國古代戰國初期著名思想家墨翟的天道觀。認為天是有意志、能對人的善惡進行賞罰的最高主宰。

青眼有加的怪人

阮籍感到世事已不可為，於是他採取不涉是非、明哲保身的態度，或者閉門讀書，或者登山臨水，或者酩醉不醒，或者緘默不語。

阮籍（西元210年～西元263年），三國魏文學家、思想家。字嗣宗，陳留尉氏（今屬河南）人。他的父親阮瑀是著名的建安七子之一。而他更是竹林七賢之首。在整個魏晉玄學的思潮中，他是被視為一個人格上的榜樣，雖然學術上，他沒有什麼顯赫的建樹，但是他的整個人生經歷，卻顯露出了魏晉玄學的特色和特徵。

阮籍像

阮籍蔑視禮教，對他瞧不起的禮俗之士，他就白眼相向，對他鍾愛的同道中人才青眼有加。據說他母親死後的喪禮上，很多達官顯貴都來進行弔唁，但阮籍連起來迎接都不願意，只是翻個白眼來敷衍他們，後來，嵇康來了，阮籍立刻改回了青眼，並起身拉住嵇康，和他交談甚歡。

阮籍的好酒是有名的，他在酒中寄託了自己對自由的追求和對禮法的輕蔑。據說，有一年，他聽說缺一名步兵校尉，又聽說步兵營裡多美酒，營人善釀佳酒，於是請求去那裡當校尉。當了校尉後，就整天泡在酒中，縱情豪飲，一點也不問世事。後人因之稱他為阮步兵。更有甚者，阮家鄰居，有一美婦，當爐賣酒，他與朋友常去那裡買酒喝。喝醉了，就躺在美婦身旁睡覺，美婦的丈夫開始懷疑阮籍，觀察了許多，見阮籍沒有異常行為，就放心了。當時，司馬氏與曹氏處在激烈的政治鬥爭中。

阮籍圖

阮籍為了保全自己，不得不小心翼翼，用醉酒來與這些他看不起的政治之士虛與委蛇。後來，司馬掌握了曹魏政權後，立即請他入幕為從事中郎，他懾於司馬氏的勢力，只好低頭就範。但是，他始終能堅持自己的獨立精神，而保持自身的清白。

有一年其母新喪，他照常與司馬昭吃肉喝酒，旁邊在座的司隸何曾，實在看不過去，就說：「大王是以孝治天下，而阮籍重孝在身，還與大王吃肉喝酒，這是有傷教化的。」阮籍聽了，只顧自己吃喝，神色自若。而司馬昭因此也覺得阮籍是個酒肉之徒，對自己沒有威脅。

還有的書籍記載說，當他的母親去世時，他正和人下圍棋。對方要求說：「算了吧？」阮籍卻說：「不行，下完再走。」可能大家會想，這個人實在是太不孝順了，其實，阮籍的心中實在有巨大的悲痛，只不過他的悲痛與禮法之士的表達方式不同罷了。據說，下完棋後，阮籍「飲酒二斗，舉聲一號，吐血數升」。待其母下葬時，他又吃下一整隻豬腳，再飲二斗酒，然後才放聲痛哭，又吐血數升，以致於「毀瘠骨立」，只剩下皮包骨了。

雖然阮籍一心想逃出政治之外，可是始終是難上加難。他有個女兒，容貌秀麗，司馬昭想納為兒媳，幾次託媒人登門求婚。阮籍對此進退維谷，左右為難。若答應，有損自己的聲譽，還落得攀附權貴的壞名聲；若不答應，得罪了司馬昭，會有生命之憂。於是，阮籍便天天沉醉於酒中，等提親的人來，只見他爛醉如泥，不省人事。這樣一連六十多天，他都宿酒未醒。司馬昭奈何不了，聯姻之事，只得作罷。

阮籍生活在黑暗的無言論自由的時代，思想上極為苦悶，社會環境使他的性格變得怪異、孤獨。他常常閉門讀書，累月不出，或者登山臨水，經日忘

歸。嗜酒彈琴，寄形宇內，苦中作樂。

在學術思想方面，他推崇道家，為闡揚老聃和莊周的哲學思想寫了著名論文。《大人先生傳》是他哲學論文的代表作。現今他留給我們的著作主要是詩文，有專門的集子。阮籍也是玄學家，對《易經》、《老子》、《莊子》這幾部著作有精深的研究，正確地加以闡揚，彰揚了道家思想中的唯物主義成分，不像別的玄學家那樣只對老莊思想中的消極東西感興趣。

阮籍墓

有些玄學家在黑暗的政治面前不敢反抗、不敢揭露，要人忘記苦難，隨遇而安。與此相反，阮籍勇於反抗，縱酒佯狂，放聲大哭，這就是他的一種反抗形式。他的感情不似有些玄學家那樣麻木，真是一個偉男子，有血有肉，帶著眼淚看生活。體現他哲學思想的主要著作有：《通易論》、《通老論》、《達莊論》、《大人先生傳》。

阮籍像

德：

道德，品德。指人的品格或行為對他人和社會所具有的善惡價值。西周統治者提出「德以配天」。春秋以後，德成為人們普遍關注的品行。儒家以德為人的本性，恭、寬、信、敏、惠，仁者愛人，主張「為政以德」，提倡德治。道家也以道為本，德為道之用，但認為大道自然無為，樸素無德，主張絕聖棄智，至德即是無德。

道儒合一的葛洪

葛洪繼承並改造了早期道教的神仙理論，在《抱樸子內篇》中，他不僅全面總結了晉以前的神仙理論，並系統地總結了晉以前的神仙方術，包括守一、行氣、導引和房中術等；同時又將神仙方術與儒家的綱常名教相結合，強調「欲求仙者，要當以忠孝和順仁信為本。

葛洪（西元283年～西元363年）字稚川，自號抱樸子，丹陽句容（今江蘇句容）人，為東晉時代著名道教學者。

葛洪出身江東土著士族，其父晚年雖隨孫皓降晉，但家世仕吳。江東士族素被中原士族視為「左衽之類」，葛洪成長於被歧視的環境裡，加之少年喪父，家道中落，生活維艱。這是個社會動亂的時代，生活於世道亂離之下的葛洪，一生坎坷。喪父之後到二十歲，是刻苦學習的時期，他主要學習的是儒家經書和道教典籍。約二十一歲時曾一度

葛洪像

從軍，旋及南下廣州。約二十二歲至四十歲前，先滯留廣州，後回家鄉，一邊繼續學習，一邊著書立說，完成了《抱樸子》；其間晉室南渡，拉攏江東士族，葛洪因十餘年前戰功得以封侯食邑。約四十歲到五十五歲，又一度用世，為主薄、參軍之類的佐吏。此後到羅浮山煉丹，終其一生。而且，對神仙長生的追求，是葛洪人生價值觀的終極目標。

魏晉時代，天下紛紛，戰亂、瘟疫、政治恐怖，特別是統治集團的殘酷內訌，今天我殺你，明天他殺我，「名士少有全者」，生命毫無安全感可言。值此動盪不安的時代，士大夫們的人生觀亦發生巨變，治國平天下、建功立業的人

生理想與價值追求為閒適恬淡、隱退山林、自由自在所取代。紛擾喧囂的塵世帶來恐怖與痛苦，汲求功名，活得太累，何如嘯傲山林，閒雲野鶴，輕鬆自如。即便是位處廟堂之上，也應像山林中一樣，不為俗務所累。內聖之道成為朝野士大夫共同的價值目標。名垂千古的諸葛亮告誡其子：「非淡泊無以明志，非寧靜無以致遠。」而且他最初的志向不過是：「苟全性命於亂世，不求聞達於諸侯。」這道出了當時一般士人的心態。士大夫們這種人生價值觀的轉變，也給神仙

葛洪煉丹圖

思想的傳播一個極好機會，為神仙思潮的形成提供了條件。

　　葛洪的人生哲學就誕生於這樣的時代思潮中。此外，葛洪的人生哲學對道家思想採取了批評與吸取的態度。葛洪批評道家，除了從刑法角度，主要還是站在神仙家立場指責道家尤其是莊子的生命觀。葛洪一面批評老莊，一面又直接引用或改造道家的思想範疇。然後又加以改造，賦予了其人生理想的內容。葛洪還將老子神仙化，認為老子是「得道之尤精者，非異類」，老子「恬淡無欲，專以長生為務」，乃學而得仙的典範。可見，葛洪對道家思想採取了求同去異、加工改造的方法，以此作為構建其人生哲學的基礎。

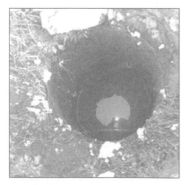

葛洪煉丹井

　　葛洪的人生理想並非純粹棲遁山林，隱修神仙，他沒有忘記建功立業，平治天下。他主張在現世活動中獲得精神解脫與肉體飛升，亦即既經時濟世，又超凡入仙，所以他說：「山林之中非有道也，而為道者必入山林，誠欲遠彼腥羶，而即此清淨也。」並且贊同這樣的觀點：「上士得道於三軍，中士得道於都市，下士得道於山林。」神仙之道無所不在，期待那些好道之士去修煉，

用不著一定要離開人群躲進深山，用不著逃避世事「專修道德」。既能「佐時」，又能「輕舉」的上士，便是葛洪心目中理想的修仙者形象，也是他追求的最完美的人生價值目標。

然而，學仙之士畢竟有「獨潔其身而忘大倫之亂，背世主而有不臣之慢」的嫌疑，道與儒、仙與聖的矛盾明眼人已經發現，且追問葛洪：「聖明御世，唯賢是寶，而學仙之士，不肯進宦，人皆修道，誰復佐政事哉？」看來，葛洪要實現其理想的人生追求，儒道互補，仙聖雙修，就必須對儒道關係做出合理解釋，才能令人信服。於是，他把二者關係規定為道先儒後、道本儒末。為了調解仙聖矛盾，葛洪還主張道與儒並重兼用，不可偏廢。這就是葛洪道儒合一的理想人格，而其心目中此種人格的榜樣，便是他那「明五經、知仙道」的老師鄭隱。

葛洪與勾漏洞

道儒合一的人生觀還體現在葛洪的生命倫理觀和政治思想中，這也是他對漢代道教生命倫理觀和政治觀的繼承發展。他的生命倫理觀和漢代道教哲學一樣，是道儒結合的產兒，主張修長生之道必須同時解決積善立功的問題。若要升仙，必須累積善行，建立功德，具備慈善為懷、助人為樂等高尚的道德情操，「有精神」的天才會福佑你，升仙才可望。否則，如多行不義，罪惡深重，不但不能成仙，反為天地司過之神「奪算」，減去你的陽壽。不要以為做壞事無人知曉，你身中的「三屍」神，還有灶神都在暗中監視你的一舉一動，於特定的時日向上天密告你的「罪狀」，於是你的生命便在不知不覺中為天地神靈所「奪」。積善長生成

葛洪塑像

仙，積惡壽命減損，這就是葛洪生命倫理觀的主要內容。

　　葛洪的生命政治觀也和漢代道教哲學一樣，主張身國同治，治身身長壽，治國國太平。他闡述了「道」的治身、治國功能。在他看來，道的這種「內以治身，外以為國」的內外兩種功能，都遵循「無為而化美」的規則，使得歲時有序，天下升平，「禍亂不作」，人民身體安康，「疫癘不流」。因此，對於道的這兩種角色功能，也是他理想的人生境界。

　　結合前述葛洪的生平事蹟，可以發現他的人生哲學與其人生際遇有關，也和當時士大夫流行的人生價值取向相一致。葛洪人生觀的形成是由儒而入道，最終立足於道，其人生哲學總體表徵是《莊子・天下篇》所謂「內聖外王之

葛洪的《肘後備急方》

道」。葛洪實踐的內聖外王之道和儒家講求的內聖外王之學表面上有相似之處，如都抱一種樂觀的人生態度，都選擇內聖外王作為生活方式，但其內在含義卻頗不相似。葛洪把自我價值擺在社會價值之前，即以內聖為基本的人生意義，然後輔之以外王，這是以內聖為本位。

　　葛洪的內聖之道主要是修煉神仙長生，又加上儒家的道德修養。他與玄學家的內聖外王之道也不同。玄學的內聖外王已非純儒家意義上的，其內聖之學除了儒家的修身還有道家的養生功夫等。葛洪與玄學的差異在於其內聖的核心是神仙不死而不僅僅是養生，這是道教與道家的根本區別所在。

敬德保民，以德配天：

相傳為西周初年周公旦提出的政治倫理思想。意為統治者應崇尚道德，以保其人民固其天命。一方面為革商之命作辯護，另一方面又作為統治的手段。

第一個反對佛教的狂人

范縝出身寒微。其學繼承魏晉以來的無神論思想，反對佛教。曾在南齊竟陵王蕭子良西邸發表反對佛教和因果報應的言論，退而著《神滅論》。此論一出，朝野喧嘩。

范縝像

范縝（約西元450年～西元515年），字子真。南鄉午陰（今河南泌陽縣西北）人。南朝著名的無神論思想家。為人「性質直，好危言高論」，後因得罪皇帝被貶謫到廣州，又被迫降職為中書郎。

南北朝時，佛教盛行。南齊的宰相竟陵王蕭子良就是一個篤信佛教的人。蕭子良在建康郊外建了一座別墅，他經常在那裡招待一些著名的和尚，為他講解佛教的經文和道理。

蕭子良親自給那些和尚準備飯、水。佛教主要的理論就是輪迴報應，人的富貴或貧賤，都有前世的因果報應決定，窮人受苦受罪，那就都是命裡註定，無法抗拒的。

范縝很反感，就出來揭露說這是迷信，讓大家都別信。蕭子良聽到後非常惱火，就叫范縝到他家來。

蕭子良問范縝：「你說你不信所謂的因果報應，那麼，你說，為什麼有的人生下來會富貴，有的人生下來就很貧賤呢？」范縝不慌不忙地說：「這不奇怪。比如，像外面樹上的花瓣。風一吹，花瓣很多隨風飄落。有的穿過窗簾，落在您屋裡的座席上面；有的卻被吹到籬笆外，落在茅坑裡。」蕭子良當時並

不明白他的意思，只是瞪著他。

范縝於是又對他說：「花落在座席上就像您；花落在茅坑裡，就像我。富貴、貧賤本來就是如此的偶然性的，哪裡會有因果報應呢？」蕭子良對此無言以對。

范縝圖

范縝雖然辯倒了蕭子良，但為了進一步說明他的道理，於是，他傾盡心力，寫出了那本著名的著作《神滅論》。

內容說：「身體是精神的本質，精神則是形體的作用。精神和形體的關係，就像一把刀和它的刃。沒有刀，刃有什麼用？沒有形體，還會有什麼精神呢？」也就是說人死以後，靈魂隨著身體的消亡而滅亡。所謂的因果報應，都是騙人的話。

此書一出，朝廷上上下下立刻鬧翻了天。蕭子良的親信、朋友，都認為要狠狠地整一下范縝。蕭子良就找了一大批高僧和范縝辯論。但是那些高僧終究辯不贏范縝。

有個信徒叫做王琰，諷刺范縝說：「唉呀，先生啊！您不相信神靈，您連祖先的神靈也不知道在哪裡了。」范縝針鋒相對，嘲笑王琰說：「那也很可惜呀，先生！您雖然知道您的祖先的神靈在哪裡，那又為什麼不趕快去找他們呢？」很多人都敗給了范縝。他的見解一下子轟動了全國，蕭子良看辯不過范縝，就用功名利祿收買，卻遭到拒絕。

范縝認為因果報應是虛構的，「盛稱無佛」。人生的富貴貧賤完全是一種偶然的遭遇，和善惡沒有必然關聯，用偶然論打擊了佛教的因果報應說。

形神不能分離，「神即形也，形即神也」，形和神是同一實體的不同表現。用來反對佛教神學「形神非一」、「形神相異」的形神二元論。范縝認為，精神不是實體，但又依賴於形體，不能脫離形體這個物質實體而存在，范縝正確地說明了形神關係，提示了精神現象的特點，這是范縝的一大貢獻。

他又指出，人的生命不是形體加精神，不是無知的形體和有知的精神的結合。人的有生的形體才能產生精神，所以，人死形神俱滅，從而進一步反對了形神二元論。

范縝認為，人的精神是依賴於人的生理器官的，生理構造不同，其精神作用也有深淺的區別。這是因為，思維是生理的、心理的機能。范縝堅持了唯物的形神一元論，進一步論證了「形質神用」的命題。其目的是反對以精神為獨立實體的「慮體無本」說。因為「心為慮本」，所以張甲之神，不可能寄託在王乙的肉體上，進而駁斥了佛教的生死輪迴說。

范縝與《神滅論》

他的觀點，在哲學唯物論史上具有重大的理論意義。「形質神用」的觀點達到了中國古代樸素唯物論關於形神問題認知的最高水準。這是中國唯物論、無神論發展的重大成就。

天人之辯：
中國哲學關於天與人、天道與人道、自然與人為關係的爭辯，涉及客觀必然性與主觀能動性之間的關係。

儒釋道三合一的王通

王通一生以王道、仁政為宗旨。他認為實現王道的關鍵在於「正主庇民」，使君臣做到遺身、無私、至公、以天下為心。他認為仁政的核心是「執中之道」，做到政恩、法緩、獄簡、不以天下易一民之命。他認為，只要老百姓能得到庇護，不管君主是漢人還是少數民族，都是吾君。

　　王通，字仲淹，絳州龍門（今萬榮縣通化鎮）人，約生於北周大象二年（西元580年），卒於隋大業十三年（西元617年）。隋朝秀才，曾任蜀郡司戶書佐。隋煬帝即位，王通自長安回歸故里，潛心編著《續六經》。

　　王通著作還有《續書》120篇、《續詩》360篇、《禮論》25篇、《樂論》20篇、《易贊》70篇、《元經》31篇，合稱《王氏六經》，共百餘卷。至唐貞觀年間，王通著述已十之有六有錄無存，唐末皆亡佚無聞。今僅有《中說》一書傳世，為王通門徒搜集整理，記載王通及閩人交遊對答之語。今本《中說》計有王道、天地、事君、周公、問易、禮樂、述史、魏相、立命、關朗等10篇。

　　王通出生在官宦世家，其父王隆，曾於隋開皇初，以國子博士待詔雲龍門，向隋文帝奏《興衰要論》七篇，「言六代之得失」，頗為隋文帝所稱道。王氏家學淵源深厚，所以王通從小就受到儒學的薰染。《中說‧立命篇》有「夫子十五為人師」的記載，可見王通少年時即精通儒學，學問極好。

王通像

　　據說在隋文帝仁壽三年（西元603年），王通曾經「西遊長安，見隋文帝，奏太平十二策，尊王道，推霸略、稽今驗古」。但沒有受到重用。大概是因為同鄉薛道衡的推薦，才被授以蜀郡司戶書佐、蜀王侍郎。王通並不滿意，所以不久就「棄官歸，以著書講學為業」。

　　王通棄官歸鄉後，便潛心鑽研孔子的「六經」，據說曾經受書於東海李育、學詩於會稽夏典，問禮於河東關子明，正樂於北平霍汲，考易於族父仲華。經過一番研究，王通自覺很了不起，便以「聖人」自居，模仿孔子，作《王氏六經》，或稱《續六經》。並開始在家鄉的白牛溪聚徒講學，「門人常以百數，唯河南董、南陽程元、中山賈瓊、河東薛收、太山姚義、太原溫彥博、京兆杜淹等十餘人為俊穎，而以姚義慷慨，方之仲由；薛收理識，方之莊周。」這個記載大體是可信的。後世附會唐初名臣房玄齡、魏徵等也是王通弟子，顯然是胡拉硬扯的偽造。

　　王通聚徒講學，傳授並弘揚了經學思想；續編《六經》，對經學做了充實補葺；開創了隋唐儒學改革先河，成為宋明理學的奠基者。唐末皮日休說，孔孟之後可繼孟氏者，唯文中子王氏（王通死後，該門徒弟子私諡其為「文中子先生」），「文中之道，曠百祀而得室授者，唯昌黎文公焉。」北宋初，「理學三先生」之一的石介更認為王通是「聖人」，「存厥道於億萬世」，「名不朽也」。理學集大成者朱熹說：「千有餘年，諸生皆誦孔子，而獨荀卿、楊雄、王通、韓愈號為道鳴者。」由此可知王通思想影響作用之大。

　　王通在哲學上基本上是個唯物主義者，他把鬼解釋為氣，把神解釋為識。對傳統的天人關係的爭論，他的觀點是「人事修，天地之理得」，「我未見知命者也」。他斥責封禪迷信說：「徒以誇天下，其秦漢之侈心乎！」

　　王通還有一些樸素的辨證法思想，他的「名實相生，利用相成，是非相明，去就相安」；「好成者，敗之本也；願廣者，狹之道也」的言論道出了對立和統一的關係。他的「通其變，天下無弊法；執其方，天下無善教」；「時

異事變」,「何必定法」等言論道出了事物發展變化的運動規律。

在認識論上,王通看到了思維對窮理的作用,他說:「心者,非他也,窮理者也。」他認為「天下未有不學而成者」,知識必須透過學習才能獲得,否認有生而知之的聖人。在知與行上,王通比較重視行,他認為學必貫道濟義,付諸行動,並說「知之者不如行之者」。

王通的倫理思想也是比較豐富的,他認為性是「五常之本」,提出「人心唯危,道心唯微,唯精唯一,允執厥中」就是聖人之道。他認為道心是仁義,人心是利欲,人應存道義,去利欲。王通的理論為中國統治哲學由漢魏天人感應論向宋明天理論的轉變開了先河。

王通從統治階級的需要出發,首倡以儒為主的儒、釋、道三教合一論。他的這個理論,其後為唐代君主實行,並成為宋明理學的重要思想基礎之一。

天人合一:

中國古代關於天與人、天道與人道、自然與人為相通、相合與統一的觀點。天人合一不等於天人等同。中國哲學側重強調天人之間的統一,認為人是自然的一部分,與自然界有著同樣的本質和規律,追求天人之間的和諧,反對把天與人相互割裂、相互對立,具有合理的因素。

《西遊記》裡的主角

玄奘是唐朝舉世聞名的佛學家、旅行家和翻譯家，是中外文化交流傑出使者。
他一生的思想和經歷形成了博大精深的玄奘文化。

玄奘像

玄奘，世稱唐三藏，俗姓陳，河南陳留人，生於隋文帝仁壽二年（西元602年），圓寂於唐高宗麟德元年（西元664年）。玄奘家貧，父母早喪。十二歲時出家，遍讀佛經，深體宗旨，決心削髮皈依佛法，為佛家事業貢獻一生。透過多年來在各處講筵所聞，他深感異說紛紜，無從獲解。特別是當時攝論、地論兩家關於法相之說各異，遂產生去印度求《瑜迦師地論》以會通一切的念頭。

唐太宗貞觀三年（西元629年），玄奘自長安出發去印度取經，時年二十八歲。當時的政府明令不許百姓私自出國，各主要道路關隘的稽查很嚴，然而玄奘意志堅決，終得走出國門。經過哈密、高昌、龜茲，越天山，至素葉城，出鐵門，渡縛芻河，越大雪山，進入北印度。當他越過八百里沙漠時，曾有四日四夜無一滴水入口，他曾發誓道：「寧可向西走一步就死去，也絕不向東一步以求生。」終於冒險西行數萬里到達印度。玄奘在印度受到各國的歡迎和禮遇。當時印度東北的摩竭陀國、西南的摩臘婆國兩國最重學術，而以摩竭陀國的那爛陀寺為當時最大的佛教大學，約兩萬多人，大師薈萃，玄奘在此居住五年，跟從戒賢法師受學，屢次參加宗教辯論大會，與婆羅門教等論師辯論獲勝，聲譽日隆，升任那爛陀寺副主講。

東印度迦摩縷波國國王拘摩羅王慕名遣使來請，玄奘到達該國時，國王率領群臣迎拜讚歎。戒日王也聞名來請，拘摩羅王便偕同玄奘來到曲女城，戒日

王非常高興，召集各國僧侶在曲女城召開辯論大會，五印度十八國國王全都列席，三千多名大小乘高僧、兩千多位婆羅門等教徒，以及一千多位的那爛陀寺寺僧，全都參與盛會，這就是佛教史上著名的「曲女城辯論大會」。玄奘受請為論主，登上寶座，稱揚大乘佛教，他說：「如果我所說的有一字無理，誰能發論折服的話，我願斬首謝罪。」從早到晚，連續十八天，他高坐寶位，發揮宏論，大眾無一人敢與其辯論。散會時，各國國王都送珍寶，玄奘一概辭謝。依照印度的通例，凡是辯論勝利，便乘象出巡，以示榮耀。於是，戒日王禮請玄奘乘象出巡，並遣人執旗前導巡行，將大會盛事宣告於眾，這是有史以來中國人在印度的最高光榮。由於玄奘受到戒日王的推崇，戒日王便與中國通使，因而有王玄策三次出使印度的事。以後玄奘在印度又周遊各國，巡禮佛跡，遊歷以佛教壁畫、雕刻等藝術聞名世界的南印度阿薑塔石窟等地之後，攜帶經、像、舍利等，經由疏勒、于闐歸國，於貞觀十九年（西元645年）五月返抵長安。

玄奘及其學派主張，世界上的一切（包括人類的自我）皆非獨立存在的，而是由人們的意識變換出來的，即所謂「唯識所變」。最根本的意識稱作「阿賴耶識」，是世界各種事物、現象的一切「種子」，是宇宙的本源。玄奘以唯識學為基礎，開創了法相宗一派，這派因為得到皇家的支援，一開始極其興盛。但是因為學問太過學院化和印度化，終究不為中國人所喜歡，所以很快衰落了。但是，由玄奘而引領起的佛教運動的高潮卻進一步走向了顛峰。而玄奘一生追求哲學最高智慧的精神，也成為歷代佛學大師頂禮膜拜的榜樣！

五行：
指水、火、木、金、土五種物質。中國古代思想家把自然觀和人的活動歸結為五種物質因素，含樸素唯物主義因素。戰國秦、漢間出現五行相生相剋學說。五行相剋是木剋土，金剋木，火剋金，水剋火，土剋水。五行相生是木生火，火生土，土生金，金生水，水生木。

諫迎佛骨觸怒帝王

韓愈自命為儒家道統的繼承者，為維護儒學的正統地位，曾極力反對佛教。他之所以讓人所矚目，除了以古文家著稱外，還由於他一生力排釋老、「扶樹教道」，二者又由「文以載道」的形式聯結起來。

韓愈（西元768年～西元824年），字退之，鄧州市人。河北昌黎系韓氏郡望，世稱「韓昌黎」。他是唐朝著名的哲學家、文學家和教育家，為「唐宋八大家」之一，有「文聖」之稱。

鳳翔（今屬陝西）法門寺有一座佛塔，內藏佛指骨一節，稱為舍利，每三十年開一次塔，把舍利取出，讓人瞻仰、參觀。元和十四年是開塔的時期，唐憲宗要迎佛骨入宮內供養三日。韓愈聽到這一消息，寫下《諫迎佛骨》，上奏憲宗，極論不應信仰佛教，列舉歷朝佞

韓愈像

佛的皇帝「運祚不長」，「事佛求福，乃更得禍」。韓愈認為佛骨是「朽穢之物」，不應該相信它會有靈驗，於是就寫了《諫佛骨表》，上奏諍諫。奏表從維護儒家的「先王之道」出發，反對來自夷狄的佛法。列舉歷史事實，反覆論說，「事佛求福，乃更得禍」，「佛不足事」，尖銳地指出佛骨是「枯朽之骨，凶穢之餘」，應該把它「投諸水火，永絕根本，斷天下之疑，絕後代之惑，使天下之人知大聖人之所作為」。

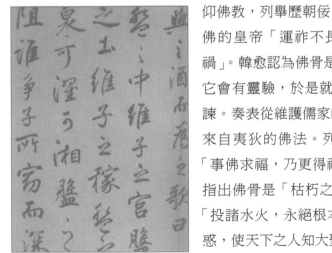

韓愈送李願歸盤谷序

韓愈說，如果皇上把佛骨迎到宮中，就會在

民間造成極大的危害，老百姓認為天子都一心向佛，老百姓還有什麼不相信的。於是就會有人仿效，農民不種地，工人不做工，商人不上市，官員不上班，都去供奉佛骨，甚至有人為此斷臂割肉。這種敗壞風俗的事，不但會讓周圍國家嘲笑，而且還會使社會風氣奢靡腐化。

韓愈圖

唐憲宗接到諫表，大怒，要處死韓愈，當時大臣裴度、崔群出來說情，說韓愈「內懷至忠」，應該寬恕，以鼓勵忠臣提意見。憲宗說：「韓愈說我奉侍佛教太過分，還可以容忍；他甚至說東漢以後，奉侍佛教的皇帝都是短命，怎能說這種荒唐的話呢？韓愈身為人臣，竟然狂妄到這種程度，怎麼能赦免呢？」最後決定貶為潮州刺史。

在哲學思想上，韓愈把衛道理論中的「道」與「性情」品級化：他的「性」、「情」各有三品的分類法，在理論形式上顯然是承接著董仲舒的性三品說。

根據這種人性論，容易導出封建的等級制以及等級性的人格依附關係是天理自然的，因而使封建的「法律的虛構」在人性論上有了基礎。「道統」在理論形式上抄襲佛教的祖統。但不論祖統或道統，其本身都是俗世貴族譜牒等級觀念在宗教上的反映。

另外，韓愈的理論根源乃在於中國中世紀神學的天命論，這種天命論正是品級性地主一般的神學世界觀，同時又是封建

韓愈藍關阻雪圖

統治者神權和君權合一的意識形態。唐代品級性地主中的著名儒學世家多源自於北朝，他們具有經學教養，這種經學直接承自漢代，其中充滿著符命、休祥、天人感應等等虛妄的謬說，天命論的世界觀即與此種經學相依存。

在韓愈活動的時代，佛學的情況是：三論宗、唯識宗已趨衰微，禪宗最盛，華嚴宗在禪宗的影響之下還有一定程度的發展。這裡所謂的發展，是指它與禪宗合流的趨勢，這一點在與韓愈年代相接而稍晚的「五祖」宗密的教義中表現的最明顯。

天臺宗由「九祖」湛然而中興，曾與禪宗有所論爭，宋天臺宗人所作的佛祖統紀卷七說：「至於教外別傳（指禪宗），但任胸臆而已，師（湛然）追援其說，曰金錍（指所著金剛錍），曰義例（指止觀義例），皆孟子尊孔道、辟楊、墨之辭。」按韓愈先輩之梁肅即為湛然的門人，而湛然在金剛錍中所立的「無情有性」之說，談的正是「性情」問題。

韓愈陵園

很明顯地，韓愈要建立排佛的理論體系，就不能不在這一論題上展開詰辯，但他並不能把握住如何破佛學性情之說，而只是按儒家的理論，另外講了一套，最後寫道：「曰：今之言性者異於此，何也？曰：今之言者，雜佛老而言也，奚言而不異？」這裡說的「異」即「異端」之「異」，好像只要和儒家異就不對了，這一點柳宗元曾從邏輯上予以辯駁。

原性中的主要論點是這樣：「性」是天生的，「情」是後起的。「性也者，與生俱生也；情也者，接於物而生也。」構成「性」的要素有五：仁、

禮、信、義、智；構成「情」的要素有七：喜、怒、哀、懼、愛、惡、欲。「性」與「情」各有三品的等級。

原性中所謂「上者可教而下者可制」之說，指的正是上下兩大階級的命運。這是直接抄襲自漢代儒學正宗的教義。但韓愈更露骨的地方，在於把吃地租享貢納並支配勞動力的統治者視為一種「人性」，而把被剝削的無特權的所謂「民」，又視為一種「人性」。

這裡，如果我們把他的人性改為人格，那就可以更清楚地看出這種理論的實質是什麼。因為他所謂「民」，指的主要是直接生產者，「出粟米麻絲」的是「農」，「作器皿」的是「工」，此外還有「通財貨」的是「商賈」。

在人性論上，對待這些無特權者應該採取專制主義的「制」，使之「寡罪」（按韓愈認為罪是這些人先天所具有的）；那麼在法律上，對待這些人則只有用嚴厲的刑律了，有不聽剝削的，誅無赦！韓愈也自豪他正是「名不著於農工商賈之版」的人物。由此可見，這種人性論乃是封建主義「教級結構」以致「品級聯合」在人性論上的虛構。

道統說：
儒家關於傳道系統的學說。首先由唐韓愈明確提出，他在批判佛教的過程中，提出了儒家先聖前賢一脈相傳的「道統」對抗佛教傳法的「祖統」（法統）。道統說的提出是為了復興儒家傳統。宋儒繼承韓愈的思想。朱熹以理學為儒家正宗，並自命為傳人。陸九淵則不承認程朱的正統地位，自命為道統傳人。道統說遂成為理學程朱與陸王兩派爭奪儒學正宗的理論。

中國第一位文盲宗師

慧能是中國禪宗的第六祖。他強調「見自性清淨，自修自作法身，自行佛行，自成佛道」。

慧能，是中國禪宗的第六祖。他的俗姓是盧，河北范陽（今涿縣）人。他的父親做過官，後來被貶至嶺南新州（今廣東新興縣東）。慧能很小的時候父親就去世了，所以家境很貧困，只能靠賣柴養母，而他自己更是一個文盲，從未上過一天學。

有一天，惠能在市集賣柴，聽到客店有人朗誦《金剛經》，心中一動，便問此經從哪裡得來，客人告訴他是從黃梅東馮茂山弘忍禪師處得到此經。他就有了去拜師的念頭。

慧能大師像

慧能大師故里

西元670年，慧能辭別了母親，一直向北走，走了三十多天，才到了黃梅山。他立刻去參見弘忍，弘忍見到他的質樸無邪，心裡很喜歡。但他還是想考驗他一下，就故意諷刺地責問慧能說：「你打新州來，那你這個南蠻之人，如何能成佛？」聽了此話，慧能很不高興，立即反擊說：「人雖有南北之分，佛性又怎麼會有南北之別？我的外表雖然和您不同，但佛性又會有什麼差別呢？」弘忍很高興，看出這個新來的南蠻子具有超凡的領悟力和自信，便決定收他為徒，但是

當時其他的弟子則對慧能十分鄙視。

弘忍出於保護慧能的心態，先讓他在後院澆地種菜，同時也是對他的磨練。就這樣，慧能才在黃梅住下了。

後來，弘忍決定把自己的衣缽傳下去，就對眾弟子說，你們都回去寫偈子，誰寫得好，我就把衣缽傳給他。當時，弘忍門下最有名的是一個叫神秀的和尚。他在牆上寫了一首偈子：身是菩提樹，心如明鏡台，時時勤拂拭，莫使惹塵埃。弘忍看到了這首偈子，立刻知道是神秀寫的，也知道神秀沒有悟到真如本性。

有一天，一個小和尚念叨著神秀的偈子，經過了慧能住的地方。慧能聽到了這首偈子，問那個小和尚是誰寫的，小和尚很不悅，大叫道：「你這個南蠻子，竟然連這個都不知道！這是神秀師兄寫在前堂的偈子。」

慧能大師像

最後，他把慧能帶到寫偈子的地方，慧能不識字，就請別人讀給他聽。慧能聽後，對那個人說：「我也有一首偈子，請替我寫在牆上，好不好？」張日用聽完，覺得很奇怪，說：「你也會作偈子？」

慧能正色對他說：「要學到最高的『菩提之道』，就不能輕視那些初學的人。有時候極下等的人，卻有著最高的智慧；而地位極其上等的人，卻毫無見識。」張日用聽完很佩服，便服服貼貼地替慧能在牆上寫出了那首著名的禪宗偈子：菩提本無樹，明鏡亦非台，本來無一物，何處惹塵埃。

圍觀的和尚們看到這首偈子，非常驚訝，互相交頭接耳。弘忍看到了大家

的驚異之色，心中一驚，他深怕有人妒害慧能。

第二天晚上，弘忍悄悄的把慧能叫進了房間，為他講金剛經。

當聽到他講「應無所住而生其心」時，慧能突然靈光一現，大徹大悟，對弘忍說：「我何必去思考？自性本來就能產生萬法啊！佛性就是人的本源之性，人只要認識自己的本性，就是佛了。佛不在外面，而在自己的心中。」弘忍聽了非常高興，知道慧能已真正悟到了真理，很欣慰，就在這個深夜裡，把衣鉢及「頓教」的法門傳給了慧能。弘忍叮囑慧能一定要趕緊離開黃梅，隱蔽一段時間後，再開始傳法。慧能於是悄悄地離開了師父，回到南方。就這樣，一代偉大禪宗大師誕生了。

慧能大師肉身像

神秀的偈語，肯定自己身心的存在，認為要勤奮地修行，才能漸漸地達到不染塵埃的清淨境界，屬於傳統的漸修成佛說。

慧能的偈語，卻認為身、心和萬事萬物都是空幻的、不真實的，只有人人都具備的佛性才是唯一真實的存在。這種思想，與南朝劉宋時竺道生首倡的頓悟或佛說相通，也與他自己初入東山見弘忍時提出的佛性不分南北貴賤的說法一致，只是經過8個月的默受教法，其思想更透徹、精妙了。它與神秀的思想同屬於唯心主義，但在認知上比神秀徹底得多；若施之於佛教修行，則簡捷得多。

性：
一般指人性，亦有天性、物性的意蘊。

77

喜愛蓮花的君子

周敦頤是中國理學的開山始祖，他的理學思想在中國哲學史上起到了承前啓後的作用。

周敦頤像

因為佛教的必然影響，宋朝以後的儒學開始更多的關注內在和超越的方面，於是對心、性、理、氣、道等觀念進行了探討，這樣，就形成了中國歷史上獨具特色的哲學形態——宋明理學。

而宋明理學的開山鼻祖，就是以《愛蓮說》一文聞名天下的周敦頤。

周敦頤曾在南昌做官，有一次經過潯陽，看到廬山蓮花洞的山水，心裡很喜歡，便萌發了退休後到這裡來隱居的念頭。後來，他晚年由於身體不適，便辭職來到蓮花洞隱居。周敦頤在蓮花洞，創辦了濂溪書院，講學育人。他將書院門前的那條溪水命名為「濂溪」，並自號為「濂溪先生」。

他酷愛蓮花，便在書院內建了一座「愛蓮堂」，堂前有一池，起名叫作「蓮池」。周敦頤是以蓮的高潔，寄託了自己畢生的心志。

他經常漫步，賞蓮。有一天夜裡，月明星朗，涼風陣陣，周敦頤佇立在池邊很久，仔細觀察蓮花。他見到蓮花高潔自愛，突然感慨叢生，文思泉湧。於是轉身回到房中，奮筆疾書，完成《愛蓮說》一文。其中「出污泥而不染，濯清漣而不妖，中通外直，不蔓不枝，香遠益清，亭亭淨植，可遠觀而不可褻玩

焉。」這幾句佳句成為千古絕唱，至今仍然膾炙人口。

周敦頤做學問由道德入手，強調一個「誠」字，他認為，人的道德根本就在「誠」，人沒有誠則無論生存和生活都不可能；因此，他推論到世間萬物，都必須要有這個誠字，否則也只是落空而已；最終他推極到宇宙本體，認為宇宙也無非是個誠，天地誠而生萬物，陰陽誠而育眾生。

這個誠字，周敦頤認為有兩種含義，一種是道德上的誠，即誠實不假；一種是道理上的誠，真實不虛。比如人要見義勇為，這便是道德上的誠，若不誠，則必然要思量公利，而這便不是單純的道德了；又比如天地宇宙，要下雨便下雨，要颳風便颳風，中間沒有一點的虛假。

周敦頤《愛蓮說》

不過，周敦頤自己最重視的「誠」並沒有成為後世宋明理學的主要關注點，反而他一篇學術初期的著作成為宋明理學的重要思想來源，那就是《太極圖說》。周敦頤在這篇文章中，從易學和宇宙發生學及形而上學的角度闡釋了一系列問題，更關鍵的是，他提出了很多具有新意義的概念和範疇。而這些概念和範疇，將成為宋朝以後中國乃至整個東亞哲學家討論的核心。

這篇文章是這樣的：無極而太極。太極動而生陽，動極而靜，靜而生陰，靜極複動。一動一靜，互為其根；分陰分陽，兩儀

周敦頤石像

立焉。陽變陰合而生水、火、木、金、土，五氣順布，四時行焉。五行一陰陽也，陰陽一太極也，太極本無極也。五行之生也，各一其性。無極之真，二五之精，妙合而凝。「乾道成男，坤道成女。」二氣交感，化生萬物，萬物生生而變化無窮焉。唯人也得其秀而最靈。形既生矣，神發知矣，生性感動而善惡分，萬事出矣。聖人定之以中正仁義（自注：聖人之道，仁義中正而已矣）而主靜（自注：無欲故靜），立人極焉。故聖人「與天地合其德，日月合其明，四時合其序，鬼神合其吉凶」，君子修之吉，小人悖之凶。故曰：「立天之道，曰陰與陽。立地之道，曰柔與剛。立人之道，曰仁與義。」又曰：「原始反終，故知死生之說。」大哉易也，斯其至矣！

這篇文章內容廣泛、深邃，成為日後中國哲學重要的泉源性文獻之一。

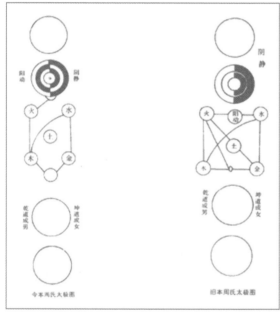

周敦頤《太極圖說》

中庸：
儒家的哲學範疇。即在處理事物的矛盾時應當掌握合適的「度」。

安樂窩中的逍遙先生

邵雍由他的象數學虛構出宇宙萬物生成的圖式出發，並且以此來解釋世界，推算古往今來治亂盛衰的命運。

邵雍像

邵雍字堯夫。祖籍范陽（今河北涿州），他在哲學上的貢獻並不大，主要是一些易學方向的東西，尤其是象數學，所以很多後代算命的人都把他當作先師；可是，他又是中國哲學上不可忽視的一位，因為他的人生態度對宋明儒學家產生了很大的影響，甚至成了後來很多學者最嚮往的。

他一生不喜歡做官。在洛陽閒居了將近30餘年。平時每天閉門讀書，春、秋兩季則四處出遊。他每次出遊都很有意思，他穿著道的服裝，乘著小車。

當時城中的士大夫只要聽到車聲，就知道邵雍出來了，大家都來不及穿鞋出門迎接他。他的小孩和僕人也很高興地盡心尊奉他。於是他在洛陽城裡有了「行窩十二家」的說法。

因為邵雍把自己的家叫做「安樂窩」，所以整個洛陽都成了他的一個更大的「安樂窩」，而邵雍更把整個宇宙看作他最大的「安樂窩」。

之所以如此，是因為邵雍在精研《周易》後認為，天地自然，萬物本然，人無做作就是最好的生活，一切都應當任乾坤變化之自然，人只要盡自己的本性去快快樂樂的生活。在這種觀念的引導下，邵雍將生死置之度外，因為那純粹是自然的本性之事，不必憂喜。

熙寧10年（西元1077年）3月，邵雍得了重病，臥床一百多天而起不來。5日凌晨終於駕鶴西遊，享年67歲。

邵雍生病的時候，朋友司馬光曾前來看他。邵雍對司馬光說：「某病勢不起，且試與觀化一巡也。」司馬光勸他說：「堯夫（邵雍的字）不應至此。」

邵雍墓

邵雍很坦然說：「死生亦常事耳。」這時候張載正好剛從關中回來，他給邵雍診脈以後說道：「先生脈息不虧，自當勿藥。」又要給邵雍算命，說：「先生信命乎？載試為先生推之。」

邵雍墓

邵雍平時就很坦然生死：「世俗所謂之命，某所不知，若天命則知之矣。」張載說：「既曰天命，則無可言者。」邵雍也不信命。

程頤曾對他說：「先生至此，他人無以致力，願先生自主張。」邵雍答道：「平生學道固至此矣，然亦無主張。」程頤還是跟他開玩笑，邵雍就說：「面前路徑常領寬，路徑窄則無著身處，況能使人行也！」足見邵雍對待生死的態度。這種生活態度，直接影響了後世的哲學家，宋明理學中重要的一點——氣象，就是建立在邵雍這種生活態度上的灑落、自在。

　　他根據《易經》創造出一套「易外別傳」的學術理論，他把年、月、日、時的數用加減乘除的方法裝入卦中，列出卦象，求出動爻，根據八卦陰陽五行排列，以體用生剋方法，兼用《周易》爻辭來判斷吉凶。這就是《梅花易術》。

　　梅花易術克服了銅錢占卜的空間侷限性，即有事者必須親自來搖卦才能預測資訊的侷限，只要有發生事件的準確時間，或預計在未來時間內要做事的時間，就可以起卦預測，得到準確的資訊。

　　邵雍的梅花易術有其自己的哲學基礎，即先天象數學。相傳他在一個道家方士那裡得到一張先天圖，潛心研究，悟出先天心法。他自己在《皇極經世緒言》中說：「先人學，心法心，有了心，就有了萬事萬物；沒有心就沒有萬事萬物。心為太極，是產生萬事萬物的根源。」

　　在先天象數學中，邵雍說，太極是一，太極生陰陽就是一生二，但一能生二的作用是神，所以說「神生數」。由於一生二是對立性的雙數，以此一倍開展，二變為四，即兩儀生四象，這就是「數生象」；再由這對立著的象的變化，產生具體事物「器」，這就是「象生器」。邵雍把宇宙萬物生成，說成是由抽象概念的數字，經過倍數相乘得來，這就是邵雍以象數理論所虛構的宇宙生成圖式。

邵雍祠舊址

盡心知性：
孟子提出的反省內心的認知方法和道德修養方法。

吟風弄月以歸的大程

程顥與其弟程頤同為宋代理學的主要奠基者，世稱「二程」。因二程兄弟長期講學於洛陽，故世稱其學為「洛學」。

程顥（西元1032年～西元1085年），北宋著名儒家學者。字伯淳，號明道。河南洛陽人，少年時曾與胞弟程頤同學於當時名儒周敦頤。嘉佑二年（西元1057年）登進士第。歷官鄠縣主簿、上元縣主簿、澤州晉城令、太子中允、監察御史、監汝州酒稅、鎮寧軍節度判官、宗寧寺丞等職。在政治上，他堅決反對王安石新政。

程顥考中進士。次年，授任京兆府戶縣（今屬陝西）主簿，開始步入仕途。當時戶縣有一百姓借他哥哥的房舍居住，在地下挖出了不少埋藏的銅錢，據為己有。他的侄子得知此事，就告到縣衙。縣令問程顥：「此事沒有佐證，怎麼判決？」程顥回答：「要分辨明白並不難。」縣令就將此案交給程顥審理。

程顥像

程顥問原告：「你父親埋藏這些錢多少年了？」原告回答：「四十年了。」程顥就派小吏從這些錢中取出一部分，察看鑄造的時間，發現這些錢鑄造時間較早。就質問被告：「如今官府所鑄造的銅錢，不用五、六年就流通全天下。這些錢都是你借住此屋以前數十年鑄造的，怎麼可能是你的錢？」被告不得不服。縣令為程顥的聰明感到驚奇。

　　程顥在年輕的時候曾向周敦頤問學數載，周敦頤教他做學問要「尋顏子仲尼樂處，所樂何事」，因為孔子曾特別讚賞顏回的知足常樂，並說過：「一簞食，一瓢飲，居陋巷，人不堪其憂，而回也不改其樂，賢哉回也！」這種困難中而保持快樂的態度是儒家一直追求的一個方向，到周敦頤之後更是特別強調這一點的修養，所以他特別拿此教育大程。

　　大程也真能體會到這種快樂，經過刻苦的學習和修養，程顥終於達到了這種氣象，他說：「自見周茂叔（即周敦頤）後，吟風弄月以歸，有吾與點也之意。」最能代表程顥這種修養的，是他寫的一首詩「雲淡風輕近午天，傍花隨柳過前川，時人不識余心樂，將謂偷閒學少年」，由此可見大程的心胸開朗和快樂自在的精神氣象。

程顥銅像揭幕

　　在這種精神氣象和生活指引下，程顥在哲學上特別強調由對天理的認識以達到對自性的安定，進而透過修養以求和樂的成賢成聖境界。

　　大程首先總結天地萬物的本源為二字——「天理」，這個天理就是宇宙萬物乃至人間一切的本來基礎，它是貫穿一切的究極，既是普遍的，又是絕對的，在形而上的水準上，它就是宇宙所由生的本源，在道德實踐的水準上，它又是應該和當然的本源。

　　因此，只要掌握和瞭解了「天理」，人就可以成賢成聖。而大程認為，既然天理是一貫的，所以萬物中都含天理，而人的本性中尤其含有天理。只不過這種天理經常因為外在的誘惑而被消散，但只要人能進行修養，就可以把握住天

理。這個修養的方法，就是透過誠敬來定性，也就是說，人要時時保持一種謹慎而嚴肅的態度，以求讓自己的心不被外在誘惑走，這樣，時間一長，自然本性就會越來越安定，進而在這種狀態下，認識到天理的「廓然大公」和本性的自然合理。

於是，心就會真正的得到解脫。這樣就能做到「鳶飛唳天，魚躍育淵」的「活潑潑地」聖賢氣象。在這種修養過程中，程顥雖強調對天理的體認，但更強調了內心的本來符合天理和可以把握天理，而且，大程自身的實踐尤其偏重這種當下快樂的頓悟境界，所以他的思想啟發了後來的心學家，而與其兄弟小程的思想有所不同。

自然：
含義相當廣泛，主要指天然，自然而然，不依人的意志為轉移，無須人的作用來干預。

程門立雪中的小程

二程在哲學上發揮了孟子至周敦頤的心性命理之學，建立了以「天理」為核心的唯心主義理學體系。

程頤像

程頤是程顥的弟弟，世稱「小程」。小程是個極其嚴肅的人，這與他一心追求心靈快樂的哥哥十分不同。

程頤博學多才，很早就得到太學院主教胡瑗的賞識和推薦，但是他自己一直認為自身的學問還不足以為官，所以一直推辭，而始終是一「布衣」。

他50多歲時，當時年僅11歲的宋哲宗皇帝聽到他的大名，便直接聘請他做自己的老師。程頤覺得自己此時的學問也可以了，便應召出仕。

但他出仕卻要求皇帝要答應他兩個條件：首先，必須讓老師坐著講課，以端正儒者和師者的尊嚴地位；其次，皇帝聽講時必須認真且不許曠課，這要由皇太后監督和嚴格管理。皇帝答應了他的要求，程頤才願意當皇帝的老師。

果然，程頤在當老師期間，對皇帝學生進行了嚴格的各方面的教育，他尤其注重培養皇帝的愛心，因為程頤認為這是愛民之心的本源。據說有一年的春天，年輕的小皇帝折了幾根新發芽的柳枝玩耍，程頤很不高興的訓斥道：「方

春發生，不可無故摧折。」結果使得皇帝很不高興。就這樣，程頤嚴格的對皇帝進行教導，但最終還是得罪了他，而被遷到別的地方去了。

程頤的仕途就在這樣一個壞學生的手裡斷送了，但他學問的路途卻在很多好學生的手裡弘揚開來。

宋哲宗像

其中他和他最好的學生楊時的故事，更廣為傳頌，這便是程門立雪的故事：

傳說在一個下著大雪的冬天，楊時想向師父問幾個問題，便走到師父的門前，剛要進去，忽然從窗戶看到程頤正在閉目修養，楊時趕緊停住了腳步，他既不向前，也不後退，而是站在原地一動也不動，因為他怕打擾了師父的修養，就這樣，過了將近一個時辰，程頤終於睜開眼睛，而此時，楊時身上的雪已經很厚了。

程頤之所以如此注重莊嚴，是與他的學問分不開的。程頤和他的哥哥程顥一樣，認為理是天地萬物的本源，是形而上和道德實踐的終極泉源。

但是，與他的哥哥強調把理歸在心中不同，程頤強調把理看作是一個更加抽象的形而上的東西，這樣，這個理就更像在外面，而不在心裡了。

於是，這產生了一個問題，人如何去追尋和認知這個很像是外在的超越性的形而上的「理」呢？程頤的方法是——「格物致知」。程頤認為，每一個物都有每一物的理，而這些理中共同的那個超越的理就是最高的理。

所以，人要認識那個最高的理，就必須對一個一個的事物下足功夫，「須是今日格一件，明日又格一件，積習既多，然後脫然自有貫通處」，至於格物的方向則有很多，「或讀書講明義理，或論古今人物別其是非，或應事接物而處其當」。

程頤說，經過長期的這種多方向的學習和累積，就可以逐漸明白那個最高的理。所以，他把「格物致知」又叫做「窮理」，因為最終的目的是要窮盡最高的理。因為這個功夫需要一個長期的過程，中間不能有半點懈怠，所以程頤才特別強調莊嚴的態度，而以莊整嚴肅為修養的基本規範，並特別提出一個「敬」字，作為道德修養的方法。

故此，我們看到，程頤追求的精神境界與他哥哥大程有很大的不同，所以大程開啟的是心學一派，而小程則開啟了理學一派。

神器：
中國春秋末期思想家老子用語。器，物。神器，神秘之物，代指國家政權。

苦行僧般的氣學家

張載是北宋時代唯物主義哲學家，他開闢了中國古代樸素唯物論哲學的一個新階段。

宋明理學中有北宋五子之稱，分別指：周敦頤、邵雍、程顥、程頤，還有本篇要介紹的張載。

張載塑像

張載（西元1020年～西元1077年），字子厚，出生在一個官僚家庭，其祖是大樑人（現在的河南開封）。但他很小時，父親就死在了涪州的官任上，於是，他家裡只好僑居在現在陝西省的眉縣橫渠鄉，所以後來張載被人稱為「橫渠先生」。張載在陝西好學深思，精研學問，廣收門徒，開壇講學，最終成為「關學學派」的創始人，並使這個學派成為宋學四大派中赫赫有名的一派（四大派即濂（周敦頤）、洛（二程）、關（張載）、閩（朱熹））。

張載生活的北宋，是一個深受少數民族侵略之苦的時代，北有遼國，西有西夏，使得生活在靠近邊境的張載有一種巨大的危機意識。

他從小就有「立功異域」的志向，並仔細研究兵書戰策，甚至想聯合一些同志者奇襲西北的少數民族，以解決邊境的患難。

後來他聽說范仲淹擔任了陝西招討使，便慨然求見范仲淹，並向他陳述自己對用兵的看法和解決邊難的計畫。

　　但范仲淹在談話中卻發現，這個二十多歲的年輕人，並不適合從事軍事，他的思想深刻和見識獨特，更適合鑽研儒家的學問和繼承儒學的道統。

　　所以，范仲淹就對他說：「儒者自有名教可樂，何事於兵？」並建議他讀《中庸》以及其他儒學典籍。張載虛心聽取了范先生的建議，便用心於《中庸》等儒家著作。

　　可是讀完這些著作之後，張載覺得光看這方面的著作還不夠，尚有些東西不明白，還不滿足。於是他又找來大量的佛教和道教的書籍，不停的看，細心讀了好幾年之後，覺得還是進步不大，甚至有越讀越亂越糊塗的感覺，於是便又重新轉回到儒家的經典上來。這下子，他忽然覺得自己徹底明白了儒家的道理，認為自己找到了人生立世的根本，從此，他忠心於儒學的新開發、新改造而且終身不變。

　　據說，他學習極其刻苦，到晚年仍有過之而無不及。他的弟子說他「終日危坐一室，左右簡編，俯而讀，仰而思，有得則識（記錄）之。或中夜起坐，取燭以書。其志道精思，未始須臾息，亦未始須臾忘也。」

　　在這樣的博學精思中，張載對形而上和道德實踐都有了他獨特而深刻的領悟。張載認為世界的本源是氣，而這個氣是變化的，「太虛無形，氣之本體，其聚其散，變化之客形而」，這就是說，作為本體的氣，它的終極的本根是太虛，由這個無形無感的太虛下降為有形有感的氣，這個氣的進一步聚散，就

張載祠

形成了天地萬物。太虛、氣、萬物都不過是氣的三種狀態罷了，所以，這個世界上只是恆存的氣，而沒有絕對的無。可見，這個氣是多麼神奇而超越的，而

且又是貫通一切的。

由此，張載又提出，氣是恆長變化的，而變化顯然就不是一，而必須是二，否則就沒有變化，所以萬物必然是多樣的，而在萬物的交感中體現出氣的偉大性。但是，因為本體仍然是氣，所以萬物雖然不同，但根本卻是一樣，因此，人與天地萬物是同胞的關係，更遑論同樣的為人了。所以張載提出人必須把宇宙看成自己的家庭，把所有人都看作自己的兄弟，這樣，天地間就將永遠和平而沒有爭奪，於是太平的大同世界就在眼前了。

張載的學問，與周、邵、二程以及後來的理學、心學的學問，都很不同，所以後世的繼承者不多，直到明末的王夫之，才真正將張載的學問加以進一步的發展和弘揚。其中最大的原因，就在於他的學問充滿了對氣的不確定的分析和二元的解釋，沒有超人的思維和深刻的領悟，是難以瞭解張載的，所以，必須要到同樣博學精思的王夫之那裡，他才能找到知音。

張載像

宇宙：
時間和空間的總和，天地萬物的總稱。宇，空間；宙，時間。東漢科學家張衡則認為：人們觀測到的天地是有限的，而整個宇宙是無限的。後來的唯物論者大都肯定張衡的觀點。

帝王之師、理學宗師

朱熹繼承了二程，尤其是小程的學問，而將它進一步擴充和發展之，進而達到了對理學思想的集大成，而成為中國思想史上一道不可逾越的高峰。

朱熹，字元晦（西元1130年～西元1200年），號晦庵，後世稱「考亭先生」。他出生、成長而且長期講學於福建，所以他的學派稱「閩學」。

朱熹自幼聰穎過人，4歲的時候，有一次父親指著頭上的天空對他說：「這是天。」他突然接著問道：「那天的上面是什麼東西呢？」他父親大為驚異。

朱熹著書圖

8歲時，讀二十四經之一的《孝經》，朱熹在封面上題道：「不這樣去做，就不能算是人。」孩子嘛，都是喜歡在沙堆上玩耍的，但是當小夥伴們嬉笑打鬧時，他卻獨自坐在一旁，一本正經地用手指在沙上畫著什麼，大人們覺得奇怪，走過來一看，他畫的竟然是連大人也難以明白的太極八卦圖。

朱熹年輕時，尤其喜歡佛教的東西，但是，自從他20歲後認識了他的老師李侗、李延平後，他就開始回到儒家的學問，逐漸建立起他自己的學問體系。

朱熹的學問講求的是從道德入手，改革社會風氣，重建良好社會道德，以作為富強的根本；但這一套卻根本不被當權者所欣賞，有一次朱熹被皇帝召見，朋友都勸他跟皇帝講些功利富強的

東西，朱熹卻說：「我一生所學習的和認同的，就是『正心誠意』四個字，你現在不讓我給皇帝講這個，這不是欺騙他嗎？同時也是欺騙我自己嗎？」結果可想而知，朱熹一生仕途坎坷，只能靠到各地講學為生。尤其悲慘的是，在朱熹的晚年，因為與當權者在學術思想上有衝突，他的學說被公認為「偽學」，他甚至遭到了死亡的威脅。

但朱熹堅持自己的信念和學說，直到死前都筆耕不輟。最終，歷史證明，朱熹的學說遠比當權者具有更大的意義和價值！

朱熹書法

朱熹繼承了小程對理的形而上學本源性的認知，並同樣以「敬」字為修養的主要方法，以「格物致知」為求理為學的道路。但同時，他又在很多方面對理學進行了全面的建設，尤其是在一個完整的道德哲學方面。

朱熹認為，人雖然可以認識理，但人本身並不是理，相反，人是由形而下的氣組成的，雖然氣中也含有理，但終究有個隔膜，所以人的本性便有了兩個——理的天地之性、氣的氣質之性。天地之性是人性善一面的來源，氣質之性是人性惡一面的來源。

這樣，當人面臨事情時，便有兩個心在作用，合乎道理的是道心，合乎欲望的是人心，道心是行善之心，人心是縱欲之心。因此，人想要恢復本來的天理的本性，就必須進行嚴格的道德修養，這就是「存天理，滅人欲」。這句話很多人都知道，因為自從五四運動以來，大部分的教科書中都把它當作一個罪惡

的且沒有人性的字眼來講，其實這是大錯特錯的，是對朱熹巨大的侮蔑。因為，朱熹說的要去的人欲，並不是普通的欲望，而是過分的欲望，朱熹所要的，不過是人人都遵守道德，而驅除自己心中的不道德，至於那些人人必須的欲望，朱熹並沒有太多的責難。

這句話之所以後來成為所謂的「吃人」的工具，無非是被統治者的利用，朱熹並不需要負責，因為，如果每一個哲學家都要為他的學說被後代的人利用和誤解負責的話，那麼，歷史就真的是一片黑暗了，而我們的思想史無非也就是一個罪惡史罷了。

朱熹塑像

王霸之辯：
中國古代兩種統治方法和政治理想的爭辯。王指王道，即先王之正道。孟子以王道與霸道相對，認為施行仁政，以德服人者為王道。霸指霸道，即憑藉武力假行仁義以征服別人的政治統治方法。霸道以武力壓服別人，不能使之心悅誠服。孟子提倡王道，反對霸道。韓非子則提倡霸王之道。秦、漢以後王霸並用。到宋代，王霸之辯更演變為社會歷史觀的爭論。朱熹和陳亮進行了數年的爭論，在中國思想史上，產生了很大的影響。

「鵝湖之會」及其故事始末

陸九淵是宋代著名的理學家、主觀唯心主義哲學家。他主張「吾心即是宇宙」，又倡「心即理」說。斷言天理、人理、物理只在吾心之中。人同此心，心同此理。

陸九淵像

陸九淵，字子靜，自號象山，人稱象山先生，荊門平民稱他作陸夫子。南宋高宗紹興九年二月（西元1139年4月）出生於江南西路撫州金溪縣（今江西省撫州地區金溪縣）延福鄉青田裡。光宗紹熙三年十二月（西元1193年1月）卒，享年五十四歲。

陸夫子二十四歲時參加鄉試，考中第四名。孝宗幹道八年五月（西元1172年），34歲時候，被皇帝賜為進士。之後做的幾乎都是小官，縣令之類。

陸九淵廉明清正，能夠秉公執法。如果遇到有人告狀，不論是早還是晚，他都會親自受理。斷案幾乎是調解。有時控訴的內容涉及隱私、違背人倫五常和有傷風化，會勸說告狀人撤回上訴維護社會道德風尚；罪行嚴重和屢勸不改的依律懲治。

所以在他任上，民事訴訟越來越少，每月打官司的不過兩三起。陸夫子在荊門人的心目中，是一座高山，令人仰止。

荊門城西外有一座蒙山，陸夫子曾長期講學山下，當地人竟把這座山更名為象山。象山東坡有一座講經台，台上有個亭叫「仰止亭」。

陸九淵立的蒙泉碑

1193年，陸九淵病逝在荊門，棺殮時，官員百姓一邊痛哭祭奠，全城大街小巷擠滿了前來弔唁的人群。出殯時，送葬者多達數千人，綿延數里。

陸九淵是個天才的少年，十多歲時便樹立了自己的基本哲學思想，他當時曾說道：「宇宙便是吾心，吾心即是宇宙。」

長大後，他將自己的思想成熟和完善，從而成為和朱熹的理學思想鼎足而立的心學思想，他也成為當時最著名的學者。而他與朱熹的多次學術爭鋒，更成為中國哲學史上的佳話和重要內容。其中最著名的，就是「鵝湖之會」。

1175年，陸九淵和朱熹被當時另一位學者呂祖謙邀請到信州鉛山鵝湖寺進行學術交流。陸九淵當時寫了一首表明他自己學術立場的詩：「墟墓興哀宗廟欽，斯人千古不磨心。涓流積至滄溟水，拳石崇成泰華岑。易簡功夫終久大，支離事業竟浮沉。欲知自下生高處，真偽先須辨只今。」

陸九淵的意思是，為學的目的就是提高和實現道德，而這個道德的根源不在別處，就在每個人自己的心中，所以，人的學習，只是發明自己心中本來具有的那個道德心，並將之擴充、完善、貫通就可以了，而不必再向書本和外物上下功夫。

陸九淵石像

陸九淵之所以如此看法，是因為，他認為天地萬物的至理與人心中的理是一樣的，雖然外在事物的理並不是由人心產生的，但他們在本源上和道理上是一致的，所以，「萬物皆備於我」，「心即理也」。

呂祖謙

比如，你在做外在的事情時，怎樣才能達到最好的境界呢？陸九淵認為，顯然是要你的心與那個事物的理相和時才能達到極致。因此，一切外在的理就只在心中了，人只要向心中下功夫就可以了。因此，他覺得，讀書等都不過是從外在來驗證自己的本心之理，所以他提出了「六經皆我注腳」這樣一個空前的口號，以強調「自作主宰」的自我完滿性。

陸九淵的心學，顯然有很多不完善的地方，尤其是他透過那麼簡單的論證就把外在的理和心中的理畫上等號，實在讓人覺得無法接受。但他倡揚自性本心的完滿，並大膽的提出「六經皆我注腳」，實在是幾千年來的頭一遭，所以，從他的思想出發，誕生了日後越來越自由、自信的一大批心學家。其中最著名的就是王陽明。

而這次的「鵝湖之會」，雙方爭議了三天，陸氏兄弟略占上風，但最終結果卻是不歡而散。如今，這座古寺也許是因為有這麼一次重要會議，也許是因為朱熹住過，將其作為「書房」，作為教書育人之地，因而也叫做「鵝湖書院」。

非命：
中國古代戰國初期著名思想家墨翟的主張。反對儒家把「壽夭貧富，安危治亂」看成是先天命定的思想。「非命論」是墨子思想中最積極、合理的部分，是人類對自身力量的初步認識，表達了古代勞動者力圖擺脫傳統天命思想束縛的願望。

最大的功利主義哲學家

陳亮在哲學上創立與朱熹理學相抗衡的永康學派，當時影響極大。其哲學論文，具有樸素唯物主義思想，為永康學派的代表。他提倡「實事實功」，有益於國計民生，並對理學家空談「盡心知性」，譏諷為「皆瘋痹不知痛癢之人」。

陳亮（西元1143年～西元1194年），字同甫，號龍川。是中國歷史上著名的功利主義哲學家，他在理學興盛的年代，以及滿朝文武唯唯諾諾的年代，盛言功利主義，既反對緩慢的理學，又反對庸俗的投降派，所以，他的學說雖然頗具道理和實效性，但卻始終處於歷史的陰暗處。他曾先後3次上書宋孝宗，談論時事，力主抗金，但不被採納，於是他憤然回到家鄉龍窟南小崆洞，從事講學，就這樣，在他的周圍形成了一個永康學派。

陳亮也是個風格豪放、感情奔放的詞人。他和大詞人辛棄疾是好朋友。1188年冬，陳亮從浙江去拜訪辛棄疾，然後兩人一同前往紫溪去拜會當時的大儒朱熹，期間，兩人曾在鵝湖同遊，共飲長歌相答，極為投契。兩人談了十日，這就是南宋詞壇上著名的「鵝湖之會」。因為朱熹失約未來紫溪，陳亮匆匆別去。

別後，辛棄疾惆悵不已，幾天後，剛好收到了陳亮的書信，便手寫了《賀新郎》一首寄給陳亮，把與陳亮交往的喜悅和陳亮離開後自己的依依惜別的心情表現得淋漓盡致。陳亮很快就和了一首《賀新郎·寄辛幼安和見懷韻》：「老去憑誰說。看幾番、神奇臭腐，夏裘冬葛。父老長安今

陳亮龍川詞箋注

餘幾，後死無仇可雪。猶未燥、當時生髮。二十五弦多少恨，算世間、那有平分月。胡婦弄，漢宮瑟。樹猶如此堪重別。只使君、從來與我，話頭多合。行矣置之無足問，誰喚妍皮癡骨。但莫使、伯牙弦絕。九轉丹砂牢拾取，管精金、只是尋常鐵。龍共虎，應聲裂。」

從此以後，兩人又用同調同韻多次唱和，傾訴衷腸，彼此勉勵，成就了文學史上的一段佳話。但是，後來他們的抗金大業因為皇帝的昏庸，竟至全都落空。兩個熱血男兒，都是在大有作為的時候遭受了沉重的打擊。

辛棄疾一次受到彈劾而被免職，後來又在諫官的攻擊下被迫離職。陳亮更是一生不得志，他所遭遇的，除了譏諷、排擠和打擊，還前後入獄三次，陳亮第一次被人檢舉酒後發「妄言」，另外兩次都是莫名其妙的被牽連。因為，他們不摧眉折腰事權貴的豪邁性格，註定了仕途的路上不可能成功。

陳亮像

但陳亮終究有滿腔抱負壓抑不住，所以他想，既然靠上疏皇帝的路走不通了，那麼就透過政治地位的改變，來實現自己的抱負，於是，在西元1193年，他考取了狀元。本來，陳亮馬上就可以有更好的機會實現理想了，可是，就在第二年，他卻不幸病故！一代英雄溘然長逝！

陳亮在中國思想哲學史上留下的最濃墨重彩的一筆，就是他和朱熹的「王霸義利之辯」。朱熹強調道德的絕對性，並因此認為堯、舜、禹、湯、文、武、周公之後的各個朝代都是霸道的時代，是不值得一提的。陳亮則對這兩點都提出反對意見。他認為，所謂的道德，並不是虛無的，它必須寄存在事情上才能顯現出來，所以，事功做到成功處，便是德行的成功；把每件事都做好，就是合乎道理；如果道德反而不能顯現出成功，那麼

道德反而沒有絕對性了。

因此，陳亮認為漢朝、唐朝的時候，雖然可能在某些方面比遠古的聖賢時代有差距，但是，這些朝代的人們大都能開疆擴土，安定百姓，繁榮經濟，賑濟民生，這樣便是有大功於天下的，若說他們沒有道德，是不可能的。

所以，陳亮認為應該「義利雙行，王霸並用」，固然要遵守道德以改善社會風氣，同時，也必須努力在經濟上、政治上有所作為，要勇於建立事功，因為事功的實現，就是道德的實現，孔子的「三不朽」中不是也有立功嗎？可見，功利是不能因為道德而遺棄的，而恰恰要透過功利來實現道德，道德只有蘊涵在功利中才能發揮最大的功用。

陳亮墓

應該說，中國傳統哲學的正統是對道德的絕對強調，而忽視功利，但陳亮卻能獨排眾議，倡揚功利，這實在是中國思想史上所罕見的，所以，也是不朽的。

三表：

墨子提出的檢驗言論與認知是非的標準。表，指法、儀；三表即三條標準。墨子認為，人們的言論與認知是非必須有一個客觀的標準來衡量，即：「有事之者，有原之者，有用之者」。以歷史經驗判斷言論是非；以廣大民眾的直接感性經驗為是非依據；以言論和認知的實際效果檢驗認知的真理性。是中國哲學史上最早的較為完整的檢驗真理的標準，帶有濃厚的經驗論色彩，並以之論證天志和鬼神的存在。

破山中賊易，破心中賊難

王陽明反對程、朱的「知先行後」，主張「知行合一」，說「知是行之始，行是知之成」，行是知的表現形式，是知的補充，「知之真切篤實處即是行，行之明察精覺處即是知」。

王陽明像

王陽明（西元1472年～西元1529年），名守仁，字伯安，浙江餘姚人，明代的哲學家、教育家。晚年講學於會稽山陽明洞，自號陽明子，故世稱為陽明先生。

他是中國古代儒家知識分子中罕見的文武全才的人物，他將心學思想完善發揚而成為一代宗師，政績上曾平定寧王朱宸濠的叛亂而安邦定國被封到新建伯的高位，可說千古一人，所以清朝的曾國藩將他推舉為第一等的人物，並以王陽明作為他的偶像和努力方向。關於王陽明一生的神奇有許多記載。

據說他將要出生的時候，他母親夢到天上有一片祥雲飄入腹中，不久就生下了他。所以，他的父親便給他起名為王雲。可是不知道為什麼，這個孩子好幾歲了還不會說話，而且極其愚笨，請了很多大夫都無能為力，王陽明的父親憂心不已。

有一天，外面忽然來了一個年邁蒼蒼的老和尚來化緣，王陽明的父親雖然很焦躁但還是熱心的招待了他，老和尚一進屋就看到了傻蹲在一旁的王陽明，他仔細看看這個孩子，對他的父親說道：「您的孩子叫什麼名字？」

「老長老，他叫王雲。」

「喔，唉，可惜呀！他實在是個絕頂的孩子，可惜你把他的來歷說破了！」說罷，老和尚轉身便走了。

王陽明的父親一聽，終於明白了，便立即給兒子改了名字，叫做守仁，從此，這個叫做守仁的孩子忽然開了竅，成為一個天資聰穎絕頂的人。

成年後，王陽明努力學習各種學問，尤其對儒學和朱熹的學說最感興趣，立志要做「第一等的人」，也就是聖賢。但是，從立志到成學，王陽明費勁了周折。20歲時，他信奉朱熹的格物致知，於是便和朋友一起要格一格院子裡竹子的道理。他的朋友先來，結果三天三夜沒有答案；王陽明以為他不夠用功，便親自花了七天七夜的時間來對著竹子冥思苦想，結果，他不僅沒得到任何「天理」，反而病倒了。

王陽明故居

從此，他對朱熹哲學產生了懷疑，而到底如何才能成為聖賢成為他心中最大的疑問。

後來王陽明中舉，在兵部工職，但卻因直言敢諫，得罪了當時的大太監劉謹，而被貶到偏遠的貴州龍場驛。在這個偏遠的龍場，王陽明身體上遭受著瘴氣和水土不服的折磨，心靈上被當地人和被流放者的悲慘生活所鎮靜，精神上又被自己那個最大的疑問所困擾。他陷入前所未有的煎熬，他的胸中好像有無數繩子在纏繞，又像有無數大石在鬱積。

終於有一天，王陽明在極度的困惑中豁然開朗了，他的心中彷彿有一道光劃過，他驚覺到，他已經了悟，他終於明白自己追尋的答案是什麼了。

王陽明發現，理本來就不存在於外部事物，而完全的存在於我們的內心，也就是說「心即是理」，「心外無理」，「心外無物」。王陽明的論證比陸九淵深

刻得多，他的說法，頗和康得的先驗感性思想相似。王陽明認為，天地萬物之所以可以被認識、被以為是存在的，不是因為別的，就是因為我們的心的存在，如果沒有了我們的心，那麼天地萬物也就無所謂的存在了。

比如山中盛開的鮮花，如果沒有人心的作用認識和瞭解它，那麼，它的所謂開放又指的是什麼呢？又有什麼意義呢？所以，萬物必須有人心的作用，才算得上存在。這樣，連基本的存在都必須在人的心中，那麼，更何況萬物中的道理呢？顯然，王陽明的這個論證是帶有鮮豔色彩的，因而也是更深刻和更具有合理性的。

因此，王陽明認為，為學只要使自己心中本來具有的那個「知善知惡」的「良知」擴充到極致就是了。而這也就是道德和天地萬物的極致了。所以，為學根本上是一個良知本心的實踐過程，無所謂知與行的分別，而是「知行合一」於道德實踐中。

可見，王陽明在繼承了陸九淵心學衣缽的基礎上，發展完善到最高境界。他成了公認的心學的集大成者，而他開創的這門學問，也影響到清朝初年。

法：

1、指法律、法令、法規等。體現統治階級意志，具有強制執行性質的行為規範。先秦法家強調法，商鞅提出，法是治理國家的根本手段。《管子》明確以法為行為的標準和規範，並視之為「聖君之寶用」。韓非對法做了更深入、更全面的規定，認為法是由統治者制定並公開頒行的法律條文，是賞罰的依據，必須具有兌現的效力，並使百姓明瞭、遵守。

2、佛教名詞。通指一切事物。又指佛、法、僧三寶之一，即佛教的經典和教義。

狂放不羈的李贄

李贄是中國歷史上反封建傳統、反封建禮教、反權威主義，主張個性解放、思想自由的思想先驅，他的思想對後人反傳統權威、反君主專制、反封建禮教思想的形成具有重要的啟蒙作用。

李贄像

李贄（西元1527年～西元1602年），字宏甫，號卓吾，又號溫陵居士，溪美人。明代傑出思想家、文學家、史學家。父親李鍾秀（白齋）於泉州開館授徒。居泉州南門林李小宗。贄幼承高祖林姓，名載贄。中舉後復姓歸宗。6歲喪母，7歲跟隨父親讀書。因家庭貧困，11歲回南安榕橋倚養於叔父家。

嘉靖三十一年（西元1552年），李贄參加鄉試中舉。但他看不起用八股文考試的科舉制度，嘲笑考官無能，說自己參加考試，只是當一名譽錄生，以後便不參與進士考試。30歲時迫於生計，到河南共城（今河南輝縣）任教諭。

嘉靖三十九年，調任南京國子監博士。到任數月，父去世，回家守制。適倭寇侵閩廣，李贄不顧辦喪事，率領弟侄，日夜守城抗倭。三年守喪期滿，到北京任國子監博士。

沒多久，祖父又去世，李贄在共城買幾畝地，讓妻子黃氏帶三個女兒務農為生，隻身回泉州料理喪事。三年後回去時，兩個女兒已先後在災荒中餓死。

嘉靖四十五年（西元1566年），李贄攜家眷重回北京，補了禮部司務。時人說他如此窮苦，是因為幾年來都當小官，「司務之窮，窮於國子」。他卻認為窮不要緊，重要的是不出任雲南姚安知府。在任期間，勵精圖治，革舊鼎新，反

對封建倫理教條的「君子之治」和
歧視、欺壓少數民族，提倡「至人
之治」，對官場烏煙瘴氣深惡痛絕。

於是他在55歲時開始四處訪友
求道，後來獨自在麻城落腳。妻子
去世後，他乾脆剃髮為僧。他解釋
道：「在家不好修道乎？我平生不
愛屬人管，我寧漂流四外，不歸家
也。」

李贄故居

「余唯以不肯受人管束之故，然後落髮，又豈容易哉！」

「世不我知，時不我容。吾謂當此時，正好學出世法，直與諸佛諸祖同遊戲
也。」而且他還在給友人僧繼泉的信中說：「其所以落髮者，則因家中閒雜人
等時時望我歸去，又時時不遠千里來迫我，以俗事強我，故我剃髮以示不歸，
俗事亦決然不肯與理也，又此間無見識人多以異端目我，故我遂為異端以成彼
豎子之名。」

由此可見，李贄落髮為僧，一是為了擺脫世俗人事、封建綱常倫理的約
束，徹底有個自由之身；二是以異端示人，向世俗社會與道學家們挑戰。

李贄在麻城多次講學，抨擊時政，針砭時弊，社會上各界男女前往聽講，
並受到熱烈的歡迎，而他又公然剃頭以示和鄙俗斷絕。這一切都引起了封建衛
道者的嫉視和仇恨，視為「異端」、「邪說」，群起圍攻，要把他驅逐出境。李
贄堅強不屈，宣稱自己的著作是「離經叛道之作」，表示「我可殺不可去，頭可
斷而面身不可辱」，毫不畏縮。

李贄既反對以孔子和先賢的是非為是非，又反對男女的不平等。他說，孔
子早已死了，孔子的時代也早已過去了，新時代自有新時代的是非，怎麼能老

拿孔子的六經來做是非判斷的準繩呢？

男女確實有區別，可以說男女在生理上有不同，但不能說男女在思想認知上的水準也不同，怎麼能說女的就不如男的呢？大家都知道，對儒家和孔子的崇敬，對男女之別的斷然明判，是封建社會的兩大支柱，而在李贄這裡，則被斷然的駁倒和擊潰了，這怎麼能被當權者所容忍呢？

於是，在萬曆三十年（西元1602年），禮部給事中張問達上奏明神宗，說：「李贄壯歲為官，晚年削髮，近又刻《藏書》、《焚書》、《卓吾大德》等書流行海內，惑亂人心。」神宗便以「敢倡亂道，惑世誣民」的莫須有罪名將李贄逮捕，並焚毀了他的著作。

李贄雕像

李贄入獄後，聽說朝廷要押解他回福建原籍，他感慨地說：「我年七十有六，死以歸為？」於是憤而以剃刀自刎。

李贄是中國哲學史上第一個也是唯一一個公然以異端自居，而又將這個異端發展到無以復加的地步的人。所以他雖然身前身後爭議頗大，但卻不妨礙他成為中國古代唯一一個可以稱得上自由主義的知識分子的人。

術：
1、段、策略。法家的重要術語，實際上是君主駕馭群臣、治理國家的權術。
2、方法、學說，如道術、方術。

第一個有科技思想的哲學家

方以智博通今古，是明、清之際的傑出學者。哲學上他反對宋明理學，也不滿意西方傳來的基督教神學。

方以智（西元1611年～西元1671年），中國明末清初思想家、政治家。字密之，號曼公，又號龍眠愚者、澤園主人、浮山愚者、宓山子、鹿起山人。桐城（在今安徽）人。少時參加復社活動，與陳貞慧、吳應箕、侯方域並稱「明季四公子」，為「復社」領袖之一。他一生在民族氣節、學問思想上都足以為後人欽敬，是明末清初足以與三大家並列的學者（黃宗羲，顧炎武，王夫之）。

1644年，李自成攻入北京時，方以智在東華門被農民軍俘獲，農民軍對他嚴刑拷打，「兩髁骨見」，但他始終不肯投降。不久，李自成兵敗山海關，方以智僥倖乘亂逃跑，大難不死，從此，他對人生的感悟又深了一層。

當方以智在北京誓死不降農民軍之事傳入江南時，友人皆把他比為南宋文天祥。南明弘光政權成立以後，方以智本想謀個一官半職以報效國家，但黨爭很快再起，復社人士受到阮大鋮的殘酷迫害。方

方以智《騎驢圖》

以智更是因為西元1644年北京城破時跟農民軍「打過交道」，百口莫辯，不得已流離南嶺，改名為「吳石公」，堂堂的「復社」名士，竟然流落在市集中以賣藥為生。不久，南明隆武帝以原官庶起士相召，方以智不應，取名「三萍」，浪跡於珠江山水之間。

順治三年（西元1646年），桂王朱由榔稱帝於肇慶，由於父親朋友的引薦，方以智官拜禮部侍郎、東閣大學士入閣。

方以智很快便發覺桂王政權朝不保夕，名不副實，內則門戶紛爭，奸人當道，外則與廣州紹武政權同室操戈，兵戎相見。桂王更是膽小如鼠，稍稍聞風聲即奔走靡常，這一切使方以智心灰意冷，掛冠離去。

方以智一直漂泊嶺南，後來平樂為清軍捕獲。清軍在方以智的左邊放了一件清軍的官服，右邊放了一把亮晶晶的刀，讓方以智選擇。方以智毫不猶豫，立即奔到右邊，表示寧死不降。滿清將領相當欣賞他的氣節，於是將他釋放，聽其為僧。方以智更名為弘智，字無可，別號藥地。

方以智早年曾接觸過很多西洋傳教士，並向他們請教過許多科學的問題，他自己也在火藥、天文、數學等方面很有成就，而且他推崇西方的科學知識，認為這些學問實在是中國所欠缺的，並且建議明朝統治者向西方學習科技以抵抗滿洲，可惜沒有被接納。但方以智因此建立了他獨特的哲學思想。

一方面，他堅定了氣為宇宙大本的實在論思想，認為氣的變化產生了各種形體、各種聲音、各種光芒，而這些與氣一起就構成了這個物質的世界，所以，理不過是氣中的道理，是氣中的必然原則。

另一方面，則認為這個宇宙物質界是處在恆長的變化中的，氣變化無常，萬物也交互改變，沒有一樣東西是絕對不變的，不變的只是變化。

可以說，方以智的思想受西方傳教士的影響，已經初步產生了科技主義思

想，而也有了一定的科學觀念，可惜，明朝的覆亡使他無法進一步發展這方面的思想。他被迫成為和尚，而他的學問也就此湮沒了。

　　康熙十年（西元1671年），方以智赴吉安拜文信國（文天祥）墓，在半道卒。也有人說，他晚年曾經謀劃要反清復明，結果被清朝逮捕，遂自殺於伶仃洋中。

勢：

1、權力和地位。即權勢。法家強調的統治方法之一，認為權勢是君主實行法治的必要條件，君主之權勢，就在於握有刑德賞罰之權，從而使群臣對君主絕對服從。君之失勢，如虎豹失其爪牙，必然身死國亡。

2、趨勢。唐柳宗元《封建論》以封建制為歷史趨勢。明、清之際王夫之提出理勢統一的學說，以勢為理即歷史規律所表現的必然趨勢。並以此論證社會歷史的進化發展。

日生而日成的船山先生

王夫之總結和發展了中國傳統的唯物主義，提出「虛空皆氣」、「理在氣中」，肯定了世界的物質統一性，批駁了程、朱學說「理在氣先」的觀點，認為物質是運動的、變化的，且「靜即含動，動不含靜」，運動是絕對的，而靜止是相對的。

王夫之（西元1619年～西元1692年），字而農，號薑齋，江蘇高郵人，早年隨父居住在衡陽。王夫之晚年隱居在湖南的石船山麓，故後人稱他為船山先生。他是明末清初的偉大哲學家，中國古代哲學的集大成者。

王夫之幼年勤奮好學，智力過人，4歲就隨長兄介之入塾問學了，他的聰明以及對古文化的興趣令人不敢置信，到7歲時他就初步通讀了文字艱深的十三經，10歲時他父親還做監生，教他學習五經經義，14歲考中秀才。越二年，開始致力於詩文，在短短的兩年間閱讀了《離騷》、漢魏《樂府》歷代詩人的佳作名篇約10萬餘首。24歲便中了舉人，不久又打算進京考進士，結果因當時李自成、張獻忠農民起義，時局緊張，上京之路已經不通，他只好返回家鄉。

王夫之像

西元1643年，張獻忠領導的農民起義軍攻佔衡陽，聘請王夫之參加起義軍。他拒絕從軍，並藏在南嶽雙峰下的草舍中，義軍脅迫其父為人質，他得知後，刺傷臉部和肢體，去見義軍。經過交涉，起義軍看到他那種樣子，釋放了他父親，他也乘機逃走了。明朝滅亡後，他在衡山起兵反清，阻擊清軍南下，

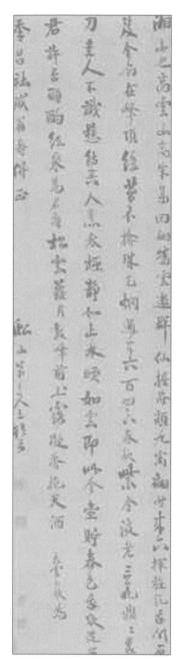

王夫之大雲山歌

兵敗後，奔赴肇慶，任南明桂王政府行人司行人。後因反對權臣王化澄的弄權，幾陷大獄，於是到桂林投靠瞿式耜，不久，瞿式耜殉難，他也從此浪跡湖南的語溪、郴州、耒陽、晉寧、漣郡一帶。

吳三桂攻佔衡州後，曾派人請他出來做官，他堅決不肯，清朝官吏帶了許多禮物拜訪他，被他拒於門外。他認為，農民造反趕走皇帝，那是大逆不道。清兵入關，夷人統治漢人，更是不合理。

但是，他也看到明朝大勢已去，便回鄉隱居於湖南湘西苗瑤山洞，最後定居於衡陽的石船山，閉門著書。他隱居後，仍然堅持反抗民族壓迫的鬥爭精神，至死都沒有按照清朝的法令剃髮留辮。

他著書也是為了宣傳自己的主張，一生堅持了戰鬥精神，至死不變。由於他生活在動亂的年代，經過了政治上的風風雨雨，經濟上也是極為困難的，寫作連筆、紙、墨這些基本的條件都不具備，有時不得不向別人討些廢舊帳簿來用。

他在總結了歷代的興亡後，提出了「理者勢順」的觀點。王夫之發現，勢是每件事之所以成功和失敗的原因，事情想要成功，須符合勢才可以。而這個勢不是別的，就是每件事中所包含的必然性，當這個必然性是合理的時候，勢就順，而事情也就成功；如果必然性不合理，則勢逆，事情也就失敗。所以，勢的順方向就是道理的當然所在，因此，如果能符合道理，也就自然符合勢而可成功了。

因此，王夫之認為，歷史上所謂的帝王將相，雖然確實都是傑出的人物，但他們也不過是符合了這些歷史中的理因而得到了勢，才得以成功的。所以歷史上表面是帝王將相所左右的，但內在是這個理和勢在左右。因此，帝王將相並沒有什麼了不起，他們不過是「天假其私以行大公」的歷史工具罷了。

這些思想，現在看來可能並不算太深奧，但在中國古代那個充滿了賢人政治和帝王意志的時代，王夫之能提出「理者勢順」的歷史哲學，實在是難能可貴，即使是在今天，仍舊不失其現實意義。

在哲學方面，他認為氣是宇宙本源，氣有聚散，但無生滅，是永恆無限的實種方法，即格物和致知是互相補充的，不能互相偏廢。在知行關係問題上，他強調行的主導作用，認為「行可兼知，而知不可兼行」。在倫理思想方面，他認為人性是變化的，「日生而日成」。他根據「性者生理也」的觀點，強調理欲統一。要「以理節欲」、「以義制利」。

船山認為，人的形質之體是一成不變的，而環繞在形體周圍的天地之氣則是日生變化的，質是指人生而成的身形體質，而氣則是指後天不斷出入人體的物質能量。質本來也是由天地之氣構成的，但一個特殊的形質體是由特定時空中的特定成分的氣所構成的。天地之氣流行變化，而有各種性狀情態，有清有濁，有和有戾，如果構成一定形質的氣不是「和」氣，那麼此一質體就不「正」。這一不良不正的質在人出生後一成難變，質的這種狀況對於這個人的發展有持久的限制性。

人不僅在初生時由特定的氣構成形體，而且在成形以後，還會「日受天氣以生」，日日接受天之氣以實現生命的日進。這裡所說的出生後日受的天氣，船山在這裡也直接用「氣」來表達，但從形質上講，這不是形質之體所函充的氣，在時間上講，這也不是指受生以前的氣。在這個意義上，為了區別，我們稱之為形後之氣。船山提出，一個人身體成形之後，日日接受的氣，也是具體的氣，即可能是清，可能是濁，可能是和，可能是戾，可能有序，可能無序

（失理）。不過人對這種形後之氣的接受（或者說這種形後之氣對人的影響）只是短暫的，時消時息的，這種氣流入身體後不久就滅亡，不會久居人體，所以這種氣對人的影響沒有質對人的影響來得大。因此船山認為造成性相近的原因主要是質，而不是這種形後之氣。因此，人雖日受形後之氣，但作為身體的自我並沒有變，「若夫氣之日入於人中者，在天之化，或和或乖，而人任其自至以受之，則固不為之變也」，仍保持形體和本己的同一性。這一套體質人類學的說法在哲學上、科學上的意義不大，但這些說法我們要給予準確的瞭解。

這種講法中有兩點值得注意，我們知道，形質之體含有氣在體內，而形質之氣含理在其中；而形體形成後，與之作用的形後之氣，此氣中也有理。所以說「已生以後，日受天氣以生，而氣必有理」，這個氣就不是質所含的氣，而是成質後日日所受的形後之氣，其中也是帶著理的。這個理使得性也日生不斷。其次，形後之氣與其中的理，兩者之間也構成一種理氣關係，這種理氣之間的關係是「和」或「失和」，「得理」或「失理」。船山還認為，就人來說，思慮的通或蔽，知識之至或窮，嗜欲之能克不能克，一般人以為這些都是「氣」的作用，其實不是，在船山看來都是「質」的作用使然。是由於質中充氣不足，或質的通透性不好，進而導致了「氣以失其條理而或亂」。其實，船山所說的質，在朱子學即稱為氣，而船山所謂的氣，乃是指形體成形後作用於形體的天地之氣。

理學：

又稱道學、新儒學。宋、元、明、清時期的一種哲學思潮。是在特定歷史條件下，吸收了道家和佛教哲學思想而產生的新儒學。它以性命義理為核心，是宇宙論、認識論和道德學說高度統一的思辨哲學。它以「理」為哲學的最高範疇和宇宙本體，取代了傳統儒學思想的「天」的地位。南宋以後，被統治者奉為官方哲學。明、清之際，從理學內部分化出王夫之、顏元、戴震等人，對理學進行了全面的總結和批判。

宣導實幹的顏元

顏元對禮極為重視，然而他藉禮以盡性踐形的思想與程、朱藉禮以「滅人欲」的思想有著天淵之別。隨著社會進步，禮的實質內容已發生了深刻變化。在社會轉型期，應當自覺地、主動地去構建新的禮儀。

顏元（西元1635年～西元1704年），字易直，又字渾然，號習齋，直隸博野（今屬河北）人，清代著名理學家。

在他幼年的時候，他的父親被清兵抓到關外，接著母親改嫁，於是他便移居到義祖父處。八歲時他拜僧人吳持明為師，習騎、射、劍、戟及攻守兵法。19歲時，義祖父因為打官司敗訴而逃匿他鄉，顏元於是代罪入獄。這件事情結束後，他遷居鄉下，耕田灌園，勞苦淬礪，涉獵群書，深思時事。顏元就是在這樣艱苦的成長環境中，一方面養成了他實幹的精神，另一方面也使他的學問尤其重視實用性。

所以，顏元雖然是理學家，但卻是個批判的理學家，因為他雖然強調道德和復古，但這些無非是為了實際的致用。在他的家鄉博野縣流傳著許多有關顏元的故事：博野縣城南有一條叫做「瀦龍」的河，每到秋季，趕上汛期，河水氾濫，就會造成大的水災，淹沒莊稼，沖毀房屋，兩岸人民苦不堪言。

顏元賞月圖

康熙即位後，當地人聽說他是個明君，便上書請求治理該河。康熙將奏章批給了博野知縣，知縣哪敢怠慢，立即籌集資金，並且親自出馬監督農民築堤。不料堤提高了，水還是照樣年年決口，造成重大災害。

於是，皇帝降旨，如果治河再無成效，一定將知縣革職治罪。知縣接旨後急得像熱鍋上的螞蟻，但卻毫無辦法。有一天，知縣走在路上，當路過市集時，人們紛紛讓路，但卻有一個擺攤治病的先生坐在路當中，一動也不動。

知縣覺得奇怪，下轎對擺攤的喝道：「你好大的膽子，竟敢擋我的駕。」擺攤的笑道：「豈敢，我是等著給老爺治病的。我看老爺肝鬱氣滯面色不好，再不治療恐怕性命難保。」縣令心想，我滿肚子火，他一眼便看出來，說不定有什麼靈丹妙藥。於是便客氣地說：「先生說的極是，你的醫道真是高明。」

那個人說：「我這裡有兩個方子，大人照著服用就能好。」說著，把兩個密封的信封隨手遞給了縣官。

縣官回衙打開一看，見白紙上畫著一隻肚子很大的豬，正叉開後腿使勁地撒尿。縣官耐著性子打開另一個信封，裡面又是一張白紙，畫著兩隻大肚子豬撒尿。縣官一看大怒，喝令衙役捉拿擺攤治病的先生。

縣丞見多識廣，上前說：「且慢，讓我瞧瞧。」縣丞看了半天，左思右想，忽然把手一拍道：「大人，我明白了！」知縣見縣丞一本正經，急忙說：「快說快說，有什麼文章？」縣丞指著畫說：「這豬是指潴龍河，撒尿是說洩水，意思是說治理潴龍河光靠築堤不行，必須大力清淤洩水。」

知縣還有些不懂，問道：「畫一隻豬撒尿不就行了，為什麼又畫兩隻？」縣丞指著東邊說：「潴龍的下游還有蠡縣、高陽，它們也得洩水才行啊！」知縣恍然大悟一拍巴掌：「妙妙！……博野縣還真有高人！」他不知道這個高人便是顏元。顏元透過對理與氣、知與知、理與欲、義與利等一系列哲學範疇的探討，闡明了他的哲學思想觀點。

他批駁了程、朱理學對於理氣關係的割裂和顛倒，他認為，天下沒有「無理之氣」，亦沒有「無氣之理」，二者是相互統一、不可分割的。並對「格物致知」做了新的解釋。他認為，格字為「手格猛獸之格，手格殺之格，乃犯手捶打搓之義」，故「格物致知」即是手格其物，而後知至。

另外，顏元駁斥了宋儒「存天理，滅人欲」的理欲觀，認為「理在欲中」，理與欲是相互統一的，理即存在於日用飲食的現實生活之中，離開人的日用飲食的現實生活，便無所謂的「天理」。

顏元年譜

他認為，義與利，二者是相互統一的，義者乃是利之和，聖賢也都是講功利的，利是義的基礎，明道正義的目的即在於謀利計功。顏元的正誼謀利、明道計功的義利觀，展現了他的重視實用、宣導習行的崇實思想特徵。

本末：
中國古代哲學用語。指根本與末節，本質與表現，本體與作用。

理存於欲的戴震

戴震從元氣實體的本體論觀點來規定人性，反對宋儒以所謂「天理」來「湊泊附著以為性」，把其人性理論建構在堅實的「血氣心知」基礎之上。戴震論「性」，已不單純侷限於「性」之自身，而是具有超越「性」自身的人類學或倫理學的含義。

　　戴震（1724~1777），字東原，休寧縣隆阜人。他總結了清朝初期的學問方法和成果，進而發揚成一個全新的學派——幹嘉學術，這種學術思想一直影響到現在。

戴震像

　　戴震的祖上沒有什麼顯赫的人物，父親是一個商人，走南闖北，很見過一些世面。文獻記載戴震大器晚成，10歲時才開始說話。

　　為他作《年譜》的戴門弟子段玉裁解釋說「蓋聰明蘊蓄者深矣。」但也就是從10歲起，戴震開始以驚人的速度成長。他從此記憶力異常出眾，能達到「過目成誦」的境界，每天可記誦數千言甚至更多些。更可貴的是，他還具有獨立思考、盤根問底的學習精神。

　　當時學子都要讀《四書》、《五經》；《大學》是《四書》之一，宋代理學家極力表彰，朱熹並作《大學章句》，將《大學》一篇分為經、傳兩個部分，並移易舊文。

　　從首句「大學之道，在明明德」至「其所厚者薄，而其所薄者厚，未之有也」，朱注雲：「右經一章，蓋孔子之言，而曾子述之。其傳十章，則曾子之意，而門人記之也。

　　舊本頗有錯簡，今因程子所定，而更考經文，別為序次如左。」對於朱熹區分經傳，雖然有人提出過懷疑，但五百多年來，程朱理學作為官方意識形態，佔據了統治地位，人們也就相信了朱熹的說法。可是戴震不相信。

　　有一天塾師講授《大學章句》，至「右經一章」以下，戴震問：「此何以知為孔子之言而曾子述之？又何以知為曾子之意而門人記之？」

戴震紀念館

　　塾師回答說：「此朱文公所說。」又問：「朱文公何時人？」回答說：「宋朝人。」

　　「孔子、曾子何時人？」

　　「周朝人。」

　　「周朝、宋朝相去幾何時矣？」

　　「幾二千年矣。」

　　「然則朱文公何以知然？」塾師無法解答，只得誇戴震說「此非常兒也。」

　　的確，戴震小小年紀就敢於懷疑，不盲從，表現出與眾不同的一面，這對他後來宣導樸學、批判權威產生過很大的影響。

　　不過，從中國思想史上來看，戴震最大的貢獻，則是他對宋明理學的懷疑和攻擊。

　　戴震看到當時的宋明理學被統治者利用而成為了壓迫普通百姓的學說，因此憤而提出了他「理存於欲」的學說。

119

他認為，人是一個由血、氣、心和認知力組成的綜合體，因此，人必然的由欲望、有感情、同時也有對道理的認知。但是從構成的角度看，血氣是基礎，而心和認知力是派生的，所以欲望和感情是自然的根本存在，而道理則是這個存在中所蘊涵的道理。因此，道理不是別的，就是這個欲望和感情中所包含的必然性。

所以，戴震說「通天下之情，遂天下之欲，便是聖賢之道」，而官方推行的宋明理學，則一味談「存天理，滅人欲」，這樣，權威者以這個所謂的理來壓迫卑賤者，而卑賤者即使掌握了真正的理也無法反抗權威者那個理，因為權威者把其他的理都定義為「人欲」，是要消滅的，這樣，權威者便透過他們掌握的那個「天理」，來無情的壓榨卑賤者，結果，宋明理學者一心提倡的道德的「天理」，反而成為了殘害普通民眾的工具。

戴震這個批判，可說入木三分，將宋明理學後期的弊端顯露無疑，他無愧為有清一代最大的學問家和哲學家。可惜的是，經由他的批判所建立的幹嘉學術，卻沒有繼承他的批判思維，而成為了一個考據學派，使中國哲學史出現了100多年的停頓。

戴震致段玉裁若膺手劄

一陰一陽之謂道：
中國古代易學用以說明矛盾運動法則的命題。語出《易傳·系辭上》。主為天地萬物及人類生活都有陰陽兩個方面、兩種力量相互作用，相反相成，相互推移，不可偏廢，構成事物的本性及其運動的法則。

孫中山的「知先行後」

《孫文學說》奠定了三民主義的哲學理論基礎，建立了中國資產階級民主派的進化論的唯物主義世界觀和認識論。由於時代的限制，孫中山當時所論證的仍然沒有超出舊三民主義的範疇，但他的進化論的唯物主義思想，是新三民主義的哲學思想基礎。

孫中山 (1866－1925)偉大的民主革命先行者。廣東香山(中山)人，1892年畢業於香港西醫書院。赴檀香山成立興中會，誓推翻清朝。1905年在日本聯合華興會、光復會等革命團體成立中國同盟會，被推為總理。 1911年辛亥革命後被十七省代表推舉為中國民國臨時大總統。1925年3月12日，因肝癌不治，逝世於北京。

孫中山像

孫中山一生喜歡讀書。他在英國留學的時候，有一天，幾個中國留學生一起去看他，發現他的生活很艱苦，幾乎連吃飯的錢都沒有了。離開前，這幾個留學生湊了40英鎊，送給孫中山補貼生活。

三天以後，這幾個留學生又一起去看孫中山。來到孫中山的宿舍門口，他們敲了半天門，都沒有人答應。

「算了，先生大概不在。我們下次再來吧。」一個姑娘說。

「等一下兒，我來敲。」一個年輕人說。他用力敲了一會兒，孫中山才來開門。孫中山不好意思地說：「請原諒，我正在看書，沒聽見你們敲門。快請進！」他們走進孫中山的宿舍，看見桌子上擺滿了新書。大家一算，買這些書大概需要30英鎊。

他們覺得很奇怪，問孫中山：「你連吃飯的錢都不夠，還有錢買書？」

「這是用你們送給我的錢買的，我還剩下10英鎊呢！」

孫中山大元帥府

「你應該多買一些好吃的，不要把身體搞壞了。」孫中山笑著說：「我覺得買書比買吃的還重要。」

孫中山的代表作是《孫文學說》。他在文中提出並系統論證了「知難行易」的認識論學說，這也是孫中山哲學思想的最精彩部分，即他的進化論的唯物主義知行學說。

孫中山認為，辛亥革命失敗的原因之一，是一些革命黨人思想保守，意志衰頹，對資產階級民主革命的道路、方略產生了嚴重的懷疑和動搖，因而引起革命隊伍分化。這些人的理論依據便是「知之非艱 ，行之惟艱 」的傳統理論，他們認為孫中山的理想太高，在中國行不通，百般抵制孫中山提出的許多革命主張。保皇黨人也是受了這種思想的影響，因而反對革命。可見這種學說在當時已經不同程度地成了反動派、資產階級右派、改良派和革命隊伍中的蛻化分子用以反對革命的理論基礎。

「知之非艱 ，行之惟艱 」的原意是「知」並不難，問題的關鍵是把「知」見諸「行」，知之是為了行之，知而不行是最大的禍害，是在知先行後的前提下強調知行一致，反對知行分離，有一定的合理因素。

但「知易行難」的思想卻被封建統治階級及其思想代表奉為永恆不變的絕對教條，成為保守、盲從、因循守舊的封建意識形態。孫中山認為他在革命實踐中遇到的最大的思想理論上的禍害就是這種思想及其與之相近的王守仁的「知行合一」學說。他認為，這種思想的流弊是：因為「知易」，所以就想先求

知而後行，但一遇困難，就不去求知了；因為「行難」，所以不知就固然不去行，而知之又不敢行，則天下事就無可為者了。結果是，既不能求得真理，又不能有所行動。因而當務之急是從認識論的高度搞好革命黨的「心理建設」即思想建設問題。

為了論證「知難行易」說，《孫文學說》把「行」即實踐提到認識論的突出地位，提出「行先知後」說，強調知來源於行，這是孫中山唯物主義反映論的一個顯著特點。書中以飲食、用錢、作文、建屋、造船、築城、開河、電學、化學等十事來證明行先知後的思想，證明獲得真知需要一個艱難的行的歷程，行是人類進步的最大動力，是促進人類文明的原動力。在行和知的關係上，行是占頭等地位、起決定作用的方面，知是由行派生的。

《孫文學說》中的知，是中國民族資產階級所需要的社會科學知識、自然科學知識和資產階級革命的理論；行則已初步包括人類的廣泛的生產活動、科學試驗和資產階級的革命實踐——雖然仍和馬克思主義所講的實踐有原則區別。這種資產階級革命派的知行學說較之古代的知行學說，有著嶄新的內容和形態，在中國哲學史上是一種具有重要意義的進步。「行先知後」的思想是一種主觀能動性質的反映論，是資產階級民主革命的思想武器。

錢幣上的孫中山

從行先知後的基點出發，《孫文學說》正確提出了「以行而求知，因知以進行」，「知」和「行」、「進行不息」的觀點。

認為人類在「行」中獲得科學知識，再把「知」用諸「行」，推進「行」的發展。在「行」的基礎上，人的知識隨著宇宙的發展而發展，宇宙事物的發展沒有止境，因而人的認識的進步也永無止境，知和行就是這樣相生相長永不停

息的。

《孫文學說》把人類的知行劃分為三個時期：不知而行時期，行而後知時期，知而後行時期。這樣就把知和 行的辯證統一關係機械地割裂開來，含有機械形而上學的因素。但這三個時期是與人類進化三時期：由草昧進 文明，由文明再進文明，進而達到科學昌明時代緊密相連的。在具體論證這個命題時，也兼顧了各個時期知與行的關係，在每一個時期並非只有行而無知，或只有知而無行，而是知和行都進化到了一個較高的階段，證明了人類的認識過程和人類文明進化的歷史過程相一致。因此，這一理論中包含有合理的內核。

孫中山是中國哲學史上第一個出於革命需要而探討知行問題的思想家。他為革命力辟傳統 的「知易行難」說之非，主張「知難行易」，要人們敢於行，積極投身革命實踐，這對鼓舞革命黨人的鬥志，發揮了一定的積極作用。「知難行易」的知行觀的提出，展開了中國近代認識論上的革命，把中國唯物主義的知行觀推進 到一個新階段。同時也應指出，從純粹的理論角度看，知和行的關係不是用難易所能衡量和說明的，因而用「知難行易」來解釋知行關係並不是很科學的。

孫中山與革命黨的合影

三民主義：
即民族主義、民權主義、民生主義之總稱。近代孫中山提出的中國資產階級民主主義的思想學說和理論綱領。是中國民主主義革命的完整的理論和政治綱領，孫中山思想體系的核心，在民主主義革命時期產生了廣泛、深遠的影響。

心學思想的當代傳人

熊十力認為，一個民族要生存下去，必須要有自己的哲學和自己的文化。

熊十力（西元1885年～西元1960年），原名繼智、定中，號子真（一作子貞），晚年又號漆園老人、典崗逸翁，湖北黃崗人。中國近代哲學家，現代新儒家的早期代表人物之一。

熊十力像

他在十三歲那年的深秋，獨自登高憑欄，看到萬木凋零，百草枯黃，而想到它們春、夏之時的青綠茂盛，不禁悲從中來，「頓覺萬有皆幻」。後來他讀到明代心學大師陳白沙的著作時，「忽覺無限興奮，恍如身躍虛空，神遊八極。其驚喜若狂，無可言比，頓覺血氣之軀非我也，只此心此理方是真我」。就這樣，奠定了他接續心學道統的基礎。

後來熊十力先後學習了儒家、道家、佛家的各門學問，尤其是對強調人的認知是宇宙的根本，是佛家的唯識論，他更師從於中國當時最大的佛學宗師歐陽竟無先生以求深入學習，並且深得真傳，而且因為他在這個領域的研究，被北京大學聘為教授。

但熊十力不輕易的滿足於唯識論，他要求學問要對人生、對文化乃至對整個人類有積極的作用，結果，他猛然發現，唯識論不足以解決這些問題，相反，儒家卻實實在在是個很好的出路。於是，熊十力轉向了儒家的研究，而根據他一向的心靈習慣，他很快就和心學儒家一派深深的浸淫在一起了。

經過數載的研究，熊十力發表了《新唯識論》，這是他一生的學問所在。在

這部書裡，他透過佛教唯識的方法，來重新建構儒家的本體論，也就是儒家的道德哲學。

熊十力與《新唯識論》

之所以叫新唯識論，是因為他反對傳統佛教唯識論的黑暗而悲慘的人生觀，以及徹底出世的解脫觀。

熊十力是藉著唯識的方法來闡明儒家，尤其是心學派儒家的本心即是天地萬理的觀點，從而使自我的道德本體得以凸顯，進而使我的生命與天地的生命達到合一，最終實現成賢成聖的最高境界。

他認為本體不是別的，就是人的本心或仁體，「仁者，本心也，即吾人與天地萬物所同具之本體也。」所以，哲學研究就是研究和實踐這個本心仁體的本體。

透過這本書，熊十力一舉奠定了他當代新儒家代表人物的地位。而且，如果說梁漱溟致力於從行動方面弘揚了儒家的話，熊十力則是從理論上重新深刻的弘揚了儒家。

所以，梁漱溟並沒有學生來繼承他，而熊十力卻培養了一大批新儒家思想的精英。以致於當代港、臺新儒家，幾乎全是熊十力先生的弟子或再傳弟子。

《新唯識論》發表後，熊十力對自己的學問建立了極度的自信，並終身信仰之。由於自己的這種極度信仰，熊十力先生的言行頗有些狂人氣象。

有一次，他對馮友蘭在《中國哲學史》中提出的良知是個理論的假定當面提出抗議，「你說良知是個假定。怎麼可以說是假定！良知是真真實實的，而

且是個呈現，需要當下自覺，當下肯定。」

還有一次，據說熊十力和北大一干名教授一起在公園喝茶，邊喝邊談，熊十力忽然用力將桌子一拍，大聲而嚴肅的吼道：「當今之世，講晚周諸子，只有我熊某能講，其餘都是胡扯！」

熊十力先生尤其瞧不起那些投機取巧以獲得名利的所謂「名士」，他說：「凡天下名士皆狗。大名大狗，小名小狗，而狗一也！」

熊十力晚年成為文化大革命聲討的對象，生活極度艱苦，平常只有一件釦子掉光的灰布長衫蔽體，他不能再像以前那樣縱情恣肆的進行批評了。

熊十力語

但是，他對儒家信仰反而更加堅定，他在自己最後僅有的那間小屋中，貼了三幅先師畫像：中間是孔子，左邊是王夫之，右邊是王陽明。可惜的是，他終究沒能熬過文革，他在極度對現實的不滿中開始減食甚至絕食，最後，熊十力先生在對中國文化慘遭覆滅的悲慘命運的終極悲憤下，淒涼的死去。

元氣：
中國古代哲學的一個重要範疇。指產生和構成天地萬物的原始物質，以元氣為天地本原。

關鍵的轉型人物胡適

胡適早年留學美國,並成為美國實用主義大師杜威的得意門生,因此,他的一生與實用主義哲學有解不開的淵源,而他的基本思想也大都由其中而來。

胡適(西元1891年～西元1962年),原名胡洪,字適之,安徽績溪人。學者。西元1910年留學美國,入康乃爾大學,後轉入哥倫比亞大學,從學於杜威,深受其實驗主義哲學的影響。西元1917年初在《新青年》上發表了《文學改良芻議》。西元1917年獲哲學博士學位,同年回國,任北京大學教授。

小時候,隨父母在臺灣住了近兩年,認識了七百多個方塊字。因此,當國民黨政府退踞臺灣孤島後,有的臺灣學者據此宣稱臺灣是「胡適之識字發祥地」;胡適自己也順勢與臺灣人拉點同鄉關係,自稱是「半個臺灣人」。

胡適像

中日甲午戰爭的第二年年初,胡適母子離開臺灣,經上海,回到安徽省績溪縣上莊的老家。不久,胡適就入家塾,開始念書了。家塾的老師,是胡適的四叔,姓胡,字介如。學堂就在介如先生家東邊的一間小屋裡。學生只有兩個:一個是介如先生的兒子胡嗣秫,比胡適大幾歲,卻不愛念書,常溜到灶下或後堂去玩。另一個就是胡適。他才滿三歲零幾個月,身體瘦小,學堂的高凳子,要別人抱著才能坐上去,又得別人抱下來。只因為胡傳有遺囑,要送小兒子讀書;胡適的母親望他讀書心切,管教很嚴;胡適自己也不像胡嗣秫那樣貪

胡適手札

玩，所以常常一個人坐在學堂裡，鼓起喉嚨讀書，直到天黑才回家。

後來，胡介如到阜陽縣上任當訓導去了，家塾的老師就改由胡適的族兄胡觀象擔任。學堂也搬到了「來新書屋」，房子大多了。學生也增多了，起初是五個，後來增加到數十人。禹臣先生是村裡最年輕的老師，血氣方剛，常常打學生的手心，甚至打屁股，學生都怕他。有個叫胡嗣昭的，很愛翹課，常常躲到麥田或稻田裡，寧可睡在野外挨餓，抓回去挨打，卻不願念書。胡適覺得很奇怪。

胡適與眾人合影

他從不翹課。而且他的母親每天早上叫醒他，催他去上早學，他常常是學堂裡到的最早的學生；學堂大門的鎖匙放在先生家裡；他先到學堂門口一望，便跑到先生家裡敲門。先生家裡有人把鎖匙從門縫裡遞出來，他拿了跑回去，開了門，坐下念生書。十天之中，總有八、九天是他第一個去開學堂門的。等到先生來了，他背了生書，才回家吃早飯。

胡適像

胡適把經驗看作唯一的實在，認為所謂的真理，不過是人們由實踐中總結而發現的一種工具，是人為了面對現實經驗世界而採取的一種方法而已。所以他認為，人生就應該採取這種工具化的態度，沒有什麼絕對的主義，要的只是對問題的一個個解決。

應該說，胡適的哲學思想是簡單的，但是他造成的影響卻是極其重大的。一方面，他第一次把科學的治學觀引進了中國，雖然不能說中國以前自己沒有科學的治學觀，但第一個真正提出來並使之成為公認的治學方法的，是胡適。

他以實用主義的實驗論的觀點，提出了「大膽的假設，小心的求證」這一在中國近代學術思想界產生重大影響的治學方針，並具體的把它應用到各個方面，而都獲得了一係列豐碩的成果。

在「問題與主義之爭」中，他堅持實用主義的自由主義，並認為「我們是不承認有什麼根本解決的。世界上兩個大革命，一個法國革命，一個俄國革命，表面上可算是根本解決了，然而實際上總逃不了那枝枝節節的具體問題。雖然快意一時，震驚百世，而法國和俄國始終不能不應付那一點一滴的問題。我們因此不相信根本改造的話，只相信一點一滴的改造。

胡適與美總統羅斯福

所以，我們不談主義，只談問題，不存大希望，也不至於大失望。」他只信仰過程中真實的自由，而不相信那種所謂由過程的不自由以換取的終極的未來自由。

由這種對自由的極度信仰，胡適一生都能出入政治而纖塵不染，到了晚年，他甚至還為《自由中國》雜誌在臺灣的被查封而和蔣介石的國民黨徹底鬧翻。可以說，胡適稱得上是中國近代的一個有良心的自由主義者。

形而上：
中國古代哲學術語，指無形的東西。《易傳‧繫辭上》：「形而上者謂之道，形而下者謂之器。」這裡的「形而上」指無形的精神本體（道），「形而下」指由道衍生出來的具體事物（器）。「形而上」與「形而下」這一範疇在中國哲學史上有過長期的爭論，常被各家用來表述抽象和具體、本質和現象、本源和衍生物等。

中國最後的儒家

梁漱溟一生提倡儒家思想。在五四運動「打到孔家店」的呼聲響徹全國的時候，梁漱溟獨立的展現出來，要為孔子出頭，為儒家爭地位。

　　中國哲學思想經過戴震後100多年的停頓，在二十世紀初期開始重新繁榮，並最終形成了二十世紀中國哲學三大派：馬列主義哲學、新儒家哲學和自由主義哲學。馬列主義哲學的發展讀者早已熟知，所以在此就不介紹了。筆者將為大家講解新儒家和自由主義兩派哲學中的主要人物。

梁漱溟像

　　梁漱溟（西元1893年～西元1988年），原名煥鼎，字壽銘、蕭名、漱溟，後以其字行世，廣西桂林人。中國現代思想家，現代新儒家的早期代表人物之一。梁漱溟認為，西方文化解決的是物與物之間的問題，所以他們的科學技術和物質建設極強，並因此建立了高效率的政治，這是西方的重要成就。

　　但是，當這種成就發展到一定程度時就會遇到問題，因為它過分強調了物，而忽視了人，所以人會逐漸在這種文化中迷失，而感到虛無和寂寞，這樣，西方文化就面臨了危機，因為它無法解決人生的問題。

　　而中國的儒家文化則不然，它關注的是人的問題，從孔子開始，儒家就一直努力給人類在世界上找一個穩定的落腳點，最終，他們成功了，他們把人建立在道德上，而人才因此真正建立了區別於物質的意義。因此，儒家文化有一系列深刻而豐富的人生哲學，當西方文化發生人的危機時，中國的儒家文化恰好可以對這個危機進行診治。

因此，梁漱溟強調儒家文化是人類文化的早熟，所以中國文化是未來的文化，雖然它在當今世界遭到了打擊，但它卻是未來世界的方向，西方文化最終必須吸取和與中國文化溝通。

梁漱溟的這種思想，在當時實在是震撼人心，同時也是振奮人心的，因此，中國出現了一批新的以發揚儒家學說為己任的學者，他們構成了中國新儒家的思潮。

梁漱溟組圖

西元1974年2月24日，81歲高齡的梁漱溟衣冠楚楚，提著鼓鼓的皮包走進政協會議室。他把講稿、參考書、筆記本整齊地放在桌上，站起來向大家鞠了個躬，就像當年在北京大學講壇上授課那樣侃侃而談，題目是《今天我們應當如何評價孔子》。他從闡述中國文化入手，肯定孔子在中國文化史上的歷史地位和學術上的成就，並針對當時所發的中央文件《林彪與孔孟之道》說：「林彪是不是要走孔子之路、行孔孟之道？我卻不敢相信。我不認為林彪是受害於孔子。所以，我的態度是：不批孔，但批林。」

他的這番話，完全是跟「中央文革」唱反調的。消息傳開，轟動了北京城。於是，全國政協的「批林批孔」發展成了「批梁」。從西元1974年3月至9月，大小批判會開了100多次。給他扣的帽子是「孔老二的孝子賢孫」、「孔孟之道的衛道士」。梁漱溟的態度是：「我不再申訴，靜聽就是了。」所以他每會必到，到則沉默。

西元1978年12月召開的十一屆三中全會，是一次很不尋常的會議。中國進

入了新的歷史時期。梁漱溟終於結束了近30年的挨批命運，得以重新過著他儒家的思考生活。

梁漱溟在哲學上吸收了柏格森的「生命哲學」觀點，融合孔子、孟子和王守仁的哲學，在本體論方面認為只有與「已成的我」相對立的「現在的我」（心、精神）才是真實的存在；在認識論方面提倡直覺主義，宣傳人我一體、物我一體的神秘境界。他根據「意欲所向」為標準，把人類文化分為中國、西方、印度3種類型，認為「中國文化是以意欲自為調和、持中為其根本精神的」。他反對用階級的觀點分析中國社會，認為中國社會是「職業分途」、「倫理本位」的社會，不存在階級的界限。

梁漱溟組圖

物極必反：
中國古代哲學辨證法思想。意為事物發展到極點，必然向它的反面轉化。
是辨證否定的樸素表述。

第一個真正的邏輯學家

和同時代的哲學家相比，金岳霖的哲學體系幾乎不涉及歷史和人，他總是熱衷於哲學命題的邏輯分析，有時不免給人極其枯燥晦澀的印象。在他所構建的龐大哲學體系中，金岳霖廣泛討論了時空、因果等「天道」問題，試圖為自己找到一個「安身立命」之所。

中國哲學是以道德哲學、政治哲學以及形而上學為主體的，歷來缺乏對知識論的研究，更不用說對邏輯學的探討了。在中國哲學史上，除了墨家一派曾在這個領域有所涉及外，其他各派都罕有論說。因此，可以講，中國真正系統的邏輯學，直到金岳霖才算出現。金岳霖先生，是中國第一個真正的邏輯哲學家。

金岳霖（西元1895年～西元1984年），字龍蓀。他在少年時代就顯示出一種敏銳的邏輯思維能力。中國有一句古諺：「金錢如糞土，朋友值千金。」

金岳霖在10幾歲的時候就覺得這句古諺有問題：因為如果把這兩句話當作前提，那麼：朋友＝金子，而金子＝糞土，所以，得出的結論應該是「朋友如糞土」，它和諺語的本意是正好相反的。

金岳霖像

少年金岳霖還發現歷來傳為美談的孔融小時候對話中的邏輯毛病等等。

後來，金岳霖到美國和英國留學，先後學習了政治哲學和邏輯哲學。尤其他在英國留學期間，深受休謨和羅素邏輯哲學的影響，進而建立了他一生以邏輯統領哲學的學術方向。

　　自從金岳霖確立了他的學術方向後，他就完全用邏輯學來指導他的生活，他用邏輯的科學審查人世，使自己成為一個在那個思潮迭起的大浪滔天的時代中含蓄的、不瘋狂的冷靜學者。

　　尤其是在他面對最狂熱的愛情時，始終能保持邏輯的判斷和思維。

　　他和林徽因、梁思成夫婦間的故事，稱得上千古佳話：林徽因、梁思成夫婦都曾留學美國，加之家學淵源，他們的中西文化造詣都很深，在知識界交遊也廣，家裡幾乎每週都有沙龍聚會。

　　而金岳霖孑然一身，無牽無掛，始終是梁家沙龍座上常客。他們文化背景相同，志趣相投，交情也深，長期以來，一直是比鄰而居，常常是各踞一幢房子的前後。

金岳霖與眾人的合影

　　偶爾不在一地，例如抗戰時在昆明、重慶，金岳霖每有休假，總是跑到梁家居住。金岳霖對林徽因人品、才華讚羨至極，十分呵護；林徽因對他亦十分欽佩、敬愛，他們之間的心靈溝通可謂非同一般。

　　一次林徽因哭喪著臉對梁思成說，她苦惱極了，因為自己同時愛上了兩個人，不知如何是好。梁思成自然矛盾、痛苦至極，苦思一夜，比較了金岳霖優於自己的地方，他終於告訴妻子：她是自由的，如果她選擇金岳霖，祝他們永遠幸福。

　　林徽因又原原本本把一切告訴了金岳霖。金岳霖的回答更是率直、坦誠的令人驚異：「看來思成是真正愛妳的。我不能去傷害一個真正愛妳的人。我應

該退出。」從此以後，他們三人毫無芥蒂，金岳霖仍舊跟他們比鄰而居，相互間更加信任，甚至梁思成和林徽因吵架，也是找理性、冷靜的金岳霖仲裁。

在哲學方面，金岳霖吸收了西方哲學的成果，建立了自己獨特的哲學體系；最早把西方哲學中的邏輯分析方法應用於哲學研究；批判了羅素的主觀唯心論，論證了事物的可知性；提出摹狀與規律的學說。

在邏輯學方面，30年代系統地從西方引進演繹邏輯，對演繹邏輯的基本問題做了深入探索；認為同一律、排中律、矛盾律是形式邏輯的基本思維規律。

後期強調形式邏輯必須接受辨證唯物主義的指導，用馬克思主義的哲學觀點探討了形式邏輯的基礎觀，提出了有關思維的新的判斷形式，主張恢復歸納（在形式邏輯中）本來的地位。

金岳霖與徐志摩、林徽因、泰戈爾等的合影

中體西用：
中國近代中西文化之爭中洋務派的主張。即「中學為體，西學為用」。意為以中國傳統文化即綱常名教為立國之根本，以西方科學技術和具體文化措施為強國之作用。這一觀點顯示西方文化對中國社會和文化帶來極大的衝擊，要使中國富強必須向西方學習。但它主張維護傳統社會的根本制度和綱常名教，希企用西方的「富強之術」使封建社會恢復生機，成為洋務運動、反對維新變法的思想綱領。在晚清有較大的社會影響。

哲學史上的奠基人

馮友蘭融合中國傳統哲學與實用主義、新實在論之見解，提出「中道」的人生觀。並把程、朱理學與西方新實在論相結合，構成富於思辨性的哲學體系。

馮友蘭（西元1895年～西元1990年），字芝生，河南唐河縣祁儀鎮人。13歲喪父，發奮讀書。先後在開封中州公學、北京大學求學。西元1919年考取河南公費赴美留學，西元1923年畢業於哥倫比亞大學研究院，獲哲學博士學位。

在此期間，他深受西方實在論思想的影響，所以他後來在整理中國哲學史時，也無法擺脫這個框架，但是，他的開創和完善之功，實在無法磨滅。

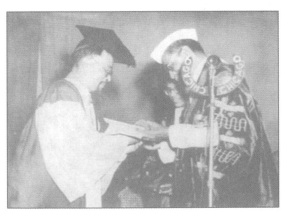

馮友蘭的印度之行

因為，中國哲學史的學科建設與發展和馮友蘭的名字密不可分。

馮友蘭一生的主要學術成就可以用他墓碑碑陰的自撰塋聯來概括：「三史釋今古，六書記貞元。」三史是他先後撰寫的三部《中國哲學史》，六書是闡釋他自己的新理學思想的《貞元六書》。

在《貞元六書》中，馮友蘭闡釋了自己由宋明理學啟發形成的思想，並自認自己是孔子和宋明理學的當代繼承者，大部分學者也都將他列為當代新儒家的代表人物。

不過，就新儒家思想的建設和完善，以及自身思想的深刻性和影響性來看，馮友蘭都難以與梁漱溟和熊十力相比，他只能算是當代新儒家思潮中的一個普通參與者，而不是代表。

然而馮友蘭卻有他另外一個貢獻,那就是對中國哲學史的建立和建設。雖然胡適曾寫過《中國哲學史大綱》,但他的著作不僅沒有完成,而且極其簡單,只可以說有草創的功勞。真正使中國哲學成為一門學科的,是馮友蘭。尤其是他在西元1933年出版的《中國哲學史》,被稱為中國哲學史的開山之作。

在這部著作中,馮友蘭將中國哲學史劃分為子學時代和經學時代兩期,他認為,先秦諸子是中國哲學的軸心時代,它不僅產生了豐富的哲學思想,而且基本上給中國哲學的精神和方向定了型;而經學時代,則是指從漢朝之後經學大興的歷代思潮,此時期雖然有經學、玄學、佛學、道學和實學等五大思潮,但不脫由先秦劃定的哲學精神和方向,所以同歸為一起。由此,馮友蘭又總結了中國哲學的基本精神——「極高明而道中庸」,也就是說,中國哲學是一種在出世和入世間超越對待的哲學,是「超世間」的哲學,它既不完全上升到純粹形而上學的高度,又不簡單經絡到經驗哲學的低度,而是靈活的流轉於其間,呈現出它的特色。所以,馮友蘭又說,中國哲學是一種境界哲學。

而他自己則認為,自己本身是接著中國哲學往下講,所以他的哲學也是境界哲學。馮友蘭將

馮友蘭像

人生分為四個境界:自然境界(即基本生理生活)、功利境界(即對事業和名利的追求)、道德境界(即追求道德和奉獻)、天地境界(最高的境界,與天地的本性合一的神秘境界)。據說,馮友蘭在西南聯大期間,穿著一身傳統的對襟長袍,留著潔淨的長髯,看起來仙風道骨。有一天,他和金岳霖在路上相遇,金先生問:「芝生,到了什麼境界了?」馮友蘭答:「到了天地境界了。」兩人大笑,擦肩而過。

可惜，境界這個東西說起來容易，做起來難。建國之後，馮友蘭在一系列鬥爭中成為主要矛頭，而他，為了保全自己，也終於無法保持自己在天地境界，而不得不下降到了功利境界，甚至自然境界，做出了很多違背他自己信仰的事情。

對此，馮友蘭慚愧不已，還好，他在90高齡上，寫了《中國哲學史新編第七卷——中國現代哲學》，對20世紀以來的所有哲學進行了自己憑良心的批判，無論對馬列主義、毛澤東思想，還是新儒家哲學、自由主義哲學，他都能客觀而負責地進行論說，也算是對他曾經犯的過錯做了一定的彌補。

馮友蘭手書「西南聯合大學校歌」

臨終前，馮友蘭對中國哲學留下了他最後的一句話：「中國哲學將來一定會大放異彩，要注意《周易》哲學。」

經世致用：
中國古代哲學的一種思潮。指學問必須能治國安民，有益於國計民生，取得實際的功效。又稱經世致用之學，與空疏無用之學相對。最初導源於南宋的浙東事功學派。到明、清之際，經世致用成為一股學術思潮。

第二章

西方哲學

從古希臘開始，西方便擁有了自己的哲學體系，而希臘哲學則是西方哲學的本源，西文「哲學」一詞也就出自於古希臘文菲羅索菲亞（philo - sophia），意為愛智。對於希臘人來說，智慧不是感性認知，而是關於事物的原因和原理的知識。

希臘人的哲學思維是在古風時代形成的。希臘最早的哲學是自然哲學，即對於自然界本身的探討和解釋，與人生沒有關係。然而，隨著社會的逐步發展，又逐漸形成了各種唯物主義和唯心主義、辨證法和形而上學……等等的哲學思想，真可謂「百花齊現」、「繁榮昌盛」。

本章將以時間的順序，以故事為主軸，為讀者講解歷代著名哲學家的故事和西方的哲學知識，可使讀者在西方哲學的海洋中遨遊的同時，體味和增長自身的哲學知識。

用理性之光看世界的
哲學家——泰勒斯

泰勒斯創立了愛奧尼亞學派，企圖擺脫宗教，透過自然現象去尋求真理。他認為處處有生命和運動，並以水為萬物的本源。

泰勒斯像

在人們的印象中，西方最早的哲學家可能是蘇格拉底，其實，並不如此，真正的西方第一位哲學家是泰勒斯（約西元前624年～西元前547年）。他才是西方哲學正本清源的第一。從他開始，才有了被後人認可的所謂哲學和哲學家。要知道，西元9世紀的荷馬史詩中還是神話的世界，因此他還是西方第一個明確擺脫傳統，相信可以靠理性來認識自然的哲學家。

泰勒斯是著名的希臘七賢之首，他出生在希臘伊奧尼亞的海濱城市米利都（今屬土耳其的愛琴海東岸伊奧尼亞一帶），關於泰勒斯的生平很難考證，只知道他是一位出身於上流社會的富家子，受過良好的教育，參與過政治，曾經隨軍與波斯人征戰，在戰敗後，他去了埃及。在那裡學到了許多有用的科學知識。

在希臘，人們把哲學解釋為「愛智慧」，而早期的哲學家幾乎人人都顯得特別熱愛「智慧」，泰勒斯便是這方面的傑出代表。他對天文十分癡迷，每個適合觀察的晚上，他都會看天象，有一天，他赴完宴返家時，走在一條崎嶇的路上，抬頭看到天上的星空是如此的燦爛，宇宙的深處是如此幽遠，於是，他便

陷入了深深的思維中：這星空的由來，這宇宙的規律，以及自己身為這宇宙一份子的終極意義；他是如此的沉浸於他的思維，以致於把身邊和腳下的一切通通拋諸腦後。結果，一不小心竟掉進了土井裡。

這滑稽的一幕恰好被鄰家的一位侍女看到，嘲笑他說：「您這樣急於知道天上的一切，卻忽視了腳下的一切。」

這件事從此成了一個笑話，因此，人們覺得哲學家們每天都只關心天上的事情，卻不知道腳下要發生什麼事情。但是黑格爾為哲學家辯護說，只有那些永遠低頭看地而不望天的人，才從不掉進坑裡。

透過對科學的廣泛涉獵，泰勒斯在無數的夜晚，彷彿聽到一個幽遠的聲音在一遍遍向他發問：世界到底是什麼？世界是由什麼樣的物質組成？

就這樣，他的思維就由科學領域進入哲學領域。

泰勒斯像

他覺得，答案一定和水有關。他生活在海邊，從小就對水的無邊無際感到震驚不已，他認為，人們腳下的陸地其實和海上漂浮的木船一樣。他去過埃及，他見過在一年一度的尼羅河洪水退去之後，各種作物從淤泥中長出嫩芽的情景，他也見過在雨後偶然積水的坑窪裡，蝌蚪會悄然出現。所以，他覺得萬物都要靠水來滋養，種子需要水才能萌芽，植物、動物和人，離開了水都無法生長。

他還觀察到，陽光照射到海面上，海水蒸發，霧從水面升騰為雲，雲又化成雨，重新回到大海，這使他覺得，地球就是水凝聚而成的一種形式。所以，泰勒斯認為，水是本源，萬物由水生成，最後又復歸於水。

「水」一方面是自然中的一種元素，它體現了自然哲學家以自然說明自然的哲學原則，另一方面又不僅僅是一種特殊的自然元素，因為它所表徵的乃是作為萬物的開端和主宰從而生化萬物且始終保持自身同一性的本源，所以亦具有普遍性和流動性。不僅如此，按照亞里斯多德的分析，泰勒斯的水還是生命的原則。顯然，泰勒斯的「水」體現了早期希臘自然哲學樸素、直觀、辨證的有機自然觀。

後來，人們稱這種具有強烈科學精神和反迷信傾向的自然哲學為伊奧尼亞哲學。由於泰勒斯忙著各種研究，生活過得相當窘迫，使一些勢利小人時常嘲笑他不務正業。

泰勒斯說：「你們可以嘲笑我，但不能誣衊我的知識。我會讓你們看到的。」過沒多久，他找到了反擊的機會。那年由於天氣不好，橄欖油歉收。許多做橄欖油生意的商人都有些心灰意冷。但泰勒斯經過仔細的觀察和分析，認定來年會風調雨順，橄欖油將大為豐收。第二年開春之後，泰勒斯不動聲色地租下了米利都全部的榨油機，等到收穫季節到來時，他靠高價出租榨油機狠狠地賺了一筆。就這樣，他用事實告訴別人，哲學家只要想賺錢，便能賺很多錢。

當然，賺錢不是泰勒斯的本意，他只是想證明一下知識的作用，他真正的興趣還是在於對知識永無止境的探求。

認知：
任何一種認識活動或認知活動。

尋求數學規津的哲學家
——畢達哥拉斯

畢達哥拉斯以發現畢氏定理（西方稱畢達哥拉斯定理）著稱於世。這個定理早已為巴比倫人和中國人所知，不過最早的證明大概可歸功於畢達哥拉斯。他是用演繹法證明了直角三角形斜邊平方等於兩直角邊平方之和，即畢達哥拉斯定理（畢氏定理）。

畢達哥拉斯（約西元前580年～西元前500年）是古希臘數學家、哲學家。他出生在愛琴海中的薩莫斯島（今希臘東部小島），自幼聰明好學，曾在名師門下學習幾何學、自然科學和哲學。

之後因為嚮往東方的智慧，經過千山萬水來到巴比倫、印度和埃及，吸收了巴比倫文明和印度文明的精華，大約在西元前530年又返回薩莫斯島。後來又遷居義大利南部的克羅通，創建了自己的學派，一邊從事教育，一邊從事數學研究。他認為，數與幾何結構是本源，這為後世科學追求用數學解釋自然奠定了基礎。據記載，他是第一個正式使用「哲學」這個詞語的，並賦予這個詞語「愛智慧」詞義的人。

畢達哥拉斯像

畢達哥拉斯創建了政治、宗教、數學合一的秘密學術團體，這個團體被後人稱為畢達哥拉斯學派。這個學派的活動都是秘密的，籠罩著一種不可思議的神秘氣氛。據說，每個新入學的學生都得宣誓嚴守秘密，並終身只加入這一學派。該學派還有一種習慣，就是將一切發明都歸功於學派的領袖，而且秘而不

宣，以致後人不知是何人在何時所發明的。

畢達哥拉斯定理（即畢氏定理）是畢達哥拉斯宇宙萬物皆為整數的另一貢獻，他的學生希帕索斯透過畢氏定理發現了無理數，雖然這一發現打破了畢達哥拉斯與整數之比的信條，並導致希帕索斯悲慘地死去，但該定理對數學的發展起到了巨大的促進作用。此外，畢達哥拉斯在音樂、天文、哲學方面也做出了一定貢獻，首創地圓說，認為日、月、五星都是球體，浮懸在太空之中。

畢達哥拉斯在Croton建立了「學術幫派」兄弟會（也允許女性參加），後來因志同道合而娶了Milo美麗的女兒Theano，之後，他繼續領導這個神秘的組織致力於數理及哲學的探討，當時外界對兄弟會的研究完全不瞭解。

有一次畢達哥拉斯和Leon王子應邀出席參觀一場盛大的競技比賽，Leon和畢達哥拉斯無所不談，Leon就問畢達哥拉斯：「能否談談你是怎樣的一個人？」畢達哥拉斯簡單的回答Leon說：「我是哲學家（philosopher）。」王子之前從未聽過「philosophy」這個字眼，就向大師請益，畢達哥拉斯說：「就好像今天來參加盛會的人，有一些是沽名釣譽者，有些是為獎賞而拼死拼活的，而我呢？我來這裡就只是為了『觀察』和『理解』這裡的一切，而『觀察』和『理解』就是哲學。」

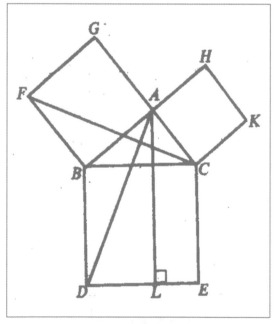

畢達哥拉斯的畢氏定理

在古希臘早期的哲學家中，畢達哥拉斯的影響是最大的。他傳奇般的一生

給後代留下了眾多有趣的傳說。

畢達哥拉斯有一次應邀參加一位富有政要的餐會，這位主人豪華宮殿般的餐廳鋪的是正方形美麗的大理石地磚，由於大餐遲遲不上桌，這些饑腸轆轆的貴賓頗有怨言；但這位善於觀察和理解的數學家卻凝視腳下這些排列規則、美麗的方形磁磚，但畢達哥拉斯不只是欣賞磁磚的美麗，而是想到它們和「數」之間的關係，於是拿了畫筆並且蹲在地板上，選了一塊磁磚以它的對角線AB為邊畫一個正方形，他發現這個正方形面積恰好等於兩塊磁磚的面積和。

他很好奇……於是再以兩塊磁磚拼成的矩形之對角線做另一個正方形，他發現這個正方形之面積等於5塊磁磚的面積，也就是以兩股為邊做正方形面積之和。至此畢達哥拉斯做了大膽的假設：任何直角三角形，其斜邊的平方恰好等於另兩邊平方之和……那一頓飯，這位古希臘哲學大師，視線都一直沒有離開地面。

先驗論：

一種把認知看作是先於人的經驗的唯心主義認識學說。認為人的知識和才能是先於客觀事物、先於社會實踐、先於感覺經驗的東西，人們只能透過先天的形式或手段才能獲得。客觀唯心主義主張，人的認知來自某種「神的啟示」，是先天賦予的；主觀唯心主義主張，認知是人們心靈的創造，是頭腦中固有的。

堅信變的赫拉克利特

赫拉克利特最有名的格言是：「一個人一向不能兩次踏入同一條河流。」

赫拉克利特（約西元前540年～西元前480年），古希臘哲學家、愛非斯學派的創始人。他生性孤傲，不屑與任何人為伍。希臘哲學家講究師承，唯獨他前無導師，後無傳承，彷彿天地間偶然蹦出來似的。

赫拉克利特是一位令人難以理解的哲學家，他甚至對他同時代的人都以「晦澀者」著稱。他宣稱始物是火，萬物由火生成，又復歸於火。他認為萬物就「像火的燃燒和熄滅一樣是不斷變化的」，「一切皆流，無物常住」。

因此，他認為人的智慧和世界變化的規律是一氣相通的，唯有智慧的人才能認識「邏各斯」，說出真理。所以其哲學是古希臘哲學認識論的開始。赫拉克利特還認為人的身體是土，而人的靈魂是純淨的火，是人體中最熱烈的部分。靈魂受潮人就入睡或失去知覺，靈魂全部潮濕，人就死亡；反過來，最乾燥的靈魂最有智慧。

赫拉克利特像

另外，他出身高貴，是城邦的王位繼承人，但他的靈魂更是無比高貴，足以使他藐視人世間一切權力，把王位讓給了他的弟弟。他說，他不是任何人的學生，從自己身上就學到了一切。

不過，他也的確不像別的哲學家那樣招收門徒，延續譜系。世俗的一切，包括家庭、財產、名聲、權力，都不在他的眼裡。當時愛菲索處在波斯帝國的統治下，國王大流士一世慕名邀請他去波斯宮廷教導希臘文

化。他卻傲慢地拒絕了，並說：「我懼怕顯赫，安於卑微，只要這卑微適宜我的心靈。」

在赫拉克利特的一生中，有很長一段時間，他都在愛菲索城郊的那座阿耳忒彌斯神廟旁和孩子們一起玩擲骰子。

阿耳忒彌斯神廟裡供奉月亮和狩獵女神。赫拉克利特在世時，神廟正處於第二次重建之中，這項工程歷時一百二十年，最後建成為早期伊奧尼亞式最壯麗的建築，是當時全希臘最大的神殿，被後人列為世界七大奇觀之一。這座神廟就是赫拉克利特的隱居所。

當時由於正在施工，這裡其實就是一大片工地。因此，孩子們便經常在這裡玩耍。而赫拉克利特也毅然加入了他們玩耍的行列當中，並樂此不疲。玩得最多的應屬擲用羊蹄骨做的骰子了。在愛菲索人眼裡，一個成年人不做正事，成天和孩子們

赫拉克利特像

一起擲動物骨頭，完全就是瘋子的行徑。於是，全城的人都湧來看熱鬧，起鬨、嘲笑。這時，赫拉克利特向喧囂的人群拋出了一句無比輕蔑的話：「你們這些無賴，我和孩子們玩耍有什麼大驚小怪的！這豈不比和你們一起搞政治更正當嗎？」後來，赫拉克利特越發憤世嫉俗，甚至不願再看見人們，乾脆躲進深山與禽獸為伍，以草根、樹皮為食，後來罹患水腫病，在六十多歲時死了。

關於赫拉克利特的哲學思想，居然連柏拉圖、黑格爾都要仔細研究，連亞里斯多德都覺得很難弄明白，所以我們也就不用費心思去瞭解太多，只要知道比較著名的就可以了。赫拉克利特認為，世界上的一切都在變化中，所以他有

一句名言：「人不能兩次走進同一條河流，因為新而又新的水不斷地往前流動。」他認為，事物不僅是變化的，而且一個事物還包含著此物的對方。所以他說：「對立物存在於同一東西中。」比如「蜂蜜是甜的」，健康的人當然覺得蜂蜜是甜的，可是得了黃疸病的人卻覺得蜂蜜是苦的。

也許這個問題有些讀者覺得耳熟，大家要明白這就是關於運動和對立統一，它並不是19世紀才出現的，赫拉克利特很早就提出來了。

另外，那個時代很流行尋找「世界的本源」，前面提到的哲學都有自己的看法，赫拉克利特的看法就是「火」，火逐漸轉化為別的東西，形成了我們的世界。並且，他還認為火是有生命的，是靈魂，並說：「最乾燥的靈魂是最優秀的靈魂。」我猜，他的生活環境可能和泰勒斯恰恰相反，一點都不潮濕。

對於上帝，赫拉克利特也提到過上帝，並認為那個傢伙是最有智慧的。他說：「最有智慧的人和上帝比起來，就像一隻猴子，正如最美麗的猴子與人類比起來也會是醜陋的一樣。」

物活論：

認為世界萬事萬物充滿「精靈」，具有生命、感覺和思維能力的哲學學說。又稱萬物有靈論。古希臘唯物主義哲學家泰利斯等人是哲學史上最早的物活論者。物活論思想在近代得到進一步發展，一些自發的唯物主義者把自然事物的發展歸結為具有生命和活動能力的「胚芽」在數量上的增長。近代物活論在批判中世紀靈魂不死的宗教思想方面起過積極作用，但它認為任何物質形態都有生命、感覺和思維能力，混淆了有機物和無機物的本質界限。

追尋永恆的巴門尼德

巴門尼德把他的學說分成兩部分，分別叫作「真理之道」和「意見之道」。在哲學上，這是從思想與語言來推論整個世界的最早例子。

　　巴門尼德（約六世紀～五世紀）在愛利亞學派中是一個出色的人物。出生於義大利南部的希臘殖民城市愛利亞的一個被尊敬和富裕的家族裡。他更進一步地表達了對感官經驗的懷疑態度，並極端地表述為：凡不能想像的就都是不可能的，即讓感官告訴我們它的確發生。亦即：眼見不一定為實，只有可思維、可想像的物件才是實在的。

　　上篇我們講到赫拉克利特認為萬物都在變化著；而巴門尼德則堅決反駁他的說法，他認為，沒有事物是變化的。

　　他說：「創造是不可能的，因為不可能設想可以從無中生有，可以由非存在中產生存在，事實上，就不可能有非存在這種東西。反之，毀滅也是不可能的，因為有不可能化為無。連變化也是不可能的，因為一物不可能從本質上和它不同的另一物中產生。這樣，我們在自然界看見的或自以為看見的變化的假象，多樣性和多重性的假象，時間和空間的假象，都不過是感官的錯誤印象，而由思維證明是互相矛盾的。因此，感官不能發現真理，只有思維才能發現真理。」

哈姆雷特

151

　　既然感官經驗是不能相信的，我們就轉而求助於我們的思維，或求助於我們的「心」。

　　比如說莎士比亞的哈姆雷特。我們可以考慮說：「哈姆雷特是丹麥王子。」在某種意義上這是真的，但並不是在樸素的歷史意義上。正確的說法是：「莎士比亞說哈姆雷特是丹麥王子。」或者更明白地說：「莎士比亞說有一個丹麥王子叫作『哈姆雷特』。」這裡面就不再有任何想像中的事物了。

　　莎士比亞和丹麥和「哈姆雷特」這個聲音三者都是真實的，但是「哈姆雷特」這個聲音實際上並不是一個名字，因為實際上並沒有人叫「哈姆雷特」。如果你說「『哈姆雷特』是一個想像中的人物的名字。」這還不是嚴格正確的；你應當說：「人們想像『哈姆雷特』是一個真實人物的名字。」因此，哈姆雷特是一個想像中的個體，一切有關哈姆雷特的說法，其實都是有關「哈姆雷特」這個字的說法。

哈姆雷特的城堡

　　由此可見，在很多時候，我們所說的並不是「字」，而是字所意味著的東西。就像巴門尼德的論證一樣，如果一個字可以有所指地被加以應用的話，它就必然意味著某種事物而不是意味著無物，因此這個字所意味的事物必然在某種意義上是存在著的。

　　巴門尼德的學說主要表現在一首《論自然》的詩裡。他把大量可感覺到的事物都斥之為「單純的幻覺」，唯一真實的存在就是「一」。「一」是無限的、不可分的。它並不是赫拉克利特所說的那種對立面的統一，因為它根本就沒有

對立面。巴門尼德所想像的「一」並不是我們所想像的上帝；他似乎把它認為是物質的，而且佔有空間的，因為他說它是球形。但它是不可分割的，因為它的全體是無所不在的。

巴門尼德哲學不只是對過去唯心主義哲學的繼承，更是對之前整個古希臘原始樸素哲學的繼承和發展。他所提出的「存在」範疇與之前原始樸素哲學家們提出的「始基」範疇在本質上是一致的、相通的。他的「存在論」哲學對古希臘哲學的進一步發展乃至對整個西方哲學史均有著深遠的影響。

唯我論：
認為世界的一切事物及他人均為「我」的表像或「我」的創造物的哲學觀點。它是極端的主觀唯心主義的邏輯結論。典型代表者有18世紀英國哲學家G.貝克萊、19世紀奧地利物理學家E.馬赫等人。他們把世界看作是個人感知的結果或個人精神創造的產物，認為只有自我及其意識才是唯一真實的、本源性的存在。

思想助產士——蘇格拉底

蘇格拉底是著名的古希臘哲學家，他和他的學生柏拉圖及柏拉圖的學生亞里斯多德被並稱為「希臘三賢」。他被後人廣泛認為是西方哲學的奠基者。

西元前399年6月的一個傍晚，雅典監獄中一位年屆七旬的老人就要被處決了。只見他衣衫襤褸，散髮赤足，而面容卻鎮定自若。打發走妻子、家屬後，他與幾個朋友侃侃而談，似乎忘記了就要到來的處決。直到獄卒端了一杯毒汁

進來，他才收住「話匣子」，接過杯子，一飲而盡。之後，他躺下來，微笑著對前來告別的朋友說，他曾吃過鄰人的一隻雞，還沒給錢，請替他償還。說完，老人安詳地閉上雙眼，走了。這位老人就是大哲學家蘇格拉底。

蘇格拉底既是古希臘著名的哲學家，又是一位個性鮮明、從古至今被人毀譽不一的著名歷史人物。他的父親是石匠和雕刻匠，母親是接生婆。少年時代，蘇格拉底曾跟父親學習過手藝，同時熟讀了荷馬史詩及其他著名詩人的作品，靠自學成了一名很有學問的人。

蘇格拉底像

蘇格拉底教學生從不告訴他們現成答案，而是用反問和反駁的方法使學生在不知不覺中受他的思想影響。

有一個他和學生問答的有趣的故事：

學生：請問什麼是善行？

蘇格拉底：盜竊、欺騙、把人當奴隸販賣，這幾種行為是善行還是惡行？

學生：是惡行。

蘇格拉底：欺騙敵人是惡行嗎？把俘虜來的敵人賣作奴隸是惡行嗎？

學生：這是善行。不過，我說的是朋友而不是敵人。

蘇格拉底：照你說，盜竊對朋友是惡行。但是，如果朋友要自殺，你盜竊了他準備用來自殺的工具，這是惡行嗎？

學生：是善行。

蘇格拉底：你說對朋友行騙是惡行，可是，在戰爭中，軍隊的統帥為了鼓舞士氣，對士兵說，援軍就要到了。但實際上並無援軍，這種欺騙是惡行嗎？

學生：這是善行。

在教學的方法上，蘇格拉底透過長期的教學實踐，形成了自己一套獨特的教學法，人們稱之為「蘇格拉底方法」，他本人則稱之為「產婆術」。他母親是產婆，他藉此比喻他的教學方法。他母親的產婆術是為嬰兒接生，而他的「產婆術」教學法則是為思想接生，是要引導人們產生正確的思想。這種方法可以很好地啟發人的思想，使人主動地去分析、思考問題。蘇格拉底不愧是一位大教育家。

蘇格拉底和學生

在他之前，希臘的哲學主要研究宇宙的本源是什麼，世界是由什麼構成的

等問題，後人稱之為「自然哲學」。蘇格拉底認為再研究這些問題對拯救國家沒有什麼實質意義。

出於對國家和人民命運的關心，他轉而研究人類本身，即研究人類的倫理問題，如什麼是正義，什麼是非正義；什麼是勇敢，什麼是怯懦；什麼是誠實，什麼是虛偽；什麼是智慧，知識是怎樣得來的；什麼是國家，具有什麼品格的人才能治理好國家，治國人才應該如何培養……等等。後人稱蘇格拉底的哲學為「倫理哲學」。他為哲學研究開創了一個新的領域，使哲學「從天上回到了人間」，在哲學史上具有偉大的意義。

目的論：
用目的或目的原因解釋世界的哲學學說。認為某種觀念的目的是規定事物存在、發展及其相互關係的原因和根據。其根本點是把自然過程擬人化，把目的這個只為人的活動所固有的因素強加給自然界。目的論有兩種主要的表現形式，即外在的目的論和內在的目的論。前者認為世界上的事物之所以發生並秩序井然，都是神的目的所安排的。

大智大勇者——蘇格拉底

無論是生前還是死後，蘇格拉底都有一大批狂熱的崇拜者和反對者。他一生沒留下任何著作，但他的影響卻是巨大的。哲學史家往往把他視為古希臘哲學發展史的分水嶺，將他之前的哲學稱為前蘇格拉底哲學。身為一個偉大的哲學家，蘇格拉底對後世的西方哲學產生了極大的影響。

蘇格拉底認為，他不是自然哲學家，他並沒有這方面的知識，而且毫無興趣，大家只是把他和阿那克薩哥拉等人混為一談。至於智者的問題，他並不會傳授什麼，自然不敢以教授為業，智者卻什麼都能教，就以教授為業——在《智者篇》中，柏拉圖曾對智者有過細膩的分析。

他接著說到那個著名的神諭：蘇格拉底的朋友凱勒豐（開瑞豐、海勒豐）曾去德爾斐向神請教一個問題：「是否有人比蘇格拉底更聰明？」女祭司回答說：「沒有。」蘇格拉底很迷惑：「我只是充分意識到自己毫無智慧，那麼他說我是世界上最聰明的人又是什麼意思

蘇格拉底在監獄裡

呢？神是不會說謊的，否則便與其本性不合。」於是蘇格拉底去求證這個神諭，在觀察了許多人後，蘇格拉底發現他們只是自以為聰明而並非真正聰明，所以，「我確實比這個人聰明。很可能我們誰都沒有任何值得自誇的知識，但他對不知之物自認為有知，而我則非常自覺地意識到自己的無知。無論如何，在這點上我比他聰明，起碼我不以我所不知為知。」

在觀察了多種階層的人物後，蘇格拉底終於認識到：「真正的智慧只屬於神。他借助上述神諭啟迪我們，人類的智慧沒什麼價值，或根本沒價值。在我

看來，神並不是認為蘇格拉底最聰明，而只是以我的名字為例告誡我們：『你們當中像蘇格拉底那樣最聰明的人，他也意識到自己的智慧是微不足道的。』」

在觀察過程中，蘇格拉底得罪了很多人；非但如此，還有許多有閒暇的富家子弟自願跟隨他，學他的方法，也去觀察別人，結果大家一概歸怨於他。墨勒圖斯作為被侵犯的詩人的代表、呂貢作為演說家的代表、安尼圖斯作為手藝人和政治家的代表，對他提起了訴訟。

直接反駁墨勒圖斯的訟辭，蘇格拉底認為：「墨勒圖斯犯有草率處理重大問題的罪行，因為他毫無道理地把人們召到法庭，並佯稱他對一些實際上並無興趣的事情極為關注和憂慮。」

蘇格拉底反駁道：「說我腐蝕年輕人心靈，那誰給年輕人好的影響呢？」

墨勒圖斯答道：「除了你以外，所有的雅典人都在使年輕人變好。」

蘇格拉底用馴馬師和馬的例子反唇相譏：對馬有好處的只是一個或少數幾個人，就是馴馬師，而大多數人都是使用馬而已，並非人人都可以當馴馬師；與此相似，教育也是一種專門技術，不可能人人都有這種技術，說每個人都對青年有益，證明墨勒圖斯根本就從未關心過年輕人的問題。由墨勒圖斯這種不懂教育、不關心教育的人提出這種訴訟，無疑是一種侮蔑。另外，說蘇格拉底腐蝕青年，是有意的還是無意的？墨勒圖斯當然回答「有意」。

蘇格拉底

蘇格拉底說：「你以為我老糊塗了嗎？你已經指出，壞人總是對最接近他們的人有壞的影響，好人總是對最接近他們的人有好的影響，而我竟然會如此

可悲，以致於不知道自己若是腐蝕某個同伴的品格，就要冒著從他那裡受到傷害的危險嗎？所以，不是我沒有起壞的影響，就是我起了壞影響卻是無意的，在這兩種情況下，你的指控都是虛假的。」對於無意中犯下的過錯，正確的程序並不是把過失的人召到法庭上來審問，而是對他進行私下訓誡。

最後，針對蘇格拉底如何腐蝕青年的問題。墨勒圖斯在指控中說蘇格拉底引進新神，在法庭上又說蘇格拉底根本不信神，蘇格拉底一方面指出墨勒圖斯將阿那克薩哥拉的觀點加諸於自己身上，另一方面嘲笑墨勒圖斯，「引進新神」和「根本不信神」基本上就是一個對立的說法，墨勒圖斯的指控顯得可笑，真是欲加之罪，何患無辭？

蘇格拉底不願意再就墨勒圖斯的指控進行答辯了，因為「如果說有什麼東西能毀滅我的話，既不是墨勒圖斯，也不是安尼圖斯，而是眾人的誹謗和妒忌」，所以，如果只針對墨勒圖斯的話，以上的答辯已經很充分了，但要針對大量的敵對情緒，卻還是不夠的。蘇格拉底如此一意孤行，毫不妥協，可能將帶給他死刑的危險，他難道就不感到懊悔嗎？蘇格拉底明確答覆：「我的朋友，如果你以為一個有價值的人會把時間花費在權衡生與死的問題上，那你就錯了。一個有價值的人在抉擇時只考慮一件事情，那就是他行動的是與非，他行為的善與惡。」

因此，蘇格拉底立身的規則就是：一個人一旦有了他的立場，無論他認為這種立場是最好的還是由於職責所在，那麼我相信他必須面對危險，寧死勿辱，根本不會去考慮死亡或其他事情。簡單來說，就是「忠於所業」。

法庭最終判處蘇格拉底死刑。在面對審判團成員時，蘇格拉底聲明：「我不是因為沒有盡力為自己辯護才被判有罪，而是我沒有厚顏無恥地進行表演，沒有以取悅你們的方式向你們諂媚。你們願意聽我哭泣哀號，願意我去說些和做些我認為毫無價值，而你們習慣於從別人那裡聽到和看到的事。但我並不認為由於我處在危險中，就必須奴顏婢膝。我至今不後悔我剛才的辯護方式。我

寧願死於這種不利的辯護方式，而不願為保命而採取其他辯護方式。」

「離開法庭時，我將由於你們的判決而被處死，但他們卻因邪惡和道德敗壞而被真理宣判死刑。他們和我一樣接受判決，這是毫無疑問的，我認為這種結果相當公正。」傲慢的蘇格拉底還做了一個預言：「我死之後，比你們殺死我更痛苦的懲罰將降臨到你們身上。你們自信置我於死地，就能逃脫我對你們行為的譴責，但在我看來，結果恰恰相反。會有更多的人譴責你們，這些人現在為我所抑制，你們還不知道這一點。」投票要求將蘇格拉底處死，期待以這種方式逃避對自己的譴責既不可能也不光彩，「最好的和最易行的辦法不是堵住別人的嘴，而是盡可能去做一個善良的人。」

最後，蘇格拉底向審判團託孤。他託孤的方法也怪得很：不託朋友，反託仇人；不託他們加惠孤兒，倒託他們處罰孤兒，如果孤兒沒有出息。「如果你們認為他們將錢財或其他東西放在首位而不把善放在首位，你們就像我譴責你們那樣去譴責他們；如果他們毫無理由地自以為了不起，你們就要像我責罵你們那樣去責罵他們。因為他們忘了潛心向善，自以為於事有益而實際於事無益。如果你們這樣做了，我和我的兒子就算在你們手下得到了公正的待遇，現在我該走了，去赴死；你們去繼續生活；誰也不知道我們之中誰會更幸福，只有神才知道。」

雅典衛城

唯理論：
片面強調理性作用的一種認識論學說。又稱理性主義。不承認理性認知要依賴感性認知，認為可靠的知識是從先天的、無可否認的「自明之理」出發，經過嚴密的邏輯推理得到的。西方近代唯理論由18世紀法國的R.笛卡爾開創，主要代表有荷蘭的B.斯賓諾莎和德國的G.萊布尼茲等。

亦幻亦真的理念世界
——柏拉圖

柏拉圖發展了畢達哥拉斯關於宇宙和諧的思想，指出天體運行的軌道是圓形。他把天文學和幾何學結合起來，為後來建立地心說打下了基礎。他的天地大宇宙和人體小宇宙思想一直流行到中世紀末期，對生物學發展產生了深遠影響。

柏拉圖像

柏拉圖（西元前427年～西元前347年）是古希臘最著名的唯心論哲學家和思想家，是西方哲學史上第一個使唯心論哲學體系化的人。在他的幻界之中，人本應是雌雄同體的；只是為了人所犯下的罪，人就被分成了兩部分，於是就有了男人和女人的分別。

柏拉圖還證明了：完美的世界不能多於五個，因為正則的數學體系只有五種。柏拉圖的「理想國」是他最重要的夢幻的體現。在柏拉圖的幻境裡，人先是睡覺，然後醒來睜開眼四下觀看，然後又是睡覺；人也不應該把肉眼拿去看日蝕，要先弄桶水來看水中的倒影，不然會變成瞎子的。夢幻，在柏拉圖的時代，還有極好的名譽。他年輕時就結識了著名的哲學家蘇格拉底，並成了他的良師益友。柏拉圖稱蘇格拉底是「我曾知道的所有的人中最聰明、最正派、最優秀的人」。蘇格拉底的死，也使柏拉圖長期厭惡民主政體。

有一天，柏拉圖作了一個偉大的夢。流芳萬世的幾何學家迪米吉斯，要看妖怪們到底從他那裡學了多少東西，便給每個妖怪一些物質去促使他們發揮想像，要是沒人介意，打個比方，就像菲底阿思和宙苛西斯教他們的門徒那樣：給個像，讓他們照著畫。 一陣忙碌之後，魔王把地球弄成了現在的這個樣子。

魔王高興極了，他覺著這是一件可以被稱為傑作的上上品。魔王覺著他已成功地讓妒忌之神都閉上了他的嘴，他盤算著該如何欣賞即刻可至的其他妖怪的頌詞。使魔王大惑不解的是：兄弟們送給他的只是一陣不屑的噓聲。

兄弟中那個最喜歡挖苦人的傢伙還湊上前來說了這樣的話：「可不是嗎？你倒真地做了一件了不起的事呢！你把你那個世界分成兩部分；又為了阻斷兩邊的來往，還小心翼翼地弄了些水在兩個半球之間。要是有誰膽敢靠近你做的那兩個極地，誰就得給凍僵；誰膽敢靠近赤道，誰就得給烤焦。你又是如此深謀遠慮，造了那麼大片的沙漠，任何試圖穿越它的人不是餓死就是渴死。我倒是沒從你造的那些牛、羊、公雞、母雞身上找出什麼毛病來；可是我著實無法理解你為什麼要弄出那麼多毒蛇和蜘蛛。你那些洋蔥、洋薊是好東西，可是你為什麼又弄出那麼多毒草呢？除非你想毒一毒那些你造的人們。而且，我沒數錯的話，你大約造了三十幾種猴子，還有更多種類的狗，可是你只造了四種或是五種人。你又給了這後一種動物一種本能，就是你喚它作推理的；可是實際上，所謂的推理不過是一種可笑的玩意兒，離那個你喚它作愚蠢的不會相差多少。除了上面提到的，你還一點也不尊重你造的那些兩條腿的朋友們，你只給了他們少得可憐的一點自衛；你把他們丟在那樣一種混沌之中，只給他們一丁點補償；你又給了他們那麼多情感、那樣少的用來抵禦感情的智慧與謹慎。你壓根兒就沒想要這個球面上在任何時間有許多的人可以生存；你又弄了瘟疫去折磨他們，使他們的數目每隔幾年就要減少十分之一，還給予那剩餘的十分之九的人們疾病；你還嫌這些不夠，又讓那倖存的人們不是對簿公堂就是自相殘殺。為了你這所謂的傑作，人們還要對你終生頂禮膜拜。」

聽到這裡，魔王的臉紅了。魔王察覺出這裡面確實涉及了不但有實質的而且有精神上的邪惡；可是他還是堅稱：他那個傑作裡面，基本上講，是善多於惡的。「聽著，好心腸的夥計，沒有比到處去挑毛病更容易的了，」魔王說，「你不想想，造一種動物，給了他們推理的本能不算，還配合自由意志，又要設法不使他們濫用他們的自由，容易嗎？也不想想，養出一萬種植物，出點有毒

的算什麼？你以為，那麼多的水、沙子、土，你就能造出個又沒海又沒沙漠的球來？」

「看看你自己吧！冷言冷語的朋友，你不是剛造完那個木星嗎？也讓我們來看看你做的那條大帶子、那長夜、那四顆月亮。看看，你造的那個世界，是不是上面的居民既不生病也不愚蠢。」有些跑得快的妖怪立刻去了趟木星，回來後和幾個哥兒們說了說，於是，大夥又一塊去笑那個剛剛還在猛挑毛病的妖怪。哥兒們裡做事最認真的那個妖怪，這次造了土星，可是即使是他也沒能免受嘲諷。其他造了火星、水星、金星的也都給找出了好些很沒面子的錯誤。

後來，好幾大本書籍、無數小冊子被製造了出來記述這個造太陽系記；天底下想得出來的花言巧語無所不用；費了那麼多紙寫下那麼多字，弄出很多自相矛盾的地方。

最後，偉大的迪米古斯對那幾個妖怪說：「你們幾個做的那幾個球各有好的一面和不好的另一面，經過熱烈的討論，大夥都有了不同程度的更進一步的理解。你們幾個離完美還有一段距離。這樣吧！你們的作品就留在這裡一億年好了。再過一億年，你們都會知道更多，做起事來就會好許多了的。不要對自己要求過高，要知道，這個宇宙裡，只有我才能製造完美與永恆。」

這就是柏拉圖傳給他的門徒的教條。柏拉圖剛完成他的高談闊論，有位門徒高叫道：「您醒了嗎？」柏拉圖創立的柏拉圖主義，是數學歷史上影響最大的數學哲學觀點。柏拉圖主義的基本觀點是：

柏拉圖像

數學的對象就是數、量、函數等數學概念，而數學概念作為抽象、一般或「共相」是客觀存在著的。柏拉圖認為它們存在於一個特殊的理念世界裡，後世的柏拉圖主義者並不接受「理念論」，但也認為數學概念是一種特殊的獨立於現實世界之外的客觀存在，它們是不依賴於時間、空間和人的思維的永恆存在。數學家得到新的概念不是創造，而是對這種客觀存在的描述；數學新成果不是發明，而是發現。

與之相對的，柏拉圖主義認為數學理論的真理性就是客觀的由那種獨立於現實世界之外的存在決定的，而這種真理性是要靠「心智」經驗來理解，靠某種「數學直覺」來認識的，人們只有透過直覺才能達到獨立於現實世界之外的「數學世界」。由於認為數學概念是一種真實的存在，所以現代柏拉圖主義也被稱為「實在主義」。一般認為，之所以如此不是偶然的，這是數學反映客觀世界，數學具有客觀真理性這一素樸信念在哲學上的反映。而正因為如此，柏拉圖主義對數學的歷史發展就具有一定的積極作用：它促使數學家們在自己的研究中採取客觀的科學立場，而且，當某些高度抽象的數學理論因找不到現實原型而為人們所懷疑時，它也有可能給予人們一定的信念。儘管這種信念是盲目的，甚至可能導致錯誤。

柏拉圖主義顯然是錯誤的：把反映形式當作了認識物件；把抽象當作具體的客觀存在；認為一種思維形式本身是客觀的當然具有客觀的真理性。離開人的實踐來考察真理性必將導致謬誤。

宿命論：
認為歷史的發展、個人的際遇是由命運決定的理論。主張「命運」主宰一切，人們必須服從它的支配，聽任它的擺佈，否認人的一切能動創造作用。鼓吹「生死由命」、「富貴在天」，反對做任何改變現實的積極努力，認為努力是徒勞無功的。宿命論突出地表現在某些宗教思想中。

柏拉圖的理想國

柏拉圖設計了一整套「理想國」方案，主張「哲學王」來治理國家，把「哲學王」看作天主的統治者、立法者，他的政治思想帶有空想的性質。

柏拉圖像

柏拉圖出身於雅典一個大貴族家庭。據說他的名字源自於他的寬額頭，他的原名叫阿里斯多克勒。柏拉圖生於伯羅奔尼薩斯戰爭期間，青年時期和其他貴族子弟一樣受過良好的教育，並接觸到當時的各種思潮。

對柏拉圖一生影響最大的是蘇格拉底。柏拉圖20歲拜蘇格拉底為師，跟他學習了10年，直到蘇格拉底被雅典民主派處死。老師的死給了柏拉圖沉重的打擊，他和自己的老師一樣，反對民主政治，認為一個人應該做和他身分相符的事，農民只管種田，手工業者只管做工，商人只管做生意，平民不能參與國家大事。蘇格拉底的死更加深了他對平民政體的成見。他說，我們做一雙鞋子還得找一個手藝好的人，生了病還得請一位良醫，而治理國家這種大事竟然隨便交給任何人，這豈不是荒唐？

老師死後，柏拉圖不想在雅典待下去。28歲至40歲，他都在海外漫遊，先後到過埃及、義大利、西西里等地，他一邊考察了各地的政治、法律、宗教等制度，研究數學、天文、力學、音樂等理論和各種哲學學派的學說，一邊宣傳他的政治主張。西元前388年，他到了西西里島的敘拉古城，想說服統治者建立一個由哲學家管理的理想國，但目的沒有達到。返回途中不幸被賣為奴隸，他的朋友花了許多錢才把他贖回來。柏拉圖到了雅典後，開辦了一所學園。一邊教學，一邊著作，他的學園門口掛著一個牌子：「不懂幾何學者免進」。

從中得知，沒有幾何學的知識是不能登上柏拉圖的哲學殿堂的。這個學園成為古希臘重要的哲學研究機構，開設四門課程：數學、天文、音樂、哲學。柏拉圖要求學生不能生活在現實世界裡，而要生活在頭腦所形成的觀念世界裡。他形象地說：「畫在沙子上的三角形可以抹去，可是，三角形的觀念，不受時間、空間的限制而留存下來。」柏拉圖深知學以致用的道理，在他的學園裡按照他的政治哲學培養了各方面的從政人士。他的學園又被形象地稱為「政治訓練班」。

而柏拉圖留下了許多著作，多數以對話體寫成，常被後人引用的有：《辯訴篇》、《曼諾篇》、《理想國》、《智者篇》、《法律篇》等。理念論是柏拉圖哲學體系的核心。他認為物質世界之外還有一個非物質的觀念世界。理念世界是真實的，而物質世界是不真實的，是理念世界的模糊反映。我們可以以美為例來理解柏拉圖所說的感覺世界、理念世界和人的思想認知三者的關係。

柏拉圖認為：世間有許多類的事物，當你判斷它是否為美時，心中必然已有了一個美的原型，這心目中美的原型又來自理念世界中存在的那個絕對的美。任何美的事物都無法與美的原型相比，前者不過是對後者的一種模仿，美的事物有千千萬，而美的原型或理念的美卻只有一個。其他事物也是如此，如有了桌子的理念才有各式各樣的桌子，有了房子的理念才有了各式各樣的房子，有了綠色的理念才有了世間的綠色……顯然，他的理念論是客觀唯心的，根本的錯誤在於抹煞了客觀世界而把假想當成了真實。

柏拉圖認為人的知識（理念的知識）是先天固有的，並不需要從實踐中獲得。他認為，人的靈魂是不朽的，它可以不斷投生。人在降生以前，他的靈魂在理念世界是自由而有知的。一旦轉世為人，靈魂進入了肉體，便同時失去了自由，把本來知道的東西也遺忘了。要想重新獲得知識就得回憶。

因此，認知的過程就是回憶的過程，真知即是回憶，是不朽的靈魂對理念世界的回憶，這就是柏拉圖認知的公式。他還認為，這種回憶的本領並非所有

的人都具備，只有少數有天賦的人即哲學家才具備。因此，他肯定地說：除非由哲學家當統治者，或者讓統治者具有哲學家的智慧和精神，否則國家是難以治理好的。這種所謂「哲學王」的思想即是他理想國的支柱。

《理想國》涉及柏拉圖思想體系的各個方面，包括哲學、倫理、教育、文藝、政治等內容，主要是探討理想國家的問題。他認為，國家就是放大了的個人，個人就是縮小了的國家。人有三種品德：智慧、勇敢和節制。國家也應有三等人：一是有智慧之德的統治者；二是有勇敢之德的衛國者；三是有節制之德的供養者。前兩個等級擁有權力但不可擁有私產，第三等級擁有私產但不可擁有權力。他認為這三個等級就如同人體中的上、中、下三個部分，協調一致而無矛盾，只有各就其位，各謀其事，在上者治國有方，在下者不犯上作亂，就達到了正義，猶如在一首完美的樂曲中達到了高度和諧。

其實，柏拉圖心中至善的城邦，不過是空想的烏托邦。他認為：理想的國家縱然還不能真實存在，但它卻是唯一真實的國家，現存各類國家都應向它看齊，即使不能完全相同，也應爭取相似。這就是柏拉圖對他的理想國家所持的態度。柏拉圖在文藝、美學等方面，也有成套的理論主張。他的「對話」妙趣橫生、想像豐富，因此他絕對有資格被列入古代文學大師之列。然而，他卻一味地貶低和非難文學家及詩人，他認為，一切文藝家的作品，追根究底是模仿別人的仿製品。柏拉圖死後，他所創業的學園由門徒主持，代代相傳，繼續存在了數世紀之久。但學園派對後世影響最大的，仍是伯拉圖這位開山鼻祖。

環境決定論：
認為人類的身心特徵、民族特性、社會組織、文化發展等人文現象受自然環境，特別是氣候條件支配的觀點，是人地關係論的一種理論。簡稱決定論。

可笑的與可敬的亞里斯多德

亞里斯多德和柏拉圖一樣，認為理性方案和目的是一切自然過程的指導原理。可是亞里斯多德對因果性的看法比柏拉圖的更為豐富，因為他接受了一些古希臘時期對這個問題的看法。

亞里斯多德是古希臘哲學家，他總結了泰勒斯以來古希臘哲學發展的成果，首次將哲學和其他科學區別開來，開創了邏輯學、倫理學、政治學和生物學等學科的獨立研究。他的學術思想對西方文化的發展產生了巨大的影響。

亞里斯多德是馬其頓王家醫師尼科馬科斯之子，柏拉圖的學生，著名的亞歷山大大帝的師父。

西元前335年他在雅典仿照「柏拉圖」學園，創辦了呂克昂（Lyceum）學校，形成「逍遙派」，這個名稱是因為他們一邊講學一邊散步而得名。

在當時的雅典城郊外，常常可以看到亞里斯多德，身邊跟隨著十多位青年學生，他們或是在樹林中逍遙自在地漫步交談，或是坐在山谷溪旁的大石塊上，熱烈地討論問題。「老師，您再講講『三段論』大前提、小前提、結論……」

亞里斯多德捋了捋鬍鬚，緩緩地說到：「我們希臘人有個很有趣的諺語：如果你的錢包在你的口袋裡，而你的錢又在你的錢包裡，那麼，你的錢肯定在你的口袋裡，這不正是一個非常完整的『三段論』嗎？」……當時亞里斯多德就是這樣給他呂克昂學園的

亞里斯多德像

學生上課。

亞里斯多德17歲起，就被父親送到當時著名的柏拉圖學園，在那裡學習了20年。由於他勤奮刻苦，涉獵廣泛，很受老師柏拉圖看重。可是，柏拉圖又說：「要給亞里斯多德戴上韁繩。」

意思是說，亞里斯多德非常聰明，思想敏捷，不同於一般人；不加以管教，就不能成為柏拉圖期望的人。亞里斯多德很尊敬他的老

亞裡斯多德

師，但是，他卻拋棄了他的老師所持的唯心主義觀點。

他曾說過一句話：「我愛我的老師，但是我更愛真理。」

柏拉圖認為理念是實物的原型，它不依賴於實物而獨立存在，亞里斯多德則認為實物本身包含著本質；柏拉圖斷言感覺不可能是真實知識的泉源，亞里斯多德卻認為知識起源於感覺。

針對因果性，亞里斯多德指出，因主要有四種，第一種是質料因，即形成物體的主要物質；第二種是形式因，即主要物質被賦予的設計圖案和形狀；第三種是動力因，即為實現這類設計而提供的機構和作用；第四種是目的因，即設計物體所要達到的目的。

例如：製陶者的陶土為陶器提供其質料因，而陶器的設計樣式則是它的形式因，製陶者的輪子和雙手是動力因，而陶器的用途是目的因。亞里斯多德本人看中的是物體的形式因和目的因，他相信形式因蘊藏在一切自然物體和作用之內。一開始這些形式因是潛伏著的，但是物體或者生物一旦有了發展，這些

169

形式因就顯露出來了。最後，物體或者生物達到完成階段，其製成品就被用來實現原來設計的目的，即為目的因服務。他還認為，在具體事物中，沒有無質料的形式，也沒有無形式的質料，質料與形式的結合過程，就是潛能轉化為現實的運動。在物理學上，這種思想今天看來是可笑的，在倫理學上，它卻導出了「實現你自己」的觀點，在今天就是素質教育的根本。

亞裡斯多德

西元前323年雅典發生了反馬其頓的運動，亞里斯多德便成為政治打壓的對象，他和蘇格拉底一樣，被控以「褻瀆神靈」的罪名。後避難於卡爾基，次年因病逝世。

《工具論》：
古希臘哲學家亞里斯多德的著作。西元1世紀由亞里斯多德學派的安德羅尼柯編輯成書。全書收集了亞里斯多德6篇邏輯學著作：《範疇篇》、《解釋篇》、《前分析篇》、《後分析篇》、《論辯篇》、《辯謬篇》。主要討論了命題、範疇、三段論等問題，闡述了證明、定義、演繹等方法。該書為形式邏輯奠定了基礎，對這門科學的發展有很大影響。

住在桶裡的哲學家——
第歐根尼

古希臘的犬儒學派反對人類社會中引起惡行的欲望以及無休止的爭鬥，崇尚動物一切順其自然的生活方式，因而得名。他們認為這就是「回到自然」中去。而犬儒學派最著名的代表就是第歐根尼。

西元前323年某一天，亞歷山大大帝在巴比倫英年早逝，年僅三十三歲。同一天，第歐根尼（約西元前412年～西元前323年）在科林斯壽終正寢，享年九十歲。這兩人何其不同：一個是武功赫赫的世界征服者，行宮遍佈歐亞，被萬眾呼為神；另一個是靠乞討為生的窮哲學家，寄身在一只木桶裡，被市民稱作狗。相同的是，他們都名聲遠揚，是當年希臘世界最有名的兩個人。

第歐根尼（約西元前412年～西元前323年）是一位古代哲學家，與柏拉圖生活在同一個時代，「犬儒學派」的一位首領。這位歷史上的奇人最奇怪的舉動便是愛住在酒桶裡生活。

一次，亞歷山大大帝來到科林特市，見路上有一木桶，內住一個穿著破爛衣裳的人，正要把一個喝水用的杯子扔掉。亞歷山大斷定他就是赫赫有名的奇人第歐根尼。原來，第歐根尼主張人要回到原始的自然狀態中，像動物那樣在大自然中生活，不需要一切人工製造的東西。他所以要把杯子扔掉，是為了證明人絕對可以依賴自然生活。

亞歷山大大帝說：「你一無所有，哪裡是什麼學派的首領，像個奴隸。」

第歐根尼回答：「當奴隸有何不好？！我曾被人揪住帶到奴隸市場上賣過，我當時就是奴隸。市場上賣奴隸，要瞭解奴隸的特長，有人問我有什麼特長，我說我的特長是當主人。我的話在市場上一傳開，頓時把前來買奴隸的人

都氣跑了，……其實，當個有做主人特長的奴隸，不是很好嗎？」

第歐根尼回答問題的機智特別，給亞歷山大大帝留下深深的印象。亞歷山大大帝碰到這個有趣之人，下決心要說服他。

「你有什麼要求請講，我一定滿足你。」

第歐根尼躺在酒桶裡伸伸懶腰，說：「我只要求你讓開，因為你遮住了我要曬的太陽。」

亞歷山大大帝聽罷，感歎道：「我若不是國王的話，我會去做第歐根尼。」非常尋常的言語對一個萬人之上的君王有如此的魅力！

第歐根尼的全部財產就是一根橄欖樹幹做的木棍，一件襤褸的衣裳（白天穿在身上，晚上蓋在身上），一個討飯袋，一只水杯。他每天住在市場上，晚上睡在木桶裡。人們稱此桶為「第歐根尼的大桶」。他甚至驕傲地聲稱自己以四海為家，是一個自由的世界公民。白天他提著一盞燈趕路，別人問他這是在做什麼的時候，他說是為了「尋找一個人」、「尋找一個發瘋的蘇格拉底」，晚上他則回到自己的臥室裡──「一個大桶」。但更讓人吃驚的是，他居然在鬧市上當眾手淫，這明顯偏離了理性的邊際，試問現代的哪位行為藝術家敢如此瘋狂？

不過，若單純地認為第歐根尼只

第歐根尼

是一個色情狂，一個賣弄自己的生活與身體以博得哲學家的美譽的瘋子那就錯了。第歐根尼不僅在行動上，而且在理論上對此做了說明，而且能自圓其說。他認為俄狄浦斯（古希臘神話中一個殺父娶母的人）大可不必為自己與母親通姦一事而自我戳瞎雙眼與放逐，他大可以光明正大地這樣做，為什麼呢？理由

犬儒第歐根尼

很簡單，因為這種事情「天天都在我的雞圈中發生！」不要以為這是反諷，因為他也以一種動物——「犬」自居，他說他的這種動物性的本能能讓他毫無羞恥地去過動物性的生活。只有經歷了如此大膽的自我暴露，在他的哲學中，他才有足夠的勇氣去講真話，不管這種真話是多麼的嚇人。

第歐根尼有很多既富有哲學、哲理，又似乎荒誕可笑的言語，例如，關於人生哲理的：第歐根尼其實在諷刺當時社會上沒有一個真正稱得上叫「人」的有德行的人。這種奇語，既簡單又複雜，既通俗又深刻。第歐根尼有許多幾乎是詩句的回答，處處閃爍哲理的光芒。

有人問第歐根尼：「世界上什麼最難？」

「認清自己和隱瞞自己的思想。」他這樣回答。

又有人與第歐根尼談起一位財主，問第歐根尼他是不是富有？「我不知道，」第歐根尼答道，「只曉得此人有很多錢。」

「那你就是說他是富翁囉！」

「富翁與很有錢不一樣，」第歐很尼說，「真正的富翁是那些完全滿足於其所有的人；而竭力追求更多地佔有，要比那些一無所有而泰然處世的人還要窮

困。」

在這裡，第歐根尼巧妙地避開回答「富翁」和「很有錢」的經濟價值上的概念關聯，而對其進行了哲學概念上的深層揭示，有力譏諷了當時社會上的一種傾慕財主的庸俗傾向。

其實，第歐根尼並不是生下來就是這樣的，他是辛諾普城邦一個銀行家的兒子，在替父親管理銀行時鑄造偽幣，致使父親入獄而死，自己則被逐出了城邦。而這也成了人們的笑柄，在他成為哲學家後，人們仍不時提起來羞辱他。他倒也坦然承認，反唇相譏說：「那時候的我正和現在的你們一樣，但你們永遠做不到和現在的我一樣。」前一句強詞奪理，後一句卻是真話。他還說了一些真話：「正是因為流放，我才成了一個哲學家。」緊接著又是一句強詞奪理：「他們判我流放，我判他們留在國內。」

普桑畫中的第歐根尼

非決定論：
否認事物因果關係的普遍性、發展的規律性和必然性的哲學觀點。它認為事物的運動不受因果關係的制約，沒有任何秩序，而受自由意志支配。它在社會歷史觀上往往表現為歷史唯心主義，認為社會生活是由有意志的人決定的，人的意志尤其是少數英雄人物的意志就是歷史發展的決定力量，從而否定社會歷史發展的客觀規律性和因果制約性。

「聖人」奧古斯丁

奧古斯丁認為上帝創造了一切，上帝主宰一切。上帝給人的啓示是人們獲得智慧和認識真理的源泉，人類中有一部分人可以得救，他們升入天國是因為上帝的恩惠。

奧古斯丁出生於西元354年，死於西元430年，出生地是北非塔加斯特城。主要著作有《懺悔錄》、《論基督教教義》，奧古斯丁在少年時期就顯露出了非凡的才華。他十六歲時前往迦太基（今天的突尼斯）學習。

在那裡他找到了一位情婦，還生了一個私生子。十九歲時他立志攻讀哲學，不久開始信仰摩尼教——由先知摩尼創立的宗教。在年青的奧古斯丁

奧古斯丁像

看來，基督教天真、單純，而摩尼教則哲理深奧。但是在之後的九年中，他逐漸對摩尼教感到失望。他二十九歲時來到羅馬，不久又到了義大利北方的米蘭市，在那裡擔任雄辯術教授，精心研究了一門經過修正的柏拉圖哲學——「新柏拉圖主義」，該學說是蒲魯太納斯在西元三世紀發展的。奧古斯丁的皈依基督教則非常傳奇：西元386年的一天，義大利米蘭的某一條街道上，一個人發瘋似地奔跑著衝進了一個花園，在那裡哭泣、頓足、捶胸、敲打額頭。最後在一棵無花果樹下躺了下來，痛哭流涕，口中念念有辭。

「呃，那不是教授雄辯術的奧古斯丁嗎？」

「是他。不知道發生了什麼事情。」

人們圍攏了上去，但是被隨後趕來的朋友勸阻開來，大家遠遠站在一旁，注視著他。夜幕降臨了，在朋友的陪伴下，奧古斯丁回到了住所。「奧古斯

丁，究竟發生了什麼事？」朋友不解地問他。

「在我開始虔誠地懺悔時，我看到了主出現在我的面前，祂引導著我，」奧古斯丁好像又回到了那神聖的時刻，慢慢地說道，「一個小男孩，那一定是天使，要我讀使徒保羅的書，他唱著『拿著，讀吧！拿著，讀吧！』我感到一道恬靜的光射進了我的心房，驅散了心中的一切疑團。」奧古斯丁轉過頭，對朋友說：「我想要接受洗禮。我準備辭去教授雄辯術的職位，全心全意地獻身給主。」第二年春天，曾是摩尼教徒並熱衷於研究占星術的奧古斯丁，接受了權勢顯赫的米蘭大主教安布羅西為他主持的洗禮儀式，投身基督教會。不久，奧古斯丁回到家鄉北非塔加斯特城按照當地修道院的習俗隱居三年。奧古斯丁的神學曾在中世紀西歐基督教會中居於最高權威的地位，他被教會奉為「聖人」。

他的神學思想與他的生平一樣非常多彩多姿，一方面維護聖經正典的確立，一方面於基要信仰或教義的演譯及闡明上有極深的創見；而其思想影響西方羅馬教會尤深。此外，他又確立了基督教哲學；他以神為中心，啟示為基本，而哲學則為神學的使女；他主張信仰使人看見真理，而理智使人多瞭解真理，但信仰乃至上，「如果要明白，就應當相信，因為除非你們相信，否則你們不能明白。」

奧古斯丁教堂

詭辨論：
一切利用似是而非的推理和論斷，否認真理或阻礙探索真理的思維方式的統稱。形而上學和主觀主義的思維方式之一。它常常利用客觀事物和概念普遍具有辨證矛盾這一特性，冒充辨證法，或和辨證法相互摻雜地表述出來；用概念的關聯取代和掩蓋事物真實的關聯，否認相對中有絕對，並誇大相對性一面，否定確定性和絕對性一面。

證明「上帝存在」
的安瑟爾謨

安瑟爾謨是歐洲中世紀經院哲學家、神學家，極端的實在論者，被稱為「最後一名教父和第一個經院哲學家」。

　　安瑟爾謨是中世紀基督教神學家和哲學家。他努力透過哲學思想來證明教會的教義。西元1033年他出生於義大利皮蒙特地區的奧斯達，是一個很受尊敬的人。西元1060年他到諾曼第貝克修道院為僧，西元1078年升任該院主持，西元1093年任坎特伯利的大主教。

　　經院哲學本質上就是神學，其關注的焦點之一就是對上帝存在的證明。而這一問題的提出以及對它的論證都肇始於安瑟爾謨。安瑟爾謨是歷史上第一個採用從思維到存在的本體論方法證明上帝存在的經院哲學家。一方面這是使其得以成名的一個重要原因，另一方面安瑟爾謨亦藉此進一步奠定了經院哲學的理論基礎。

　　對於上帝是否存在的問題，安瑟爾謨認為「上帝作為結合一切實在性在它自身之內的本質的理念，也包含有存在這一實在性在它之內」；另一方面，他又認為上帝與其他一切存在者的存在相比，「最為真實，並且有最高的存在性」。而其他任何存在者的存在，都沒有上帝這樣真實，「所以它們具有的存在性，乃是低級的」。安瑟爾謨對上帝存在之第一次真正的形而上學的證明，可以歸納如下：安瑟爾謨論證人心中有一個至高無上的東西的觀念——上帝的觀念。他指出，愚人心裡說沒有上帝存在，這是不可能的。因為當愚人聽到上帝這個存在者——即「一個可設想的無與倫比的偉大存在者」的時候，即使他並不明白這個東西是實際存在著，他也能理解他所聽到的東西，也能理解他所理解的東西是在他的心中。

進一步論證上帝不僅存在於心中，而且也存在於現實中。

在他看來，「一個東西在心中存在，這是一回事；要理解一個東西實際存在著，又是一回事」。就像一個畫家考慮要畫一幅畫，在他尚未動手之前，這幅畫只存在於他心中；只有當他畫成以後，這幅畫才不僅存在於心中，而且也實際上存在著。因此，安瑟爾謨就必須進一步論證上帝既存在於心中，也存在於現實中。

「真的，還有一種不可設想的無與倫比的偉大的東西，它就不能僅僅在心中存在，因為，即使它僅僅在心中存在，但是它還可能被設想為也在實際上存在，那就更偉大了。」也就是說，如果說一個不可能設想有什麼東西比它更偉大的存在者只存在於心中，就會陷入矛盾之中，因為那樣的話，一個不能設想有什麼東西比它更偉大的存在者和一個可以設想有什麼東西比它更偉大的存在者是一樣的了。

最後，他指出，如果一個人能設想有一個比上帝更好的存在者，「那就是被創造者上升到創造主之上並要裁判創造者了，這是極端荒謬的」。

「因此，有一個不可設想的無與倫比的偉大東西，是真實存在，這個東西，甚至不能被設想為不存在。而這個東西就是聖主啊！我的上帝。」

安瑟爾謨證明上帝存在的「三部曲」：人心中有至高無上的觀念，至高無上的觀念不能僅僅存在於心中，它必然也是現實的存在，所以，上帝作為至高無上者乃是真實的存在。

泛神論：
把神和整個宇宙或自然視為同一的哲學理論。最早提出並使用「泛神論」一詞的是17世紀英國哲學家J.托蘭德。

高盧的蘇格拉底──
阿伯拉爾

阿伯拉爾是法國哲學家、神學家。哲學上採取概念論，既反對極端的實在論，又反對極端的唯名論，認為共相是存在於人心之中表示事物共性的概念。

　　西元1079年，阿伯拉爾出生於布列塔尼的巴萊。22歲時，在巴黎附近的默倫教書，吸引了大批追隨者。西元1115年，他任巴黎聖母院法政牧師。在巴黎，身為一個教師，學生之多是前所未有的，有「巴黎第一教師」之稱。但他的一生也飽受風霜。他和愛洛依絲間的愛情故事尤為動人。

　　阿伯拉爾的同事富爾貝爾有個侄女，年方17，容貌秀美，尤其熱愛自然，學識淵博，富爾貝爾把她作為學生託付給阿伯拉爾，並得意於為她找到這樣一位出眾的老師。很快，師生之間燃起愛情之火，阿伯拉爾時年39歲，在此之前，阿伯拉爾只是從奧維德和自己的詩歌裡才知道有愛情的，他那些詩歌也根本沒有實踐做底子。師生很快從知識的交流發展為肉體交流。阿伯拉爾彷彿中了邪，放棄了授課與工作，雙方的關係一發不可收拾。

　　麻煩接踵而至，他們的關係被人識破，阿伯拉爾不得不離開受騙的主人家。兩人改在別處幽會，又由幽會發展成私奔。他們無視別人的指指點點，互相尊敬。後來，愛洛依絲懷孕了，阿伯拉爾把自己的情人打扮成修女，送到家鄉布列塔尼的姐姐那裡，在那裡，愛洛依絲生下一個兒子。阿伯拉爾懷著沉重的心情拜訪富爾貝爾，主動提出，為了恢復愛洛依絲的名譽，要和她結婚。阿伯拉爾為他的教士身分感到為難（西元1047年，羅馬宗教會議發佈嚴厲法規，懲戒聖職買賣和教士結婚，西元1075年羅馬宗教會議重申）──雖然普通的下層教士可以結婚，顯然這樣會斷送了他晉升神職的前程，而且對他的講師職位也有防礙，他很可能會成為教育界的笑柄。

　　愛洛依絲勸阿伯拉爾放棄結婚的想法，她向他描述了一幅他們必然要生活在其中的窮苦知識分子家庭的畫面：一個必須為金錢和物質費心操勞的人，是無法專心於神學或哲學著作的，她說道。

　　但阿伯拉爾沒有接受愛洛依絲做出的犧牲，婚姻還是締結了，不過是秘密的，他們還請了富爾貝爾出席以平息他的怒氣，而顯然後者沒有原諒他們，因為他一心要公開這樁婚事和阿伯拉爾向他道歉的事，這樣一來，阿伯拉爾的名譽肯定會受到敗壞。

　　阿伯拉爾想了一個辦法來對付這件麻煩事，就是愛洛依絲喬裝修女去修道院，等待流言平息下來。愛洛依絲凡事只聽阿伯拉爾的旨意，但這個計畫富爾貝爾不知情，他覺得自己受騙了，以為阿伯拉爾是想把愛洛依絲推到修道院，婚姻也就了結了，於是指使人把阿伯拉爾閹割了。

　　阿伯拉爾躲在聖·鄧尼斯修道院掩飾他的羞辱。求知的熱情使他恢復了元氣，他的學生也找到他，懇求為他們重新上課。他在一篇批判他的老師洛色林的「三神論」的文章裡，走筆鋒極端，被他的敵人指為異端（撒伯里烏主義），其觀點在西元1121年於蘇瓦松召開的主教宗教會議上受到譴責。他對聖·鄧尼斯一生事蹟的傳說提出批評，使他無法在聖鄧尼斯隱修院容身。他在特魯瓦大主教那裡找到庇護，大主教還讓他佔有塞納河畔一份領地，在此隱居、授課。不少學生聚集在他周圍，他們建立了一個小小的居住點。他把這個小團體稱為保惠師團。但他的言論引起了當時最有權勢的正統派宗教領袖聖伯納德的敵視，因此他只好逃至偏遠的布列塔尼，在魯伊簡陋的隱修院中當院長。後來他實在忍受不了修士們的粗鄙，西元1132年，又回到巴黎講學，且和愛洛依絲通信，此時愛洛依絲在保惠師團附近一所小女修院當院長，他們之間的通信是中世紀流傳下來的一部最引人入勝的愛情記錄，尤其是愛洛依絲的信。

　　由於伯納德的運動，阿伯拉爾於西元1140年被桑斯城宗教會議定罪，他雖向教皇英諾森二世上訴，但被駁回。

此時，阿伯拉爾已到身敗名裂的地步，他只得屈服，幸而他得到了克呂尼隱修院院長彼德的友誼，彼德以無比寬宏的慈悲心腸收容了他，並使他與聖伯納德和解，設法讓羅馬教廷撤銷把他革除教門的懲罰，然後把他送往莎恩河畔夏龍的聖馬賽爾修院。西元1142年4月21日，阿伯拉爾在那裡去世。偉大的克呂尼修道院院長為他送去了一份書面赦令，並作為一種特別美妙的情感的最後表示，讓人轉交給聖靈女修院的院長愛洛依絲。

阿伯拉爾生性愛批判：在他著名的著作《是與非》中，他把教父們論述重大教義的彼此矛盾的段落都對照列出，不加解釋，也無意調和，足以讓人認為他在煽動懷疑情結。他的三位一體的教義幾乎和撒伯里烏的一樣——後者認為聖子、聖父、生靈是上帝的三個稱呼，是上帝在不同情況下的顯現，被正統教派斥為異端。他說人從亞當那裡繼承的不是罪而是罰，這和奧古斯丁的看法相反。他的倫理學見解也與當時流行的不一致，他相信古代哲學家都得到神的啟示也與人相左，諸如此類使他在他那個時代受到種種批判，但他的思想大大激勵了後人，他是運用辨證法的先驅，由他推動的以辨證法來探討神學問題的方法影響深遠。

阿伯拉爾葬在聖靈修道院，愛洛依絲的遺體也葬在他的墳墓旁。幾百年後，他們終於被遷到巴黎著名的拉雪茲神父公墓並合葬在一起，棺蓋上雕刻著兩人的臥像，在銘文上刻著：「生前是愛將他們的精神結合在一起，身後是至情至性的書信把他們的愛流傳後世。二人合葬於此。阿伯拉爾故於西元1142年4月21日，享年65歲。二

拉雪茲神父公墓

人皆度過了基督徒的精神的一生。」

　　阿伯拉爾不是一般地承認理性的作用，而是從更深刻的意義上去認識理性的作用。認為辨證法的首要任務不是證明、解釋，而是探索、批判。認為辨證法可以幫助找到產生信仰的不確定性的原因。他認為理性與信仰不是對立的，「真理不會反對真理」。

不可知論：

否認認識世界或徹底認識世界的可能性的哲學理論。最初由英國生物學家T.H.赫胥黎於西元1869年提出。不可知論斷言人的認知能力不能超出感覺經驗或現象的範圍，不能認知事物的本質及發展規律。在現代西方哲學中，許多流派從不可知論出發來否定科學真理的客觀性。

響聞歐洲的西西里——
湯瑪斯‧阿奎納

湯瑪斯‧阿奎納開啓了湯瑪斯學派（或稱湯瑪斯主義），並被評價為歷史上最偉大的神學家，以及33位教會聖師之一。

　　湯瑪斯‧阿奎納出生於義大利的洛卡塞卡堡。湯瑪斯的著作卷帙浩繁，總字數在1500萬字以上，其中代表作為《神學大全》、《哲學大全》。13世紀中葉，在著名的巴黎大學有一位年輕的神學教授，因為他沉默、溫順，人送外號「啞牛」。但他才華橫溢，年紀輕輕就已經嶄露頭角，一些有名望的學者很賞識這位年輕人，阿爾伯特就曾斷言：「啞牛」之聲必將聞名於世。果然，「啞牛」後來成了中世紀最有名的神學家和經院哲學家。他就是湯瑪斯‧阿奎納。

　　湯瑪斯孩提時代在蒙特卡西諾修道院受了9年初等教育。身為伯爵的父親一直希望他能成為修道院院長。湯瑪斯剛滿五歲，父親便把他送進蒙特‧卡西諾隱修院。但後來這座修道院被指責為信奉異端邪說，被教皇格雷高里九世解散，湯瑪斯只好離開。14歲時，他進入了那不勒斯大學，接觸到大量科學與哲學方面的著作。5年以後，他加入了天主教組織「多明尼克會」，多明尼克會是一個托鉢僧會，具體工作就是：托個破盆，四處化緣，日子過得跟乞丐差不多。這成為他一生的重要轉折。

　　入會不久，院長計畫把他送到波洛尼亞的總部深造，但在半路上被他的兄弟給劫持了，在家裡關禁閉，阻止他與多尼米克會來往。並希望這個健壯得像牛的湯瑪斯能夠回心轉意，繼承家族的軍事傳統。後來，家人不惜使用美人計，派了一個美女去誘惑他。當時天氣寒冷，湯瑪斯的房間裡燒著溫暖的火，當那個動人的美女含情脈脈地走進來的時候，湯瑪斯二話不說，拿起一根火棍就朝美女刺去，把美女給嚇跑了。後來，湯瑪斯在他妹妹的幫助下從家裡逃了

出來，最終在科隆找到了阿爾伯特，跟隨他學習。湯瑪斯於西元1256年春天完成學業，但是巴黎大學本沒有授予托缽僧侶神學碩士學位的先例，世俗學生和學者也都不願開這個先例，最後教皇不得不親自出面干預，同年9月，湯瑪斯在衛兵的護衛下取得學位。西元1259年，教皇亞歷山大四世把湯瑪斯召喚至羅馬，從此湯瑪斯·阿奎納的神學觀點就逐漸成為經院哲學的官方理論，他本人也成為整個中世紀後期最偉大的神學家。

湯瑪斯力主教會的權力至高無上。認為如同神高於人，靈魂高於肉體一樣，教會高於世俗的國家。教皇是基督的代理人，政權應由他掌握，國家必須服從教會，國王必須順從教皇。他還極力維護封建君主的統治權力，認為君主制是最好的政治形式，並說，沒有一個統治者控制和指導民眾，社會就會解體。湯瑪斯從靈魂不死的觀點出發，大力宣揚「來世幸福」，認為塵世生活的幸福並非最高幸福，最高幸福是對上帝的靜觀，從而使靈魂得救。

這只有在來世、在彼岸世界才能做到，因而為爭取現實生活的幸福而進行爭鬥就是惡，就是犯罪，最大的犯罪行為是異端或異教行為。對一切異教徒均應活活燒死，「將他們從世界上消滅掉」。湯瑪斯包羅萬象的神學唯心主義體系產生後，很快成為西歐中世紀思想領域中占絕對統治地位的學說。教會在他生前就給予了他極大的支持和極高的聲譽，稱他為最光榮的「天使博士」。西元1323年教皇追封他為「聖徒」，西元1567年他又被命名為「教義師」，西元1879年教皇還正式宣佈他的學說是「天主教會至今唯一真實的哲學」。

多元論：
主張世界由多種本源構成的哲學學說。有兩種基本類型：凡是把世界歸結為多種物質本源的，屬唯物主義的多元論，如中國古代的五行說，把萬物的本源歸結為金、木、水、火、土五種物質元素；凡把世界歸結為多種精神本源的，屬唯心主義多元論，如德國哲學家G.萊布尼茨，認為世界是由無數獨立的精神性的「單子」組成的和諧的體系。

知識剃刀——威廉‧奧卡姆

奧卡姆曾立下一條準則：「實際存在的東西絕不可不必要地添枝加葉。」這條準則今天已解釋為如果在兩種皆符合一切客觀實際的理論中，那麼要求做較少、較簡單假設的理論則被認為更接近於正確。今天稱為「奧卡姆的剃刀」的這條準則在哲學科學中具有重大意義。

奧卡姆像

奧卡姆（約西元1300年～西元1350年）英國學者。約西元1285年出生於英國蘇黎郡的奧卡姆村。西元1349年卒於德國慕尼克。奧卡姆（被稱為無敵博士）曾加入方濟各會修士會，奧卡姆早年就讀於牛津大學，成績優異，完成了獲得神學博士學位的所有課程，但由於在思想上與基督教正統教義衝突，因而終身沒能獲得博士學位。從西元1315年到西元1319年在牛津任教。他是中世紀最後一批學者之一。

西元1322年左右，奧卡姆陸續發表了一些論文反對教皇專權，主張教權與王權分離，教會只應掌管宗教事務，關心「靈魂拯救」，不應干預世俗政權。於是，奧卡姆被教皇宣稱為「異端」。西元1324年，奧卡姆被惱羞成怒的教皇拘捕，關進了亞威農教皇監獄。次年底，教會組織了6個神學家專門研究了他的著作，結果有51篇被判為「異端邪說」。

西元1328年初，奧卡姆在一天深夜逃出了監獄。同年6月6日，羅馬教皇革除了他的教籍，下令通緝捉拿。奧卡姆逃往了義大利比薩城，晉見了反對教皇的皇帝路德維希，並對皇帝說：「你若用劍保護我，我將用筆保護你！」從此，奧卡姆公開與羅馬教廷斷絕了關係，定居在慕尼克，展開了對教會和阿奎

納正統經院哲學的口誅筆伐。可是，20年後，路德維希皇帝去世了，奧卡姆再次遭到教廷傳訊。但是還來不及給奧卡姆定罪，一場黑死病在整個歐洲蔓延開了，奧卡姆也沒能倖免於難。奧卡姆是個唯名論者。他認為，只有個別事物是最終的存在，個別事物當中也沒有寄居或隱藏那種「隱蔽的質」。所以，人類的知識是從個別事物開始的，例如，人們多次看到馬，根據重複的相同感覺，人們的理性就產生了「馬」這個記號。一般不是思維的虛構或者幻想，而是起源於個別的感覺經驗，是象徵許多個別事物的相似性的記號。人類的認知是由感性直觀到理性認知的過程，開始是直覺的直觀知識，然後是抽象的普遍知識。

但是，湯瑪斯·阿奎納卻認為，存在於個別事物中的一般，是寄居在個別事物中的某種「特殊實體」。物體之間的不同特性，是由於這種「隱蔽的質」所決定的。銅之所以為銅，是因為它裡面潛藏著「銅」這種特殊實體。所以，有多少種物體的特性，就有多少種「隱秘的質」。奧卡姆認為，湯瑪斯·阿奎納的所謂隱蔽的質的學說，不但沒有把事物本身說清楚，反而增加了比原有事物多一倍的東西。比如，我們用感覺就能知道銅的延展性，然而「延展性」這種「隱蔽的質」，不但沒有把銅為什麼能延展說清楚，反而又增加了一項任務，那就是說明「延展性」到底是什麼東西。

針對湯瑪斯·阿奎納之流的繁瑣哲學，奧卡姆提出了一個「思維經濟原則」。即「切勿浪費較多的東西去做用較少的東西同樣可以做好的事情」，或者表述為「如無必要，切勿增加實體數目」。奧卡姆說，為了節省時間和精力，就應該把「隱蔽的質」這類累贅的東西，用「思維經濟原則」這把「剃刀」統統剃掉。這就是著名的「奧卡姆剃刀」。

分析：
對事物條分縷析地加以研究，以便獲得更深入的認識。與之相對的是綜合，即把事物視為一個總體來加以研究。

對傳統的英國批判者
——培根

培根是經驗主義心理學思想的鼻祖,是英國哲學家和科學家,被馬克思稱為「英國唯物主義和整個現代實驗科學的真正始祖」。是第一個提出「知識就是力量」的人。

西元1561年1月22日培根出生於倫敦一個官宦世家。父親尼古拉‧培根是伊莉莎白女王的掌璽大臣。母親安尼是一位頗有名氣的才女,是加爾文教派的信徒。良好的家庭教育使培根較早熟,各方面都表現出異乎尋常的才智。12歲時,培根被送入劍橋大學三一學院深造。在校求學期間,他對傳統的觀念和信仰產生了懷疑,開始獨自思考社會和人生的真諦。

17世紀的英國,培根醉心於權力,千方百計地往官位上爬。雖一度遭國王冷落,但他還是喜歡權力。

培根像

為了升官,培根把所著的書贈給當時的新國王詹姆斯六世。在書信和題詞中,他極盡對國王阿諛、奉承,甚至用上了諾言和諂媚,以求得一官半職。經過一番努力,他終於得到了英國檢察長這一顯赫的職位,幾年後他又升為英國大法官,並被授予爵位。 但很快,培根就成了國王和國會之間政治鬥爭的犧牲品,並永遠喪失了做官的資格。即使到了這種地步,他仍然無比深情地迷戀著官場,不惜四處奔走以求重新進入政壇,直到這一切努力都歸於失敗後,他才

深深懊悔，懊悔自己為權力浪費了那麼多大好的青春。痛定思痛，培根終於一心轉向原本就喜歡的哲學，真正開始了他一生中最有價值的生命歷程。

培根終於「醒」了，他為世人留下了至理名言：面對幸運所需要的美德是節制，面對厄運所需要的美德是堅韌，後者比前者更難能可貴。一個人的劣質往往是在人生最得意的時候暴露，一個人的美德也往往是在人生最困難的時候顯現。

培根的哲學思想與其社會思想是密不可分的。他是資產階級上升時期的代表，主張發展生產，渴望探索自然，要求發展科學。他認為是經院哲學阻礙了當代科學的發展。因此他極力批判經院哲學和神學權威。他還進一步揭露了人類認知產生謬誤的根源，提出了著名的「四假象說」。他說這是在人心普遍發生的一種病理狀態，而非在某情況下產生的迷惑與疑難。

培根像

第一種是「種族的假象」，這是由於人的天性而引起的認知錯誤。

第二種是「洞穴的假象」是個人由於性格、愛好、教育、環境而產生的認知中片面性的錯誤。

第三種是「市場的假象」，即由於人們交往時語言概念的不確定產生的思維混亂。

第四種是「劇場的假象」這是指由於盲目迷信權威和傳統而造成的錯誤認知。培根指出，經院哲學家就是利用四種假象來抹煞真理，製造謬誤，進而給予了經院哲學沉重的打擊。但是培根的「假象說」蘊藏了培根哲學的經驗主義傾向，未能對理智的本性與

唯心主義的虛妄加以嚴格區別。

　　培根認為當時的學術傳統是貧乏的，原因在於學術與經驗失去接觸。他主張科學理論與科學技術相輔相成。他主張打破「偶像」，剷除各種偏見和幻想，他提出「真理是時間的女兒而不是權威的女兒」，對經院哲學進行了有力的攻擊。

　　培根的科學方法觀以實驗定性和歸納為主。他繼承和發展了古代關於物質是萬物本源的思想，認為世界是由物質構成的，物質具有運動的特性，運動是物質的屬性。培根從唯物論立場出發，指出科學的任務在於認識自然界及其規律。但受時代的侷限，他的世界觀還具有樸素唯物論和形而上學的特點。

培根像

能動者：
指行動者，以區別於認知者；是做出決定、進行選擇或付諸行動的主體。

對傳統的德國批判者
——笛卡兒

笛卡兒正是以其理性思維、近距作用、數學演繹法、直觀模型、物質的連續性與無限可分性等鮮明的觀點和某些正誤兼備的物理成果起著特殊的歷史作用。他是繼伽利略與開普勒之後另一個新宇宙體系的探索者。

笛卡兒是著名的法國哲學家、數學家，解析幾何學奠基人之一。西元1596年3月31日出生於圖倫一個貴族家庭，西元1650年2月11日卒於斯德哥爾摩。他從小就表現出異於常人的天賦。他善於思考，對許多事物都喜歡追根究底，絕不盲目接受別人的觀點。口齒伶俐的保母經常被他問得張口結舌。上學時，他也常常提問許多老師都沒有想到過的問題。

笛卡兒像

8歲的時候被父親送入學校，由於笛卡兒體質較弱，校長特許他如果覺得身體不適，可以躺在房間裡休息而不必去教室上課，但是他對於這種特殊的禮遇，並沒偷懶睡覺，而是微閉雙眼，大腦卻不停地加快回憶老師教過的和自己讀過的一些知識，並且提出疑問，然後用自己所掌握的知識來解答。在他的枕邊總是堆放著一本本哲學、數學、天文學和歷史的書籍，在這樣早年的寂靜的冥思中孕育著笛卡兒的數學思想。

西元1616年，笛卡兒在波埃頓大學獲得法律博士學位，後來在荷蘭當了一名軍官。一天，當時頗有名望的貝克曼在城牆上貼了一道數學難題，懸賞徵求答案。結果，這道題目貼了將近兩個月，都沒有人能解答出來。

笛卡爾無意中聽人說起這件事情，於是，請人幫助把題目由荷蘭文翻譯成法文。當時貝克曼滿不在乎地瞧了一眼這位滿臉落腮鬍的青年軍官，他作夢也沒有想到，兩天之後笛卡兒交出了正確的答案，笛卡兒初露鋒芒，奇遇使這兩位數學天才成為非常親密的朋友，經常一起探討數學和科學問題。

笛卡兒

這次的成功使笛卡兒看到了自己的數學才能，更加激起了他的熱情。笛卡兒是怎樣產生座標幾何的思想的呢？

據說在西元1619年的夏天，笛卡兒因病住進了醫院，中午躺在病床上，苦苦思索著一個數學問題而不得其解，這時忽然發現天花板上有一隻蒼蠅從這個地方飛到另一個地方，當時天花板是用木條嵌成的正方形的圖形。笛卡兒發現，如果要說出這隻蒼蠅在天花板上的位置，只需說出蒼蠅所在正方形是在天花板上的第幾行和第幾列。當蒼蠅落在第四行第五列的那個正方形時，他可以用（4，5）來表示這個位置……因此他聯想到可用類似的辦法來描述一個點在平面上的位置。他高興地一邊跳下床一邊叫著：「我找到了，我找到了。」然而也不小心把桌子上的國際象棋撒落一地，當他目光落到棋盤上時，他又興奮地拍一下大腿：「對，對，就是這個圖。」

正是由於他鍥而不捨的毅力，勤思苦索的精神，獻身科學的決心，使他開創了數學的新紀元，改變了科學的歷程。可以這麼說，17世紀以後，數學之所以能突飛猛進的發展，在很大程度上要歸功於座標幾何學的創立。在哲學上，笛卡兒強調科學的目的在於造福人類，使人成為自然界的主人和統治者。

他反對經院哲學和神學，認為那是「虛偽的科學」，主張重審知識，提出了懷疑一切的系統懷疑方法。但他又提出了「我思故我在」這一哲學命題，他

說：對任何事物都可以懷疑，唯獨對「我在懷疑」不能懷疑，這說明有一個懷疑的我（即心靈）獨立存在。他更進一步指出了心靈與物質的相互差異：心靈能思維而不占空間；物質占空間而不能思維；二者互不決定，互不衍生。這就是笛卡兒二元論哲學的精髓。

他還企圖證明上帝的存在，他認為物質與心靈皆受上帝的支配，而上帝是盡善盡美的。他將物質與精神截然分開，將哲學劃分為「行而上學」與「物理學」兩部分。他不但承認物質世界的客觀存在，而且承認物質運動是絕對的觀點。他宣稱：「給我物質和運動，我將造出這個世界。」

笛卡兒是一位機械論者，他認為宇宙中無論天上還是地上，到處充滿著物質和運動，他將運動定義為位移運動（即力學運動）。他提出，運動守恆原理使宇宙處在永恆的力學運動之中。人造的機器與自然界中的物體沒有本質的差別，兩者所不同的是，人造機器的每一部分都是我們很明確地看到的。他相信，人體本質上是一部機器，他的機能均可以用力學加以解釋。笛卡兒的哲學思想對後來的哲學和科學的發展，產生了深遠的影響。

二元論：
主張世界有精神和物質兩個獨立本源的哲學學說。哲學史上典型的二元論者是17世紀法國哲學家R.笛卡爾。他認為，精神和物質是兩種絕對不同的實體，精神的本質在於思想，物質的本質在於廣袤；物質不能思想，精神沒有廣袤；二者彼此完全獨立，不能由一個決定或衍生另一個。二元論分割了物質和精神的關係，不能科學地解決世界的本質問題，也無法將物質和精神絕對獨立的原則貫徹到底，即使是笛卡爾，最終還是倒向唯心主義的一元論。

初定契約——
霍布斯・湯瑪斯

霍布斯・湯瑪斯是英國偉大的政治哲學家，機械唯物論者，亦是自由主義理論奠基人之一，功利學派的先驅。

霍布斯・湯瑪斯（西元1588年～西元1679年）英國哲學家。西元1588年4月5日出生於英國威爾特郡馬爾曼斯貝爾附近堆特堡一個牧師家庭。著有《利維坦》和《人性論》。

霍布斯於西元1588年4月5日出生於英國南部的維斯堡鎮。他的母親是一個普通自耕農家庭的女兒。父親是當地的鄉村牧師，性格暴躁而又愚蠢無知。霍布斯出生不久，他的父親便在一次和同事的爭鬥後棄家遠走了。

霍布斯15歲進入牛津大學攻讀古希臘羅馬哲學。畢業後，受聘於一個貴族家庭長期做家庭教師和旅行導師。先後

霍布斯・湯瑪斯

幾次出遊歐洲大陸，十分瞭解歐洲大陸上科學文化的新進展，有一天，霍布斯在偶然翻閱歐幾里得的《幾何原本》，看到畢達哥拉斯定理，感到十分驚訝，他說：「上帝啊！這是不可能的。」他由後向前仔細閱讀第一章的每個命題的證明，直到公理和公設，他終於完全信服了。最終，他成為幾何學方法的擁護者，而且還結識了伽利略、笛卡爾、伽桑狄等著名的科學家和哲學家，這對霍

布斯哲學思想的形成產生了巨大影響。伽利略的力學是霍布斯機械唯物主義世界觀形成的重要自然科學背景；他和笛卡爾的論戰，批駁了笛卡爾的天賦觀念論，進一步堅持了唯物主義經驗論的立場。

回國後，霍布斯成了自己學生的秘書。少年卡文迪什不久繼任為德芬郡伯爵。透過主人的關係，霍布斯結識了不少有名望的朋友，如著名的英國詩人和劇作家本‧瓊生。在霍布斯結交的好友中還有著名的英國大哲學家培根。培根晚年被貶後退隱鄉間，從事著述活動。大約西元1621年～西元1625年期間，霍布斯當過他的秘書。兩人經常在花園裡散步。霍布斯總是拿著紙和筆，隨時記錄下培根不時迸發出來的新的思想火花。培根常說，他特別喜歡霍布斯記錄他的思想，因為比起其他人，霍布斯更善於領會他的思想，他也能明白霍布斯所記錄的東西。霍布斯還幫助培根把他的某些作品翻譯成拉丁文。透過交流，霍布斯受到了培根哲學思想的薰陶。

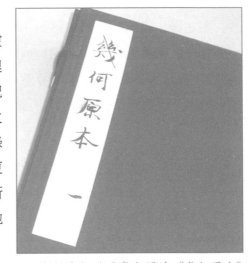

徐光啓和利瑪竇合譯的《幾何原本》

西元1631年，霍布斯又回到了卡文迪什家族，為繼任的第三德芬郡伯爵當家庭教師。大約在這一時期發生了一件對他的哲學覺醒很有影響的事情，從而決定了他的整個哲學思路。有一次，霍布斯和一些學者聚會，當有人提出「究竟什麼是感覺」這個問題時，霍布斯驚奇地發現，在座的大學者們沒有一個知道應該如何回答。

之後，霍布斯的頭腦裡總是縈繞著一個問題，感覺的原因和性質到底是什麼？他堅信，這個問題的解決，將會使他找到打開哲學大門的鑰匙。

已經四十歲的他提出了一個大膽的設想：假如物體總是處於靜止狀態或勻

速運動狀態的話，那麼任何事物也不會有差別了，我們對物體也就不可能產生任何感覺。因此，感覺的原因和本質必定是由物體的運動所決定的。

霍布斯得知伽利略最近出版了一本《關於運動的對話》的著作，極力想搜尋一本，但由於該書發行量太少而未能如願。

實際上，霍布斯當時的設想比伽利略還要深遠。在他看來，運動不僅在解釋自然界時是最基本的概念，而且也是解釋人和人類最基本的概念。抱著這一想法，霍布斯寫出了第一本哲學著作——《論第一原理》。

這本書的出現象徵著作者從此走上了哲學家的道路。霍布斯在這本小冊子裡，根據運動原理，概略地闡述了他對感覺所做的新解釋。他的論證方法完全是幾何學式的，但在解釋知覺和行為過程時，還帶有經院哲學的痕跡。

經驗論：

認為經驗或感性認知是人的一切知識或觀念的唯一來源，輕視，甚至否定理性認知的作用和確定性的認識論。經驗分為兩種，一種是外部經驗，即感覺，另一種是內部經驗，即內省。主張感覺論的哲學家否認內省經驗，只承認感覺經驗是認知的唯一來源。經驗論有唯物主義和唯心主義之分。唯物主義經驗論認為經驗來自於客觀實在，外物作用於人的感官才引起感覺經驗。唯心主義經驗論則否認經驗的客觀來源，認為經驗是主觀自生或上帝賦予的。經驗論與唯理論或先驗論相對立，並長期進行論爭。

猶太人的「知識就是美德」
——斯賓諾莎

斯賓諾莎哲學中含有較豐富的辨證法思想。他關於「實體即是自因」的基本原理，要求從自然界事物自身的相互作用去說明自然界，反對孤立地觀察事物，反對在自然界之外去尋求原因。

斯賓諾莎像

斯賓諾莎西元1632年11月24日出生在荷蘭的阿姆斯特丹一個猶太商人家庭，起名叫巴魯赫。斯賓諾莎的祖先本來生活在西班牙半島。斯賓諾莎西元1677年2月21日死於肺結核，享年只有45歲。

從斯賓諾莎學習語言的經歷看，他小時候肯定是一個很好的學生。當時的親朋好友都自豪地稱斯賓諾莎為「小先生」，毫不吝嗇地給他大把的零用錢，但斯賓諾莎把這些錢都投資在書籍上了。

西元1652年，二十歲的斯賓諾莎進入阿姆斯特丹的一所拉丁語學校求學。這是一位叫做恩德的醫生開辦的學校。正是恩德對斯賓諾莎最初的思想形成給與極大的影響。

而且在那裡他還遇到了恩德美貌的女兒——克萊拉·瑪麗，斯賓諾莎當時就借住在恩德家，很自然地和她產生了耳鬢廝磨的感情。據說克萊拉曾努力學習拉丁語，故意和斯賓諾莎在學習上競爭。

對於這段愛情的快樂感受，斯賓諾莎曾有這樣的描繪：「當一個人想像著

斯賓諾莎在海牙的墓地

他所愛的對象感到快樂或痛苦的時，他也將隨之感到快樂或痛苦；愛者所感受的快樂或痛苦之大小和被愛的對象所感到的快樂或痛苦的大小是一樣的。」

可是後來學校來了一個叫做狄克‧凡克林克的人，他年輕瀟灑，能言善道，按照現在應屬於小白臉的類型，一下子就把克萊拉的心給勾走了，斯賓諾莎當然是不算美男子，由於一心向學而略顯憔悴，根本就不是人家的對手。很快，小白臉就成功地娶到了克萊拉。

這次戀愛的失敗對斯賓諾莎造成了沉重的打擊，結果這成了他第一次也是最後一次的戀愛，對於戀愛的痛苦他寫到：「實際上當一個人想像著他所愛的女人失身於他人，他不僅會感覺煩惱，因為他的欲望是被阻礙著，而且他還要討厭她，因為他不能不將他所愛的對象的形象和另一個人的生殖器及排泄物的形象聯想在一起。」從這段話我們能感覺到他戀愛失敗帶來的那種忿忿不平。

斯賓諾莎後來得罪了教會，但是卻沒有缺少飛黃騰達的機會，許多崇拜者慕名去鄉間拜會他。在這些崇拜者中各色人等一應俱全。

有一次，一位自命不凡的高官登門造訪，斯賓諾莎像往常一樣穿著一件皺巴巴的睡袍起來見客。高官面露不悅之色，將斯賓諾莎數落了一番，並且許諾要送一件名貴的衣服給他。但斯賓諾莎不以為然，他說：

斯賓諾莎雕像

「一件好袍子並不能使一個人變得更有價值，給一文不值的東西加以昂貴的包裝是極不合理的。」

　　德國的海德堡大學向他發出了邀請，讓他出山去當哲學教授，這是一份非常體面並且能夠名利雙收的工作。但是斯賓諾莎拒絕了，理由很簡單：第一，如果出山，他將失去恬淡、寧靜的隱居生活；第二，接受這一官方的職位，意味著不能自由思考，要接受正統觀念的限制。在斯賓諾莎看來清苦，但是能夠有自由思考的打磨鏡片的生活，無疑比富裕但頭腦被別人掌握的生活要幸福的多。

Marginal Notes to Spinoza's *Tractatus Theologico-Politicus* (1670) in his own handwriting.

斯賓諾莎的《神學政治論》手跡

　　斯賓諾莎繼承和發揚了西方哲學從蘇格拉底開始提倡的關於「知識就是美德」的強調道德的理性本質的傳統，把人生幸福定位於精神幸福和透過對形而上學的對象的思辨而獲得的心靈的快樂。一方面是對道德理解得到昇華和更深刻的意義（因為他反對把幸福看作財富、榮譽和感官的快樂），另一方面也強化了哲學的實踐價值。因此他將他的一本主要哲學著作命名為《倫理學》。

人道主義：

一種哲學方法，即認定人類是最重要的存在，即使有超自然的世界存在，我們也無法加以認識。「只有人才能恰當地研究人類」（教皇語）就是對這一觀點所做的最著名的闡述。

科全書式的天才

萊布尼茲是17、18世紀之交德國最重要的數學家和哲學家，一個罕見的科學天才。他博覽群書、涉獵百科，對人類的科學知識寶庫做出了不可磨滅的貢獻。

　　萊布尼茲出生於來比錫，父親在當地是道德哲學教授。西元1667年他到邁因次大主教手下工作，這位大主教也像別的西德意志邦主，正為對路易十四的恐懼所苦。萊布尼茲得到了大主教的贊同，竭力去遊說這位法國國王進軍埃及，而不進攻德意志，但是碰上一句彬彬有禮的話提醒他：自從聖路易時代以來，對異教徒的聖戰已經過時。他的計畫公眾一直不知道，直到拿破崙親自遠征埃及失敗，四年後佔領漢諾威時，才發現了這個計畫。

　　西元1672年1月，萊布尼茲做出了一個木製的機器模型，向英國皇家學會會

員們做了演示。但這個模型只能說明原理，不能正常運行。此後，為了加快研製電腦的過程，萊布尼茲在巴黎定居4年。在巴黎，他與一位著名鐘錶匠奧利韋合作。他只需對奧利韋做一些簡單的說明，實際的製造工作就全部由這位鐘錶匠獨自去完成。西元1974年，最後定型的那台機器，就是由奧利韋一人裝配而成的。萊布尼茲的這台乘法機長約1公尺，寬30公分，高25公分。它由不動的計數器和可動的定位機構兩部分組成。整個機器由一套齒輪系統來傳動，它的重要組件是階梯形軸，便於實現簡單的乘除運算。

萊布尼茲像

　　這個樣機被他先後在巴黎、倫敦展出。由於他在計算設備上的出色成就，被選為英國皇家學會會員。西元1700年，他被選為巴黎科學院院士。

　　萊布尼茲也是第一個認知二進位記數法重要性的人，並系統地提出了二進位數字的運算法則。二進位對200多年後電腦的發展產生了深遠的影響。

　　萊布尼茲在法國定居時，和在華的傳教士白晉有密切聯繫。白晉曾為康熙皇帝講過數學課，他對中國的易經很感興趣，曾在西元1701年寄給萊布尼茲兩張易經圖，其中一張就是有名的「伏羲六十四卦方位圓圖」。

　　萊布尼茲驚奇地發現，這六十四卦正好與64個二進位數字相對應。萊布尼茲認為中國的八卦是世界上最早的二進位記數法。為此，他於西元1716年發表了《論中國的哲學》一文，專門討論八卦與二進位，指出二進位與八卦有共同之處。

　　萊布尼茲非常嚮往和崇尚中國的古代文明，他把自己研製的乘法機的複製品贈送給中國皇帝康熙，以表達他對中國的敬意。

　　在巴黎，他認識了馬勒伯朗士和冉森派教徒阿爾諾。對他的哲學最後的重大影響是斯賓諾莎；他在西元1676年拜訪過斯賓諾莎，和他相處了一個月，經常談論，並且獲得《倫理學》的一部分原稿。萊布尼茲晚年附和對斯賓諾莎的攻訐，還說跟他只見過一面，斯賓諾莎講了一些有趣的政治逸話，來盡量縮小與他的接觸。

　　他和漢諾威王室的關係是從西元1673年開始的，他畢生一直在這王室任職。自西元1680年以後，他還做過窩爾芬比特的王室圖書館長，又受正式起任編修布倫斯威克史。

　　截至他逝世的時候，已經寫到西元1009年；這部書到西元1843年才出版。他曾花費一些時間推行一項基督

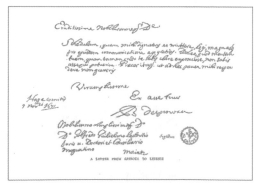

斯賓諾莎致萊布尼茨的信

教各宗派再統合的計畫，但是這計畫終歸流產。他為了得到布倫斯威克公族與埃思特家族有親緣的證據，出遊了義大利。

　　儘管他也有些功勞，在喬治一世當上英王的時候，他卻被留在漢諾威，其原因就是他與牛頓的爭執。儘管當時英王太子妃維護著他，但萊布尼茲還是在沒人理睬下死去。

　　萊布尼茲認為關於自由和必然的大問題，特別是關於惡的產生和起源的問題，是哲學的基本問題之一。他認為對這個問題的解決是不能造成對神的不利的情況的。相反，他應是神的正確性的解釋。

　　萊布尼茲認為必然與自由的關係首先是一種邏輯關係，即必然等於必然理由，自由等於充足理由。自然的「懲罰」不是對人類的有意傷害，它的存在的充足理由是事物之間互相補償的平衡。

宇宙論：
對整個宇宙的研究。宇宙論的問題可能是哲學問題，也可能是科學問題。

再訂社會契約──洛克

洛克繼承了霍布斯等人提出的思想，反對封建王權，主張自由和寬容，並提出了將國家權利分為立法、行政和聯盟權和思想，他擁護議會制，強調國家的主要任務是保護私有財產。

洛克是英國唯物主義哲學家，早年在牛津大學研究哲學和醫學，後進入英國政界參加政治運動。其主要著作有《政府論》等。西元1632年8月29日洛克出生在英國靈頓的一個清教徒家庭。洛克深受父母影響，性格溫和，意志堅強，善於吃苦，勇於主持正義，堅信人格獨立和政治自由，立志為民主平等而抗爭。這些都對他一生的成長產生了深刻的影響。

洛克像

西元1652年，洛克考入牛津大學的基督教教會學院，期間，洛克對開設的課程極為不滿，認為經院哲學迂腐無能、誇誇其談；而對當時湧入大學的各種新科學、新哲學書籍頗感興趣。這期間，他還拜塞登漢為師，學習醫學，而且還有所成就。只因他在哲學及教育學上的名氣太大，醫術之高明倒鮮為人知。

西元1666年的一天，艾希利勳爵舊病復發，危在旦夕。經友人介紹，勳爵家人請洛克出診。洛克立刻應允出診。見到病人之後，經過認真檢查，被他診斷為肝膿腫。正當別人束手無策的時候，洛克又隨即建議由自己來對病人施行外科手術，最後徵得他們的同意，順利進行了手術。由於他的及時診斷和對症下藥，終於使勳爵康復如初，獲得了第二次生命，真可謂妙手回春。勳爵感激不盡，並很器重洛克才華，二人建立了終生友誼。這次偶然的機會，使洛克的生活道路發生了歷史性的轉折。洛克跟隨艾希利走上了政治舞臺，使他實現自己的政治理想有了可能。洛克把艾希利看成自己政治理想的化身，稱讚他是英

國完美無缺的政治活動家。二人對思想自由的共同嚮往、政治見解的驚人一致，他們的友誼進一步加深。

洛克於西元1704年10月28日因病逝世，葬於奧提斯教堂。洛克墓前立有石碑，碑文出自洛克之手，是他生前用拉丁文早已寫好的。碑文寫道：「約翰·洛克長眠與此。如果有人問他是誰，回答是：他是一位滿足於小康命運的人；他是一位受過訓練、專心追求過真理的學者。對此，你們可以從著作得知。他的著作，比碑文上的令人生疑的頌揚之詞，將更為真實可信地告訴你們有關他的其他一切評說。他的德行，即使有一些，既不足以說明他的聲望，也不配作為你們的典範。讓他的罪惡隨他一起埋葬吧！德行的範例，福音書中已經有了；罪惡的範例，仍以沒有為好；必死的範例，所在皆是。他生於西元1632年8月29日，死於西元1704年10月28日。這塊即將蝕滅的石碑就是一個證明。」

洛克認為知識教育的目的不只在於傳授知識，更重要的是發展理解能力，特別是思維能力，為進一步學習打下基礎，從而有助於發展理性，增長才華，處理事務。他說：「教育的事務……並不是使年輕人在任何一門學科上達到完善的程度，而是開放和安置他們的心，使他們在需要專心於某種學科的時候，能夠很好地學習它。」因此，他特別強調，教師應該記住：「你的工作不是把世上可以知道的東西全都教給學生，而在使得學生愛好知識、尊重知識，在於使學生用正當的方法去求知、去改進自己。」可見，只有學生的智力發展了，就能使自己的聰明才智不斷得到發展和完善。

辨證法：
1、提問或論證的技巧。
2、黑格爾或馬克思的追隨者所使用的一個專業術語，意思是：無論就詞語而言還是就行為而言，任何論斷都會引起對立，對立雙方會融合在綜合判斷之中，這種中和判斷包容了對立雙方。

淘氣的貝克萊

貝克萊因為否定物質存在而在哲學上占重要地位。他主張物質、物件無非由於被感知才存在。

貝克萊（西元1685年～西元1753年）英國主觀唯心主義哲學家、基爾肯尼地區主教。西元1685年3月12日他出生於愛爾蘭基爾肯尼一個普通的農民家庭。

貝克萊像

西元1700年，貝克萊15歲時被都柏林的三一學院錄取，開始了為期四年的大學生涯。在這裡，他學習過拉丁文、邏輯、哲學和神學等課程。他對數學和哲學尤其感興趣，對當時牛頓的數學和物理學、洛克等人的哲學有了深入的理解。

課餘時間，他和同學們一起組織了哲學研究會，並擔任該會的秘書。研究會介紹哲學和科學領域中的新成果，大學對自己感興趣的問題各抒己見。當時流行的洛克哲學和牛頓數學和力學，是他們討論的主要話題。

貝克萊天性好奇，因此，非常淘氣，這方面的軼聞趣事也很多。

據說，有一回他和同伴一起去刑場觀看犯人是如何被處死的，回校會便對死難者的感受萌發了不可遏止的好奇心。於是，貝克萊就跟同伴合作做上絞架的實驗，以求得真切的感受，又不至於真的送命。一個同學把他用繩子吊上樑頭，踢翻他腳下的椅子以後，有意讓他多吊一會兒。當他被放下來時，已經不省人事。

　　過了好一會兒，他才醒過來。他看了看上吊用的繩子，接著對同學說，哎呀，你把我的繩子弄皺了。

　　由於他好奇心重，平常行為難免有點古怪和脫俗。因此，貝克萊在剛上大學不久就引起了人們的廣泛注意。同學們曾議論說：此人若不是一個偉大的天才，就是天字第一號的笨蛋。

　　貝克萊很重要的一個哲學觀點是「存在即被感知」。對於這位大哲學家，可以用這一個故事說明他的一些哲學觀點：

　　有一次，哲學家貝克萊與一位朋友在花園裡散步，這位朋友不小心踢到一塊石頭。朋友馬上對貝克萊的「存在就是被感知」的觀點提出了疑問：「我剛才沒有注意到這塊石頭，那麼這塊被我踢了一腳的石頭是否存在呢？」貝克萊略加思索後說道：「當你的腳感覺到疼痛，石頭就是存在的；而如果你的腳沒有感覺到疼痛，石頭當然就不存在。」

　　他對自己的學問也很有信心，有這麼一個趣聞。

　　有一天，有位學生在課堂上問貝克萊：「老師，您認為誰是當代最傑出的哲學家？」貝克萊遲疑片刻，面帶難色地回答道：「我是一位很謙虛的人，所以我很難說出這位哲學家的名字，但身為真理的追求者，我又不能不說真話。現在你應當知道他是誰了吧！」

　　貝克萊的哲學是從洛克的經驗論出發的，也就是說洛克的經驗論是貝克萊哲學的邏輯起點，但他的理論歸宿卻是不同於洛克的。他抽調了洛克哲學中作為經驗的依託和來源的客觀存在的物的成分，變經驗論為完全主觀唯心主義的經驗論。這集中體現在他提出的「存在就是被感知」的哲學命題上。

　　他認為從洛克主張的人類的知識物件是觀念的觀點出發，必然得到的結論只能是：我們所知道的只是觀念，而不是觀念之外的事物。如果說可感事物可

以在不被感知的情況下存在，那是不合邏輯的。既然一個可感事物只能存在於觀念之中，那麼它的存在是因為我們感知了它。也就是說，在他看來，存在的意義限定於認識物件，然後用「被感知」來解釋認識物件。即「存在就是被感知。」

貝克萊為了服從他的「存在就是被感知」的基本觀點，必然要否定物質實體的存在，即否定客觀存在的物質。另外，他對物質實體進行批判，也是為了反對無神論，為宗教信仰辯護。他認為承認物質存在的唯物主義是無神論的基礎，要排除無神論，首先得否定唯物主義，否定作為唯物主義的基礎的物質概念。

倫理學：
關於我們應當怎樣生活的哲學思考，因此涉及對與錯、善與惡、應該與不應該、責任等概念問題。

走向不可知論的休謨

休謨與約翰‧洛克及喬治‧貝克萊並稱三大英國經驗主義者。其特點在於重視從「生活經驗」中提煉出哲學觀點，如「知識來自於印象而非理性」，認為沒有事實可由先驗方法被證明。

大衛‧休謨是蘇格蘭哲學家，出生於愛丁堡，也是一位經濟學家、歷史學家。他晚年退休後，每年還能拿到1000英鎊的退休金和書稿費。他在愛丁堡圖書館做管理員時寫的《大不顛史》是一本重印多次的暢銷書。當周圍的人勸他再寫續集，一直寫到當代。哲學家攤開兩手說：「你們已經給了我太多的榮譽，先生們，但我不想再寫了，理由有四點：我太老了，太胖了，太懶了，太富了。」

關於他還有這麼一個故事：休謨去世前不久還出席過一次晚宴。宴會上一個客人抱怨世界充滿了敵意，人跟人之間的對立太深了。老哲學家頗不以為然。「不，並非如你所說。」他語重心長地說，「你看，我以前寫過能引起敵意的各種題目。道德的、政治的、經濟的，還有宗教的，可是除了輝格黨人、托利黨人，以及基督教徒之外，我卻沒有任何敵人。」

大衛‧休謨像

休謨的哲學與貝克萊的哲學一樣，也是以洛克哲學為邏輯起點的，但他的理論歸宿與貝克萊不同，他從經驗出發，始終貫穿經驗論原則，走向了懷疑論和不可知論。休謨把洛克的經驗物件觀念改稱為知覺，透過對知覺的分析論述了經驗論的原則。認為根據知覺呈現出的性質不同，被知覺的物件可分為兩類：印象和觀念。印象又分兩種，感覺印象和反省印象，其中感覺印象是原始的，來自不可知的原因。反省印象是直接從感覺印象得來的，或透過插入的觀

念，間接從感覺中得來的。觀念則是對印象的忠實摹寫，是「我們的感覺、情感和情緒在思維的推理中的微弱的影像」。他認為印象和觀念的區別是當下知覺和思維（包括想像、回憶）的差別，心靈對它們的知覺的強烈程度是不相同的。一切認知追根究底都來源自於感覺印象，但感覺的來源是不能認知的。因此知識是被限制的。

休謨的經驗主義和不可知論在他對因果關係的研究上得到最全面的體現，對因果關係的重視，與他認為「一切關於事實的推理，似乎都建立在因果關係上面」的認知有關。認為因果觀念是這樣建立的：我們知覺兩個觀念在空間相繼出現，如果這兩個觀念重複出現，那麼我們就會把先發生的觀念稱為原因，把後出現的稱為結果。

認為因果關係是這樣形成的：因果觀念久而久之會使我們形成這樣的習慣：每當看到一個觀念時便聯想到另一個。這種在經驗的基礎上，經過聯想而形成的箱常的聯貫關係，就是我們通常所稱的因果關係。認為因果關係的基礎無論在證明知識的範圍內，還是在經驗知識的範圍內，都不能得到解釋，即是不可知的。

懷疑論：
對客觀世界和客觀真理是否存在、能否認知表示懷疑的學說。隨歷史條件的變化，所懷疑的具體物件各有不同。古希臘懷疑論的創立者皮浪認為，事物是不可認知的，因為每一事物都有兩種相互排斥的意見，不能確定。歐洲文藝復興時期的懷疑論者則對各種宗教教條表示懷疑。18世紀英國哲學家D.休謨懷疑知覺是由外物引起的。德國哲學家I.康得懷疑人能夠認知物自體。現代西方的懷疑論者承襲休謨和康得的思想，拒絕研究感覺之外的實在。

上帝猶如一位建築師

在哲學上，伏爾泰承認物質世界的客觀存在，肯定認知源自於感覺經驗，但他又認為神是宇宙的「第一推動者」，祂對勞動人民是十分鄙視的，認為他們只能幹粗活，不能思考，說「當庶民都思考時，那一切都完了」。

伏爾泰像

伏爾泰本名叫弗盧梭瓦─瑪利·阿錢埃，西元1694年出生於巴黎一個富有的公證人家庭。少年時期，他在耶穌會主辦的貴族學校讀書。中學畢業之後，父親一心想讓他學法律，將來當法官或律師，但伏爾泰卻立志成為詩人。

他的確有詩人的天賦，他經常出口成章，即興寫詩。由於他寫了一首嘲笑貴族的諷刺詩，結果被關進巴士底獄。在獄中，他仍然堅持創作，完成了他的第一部悲劇《俄狄浦斯》。西元1718年，《俄狄浦斯》在巴黎上演，獲得成功，他一舉成名。

西元1725年末的一天，春風得意、終日沉湎於巴黎上流社會的伏爾泰，在劇場以傲慢的口吻回答了門第顯赫的貴族德·羅昂騎士的侮辱與挑戰。伏爾泰天真地以為，僅憑口舌讓對方瞠目結舌就維護了自己的尊嚴。但幾天後，他卻被羅昂的僕人當街杖責，而羅昂坐在馬車上哈哈大笑，這使得伏爾泰感到蒙受奇恥。不甘心就此受辱的伏爾泰報告員警總監和上訴法庭來伸張正義，卻遭到拒絕。於是他刻苦習劍，本以為可以公平對決雪恥。不料羅昂卻惡人先告狀。結果伏爾泰反而於西元1726年3月末被當局以「暴烈行為威脅國家安全罪」關入巴士底獄。雖然之前他也曾有過寫諷刺詩被流放和關入巴士底獄的經歷，但這

次的「二進宮」，讓出獄後的伏爾泰從此開始了長達幾十年的流亡生活。

伏爾泰非凡的才智、銳利的思想，以及他對黑暗的封建專制主義所做的揭露，使他在民間享有崇高的聲望。統治者也想利用他，路易十五請他當過宮廷史官，普魯士國王腓特烈二世把他待為上賓，俄國女皇葉卡特琳娜二世曾接見過也，但最終都因他的叛逆的思想而不歡而散。痛苦的經歷使他決心不再與任何君王往來。

伏爾泰尖刻地抨擊天主教會的黑暗統治。他把教皇比作「兩足禽獸」，把教士稱作「文明惡棍」，說天主教是「一些狡猾的人佈置的一個最可恥的騙人羅網」。他號召「每個人都按照自己的方式和駭人聽聞的宗教狂熱做抗爭，一些人咬住他的耳朵；另一些人踩住他的肚子，還有一些人從遠處痛罵他。」不過伏爾泰並不是一個無神論者，而是一個自然神論者。他認為要統治人民，宗教是不可或缺的。

他覺得，信仰上帝若不是伴隨這對永生和懲罰的信仰，就沒有多少道德價值。也許，「對於一般人來說，一個賞罰分明的上帝是必須的」。

伏爾泰

培爾曾問道：「一個無神論者的社會能夠生存下去嗎？」伏爾泰回答說：「能夠生存，只是他們必須是哲學家。」但是，有哲學頭腦的人是很少的。「即使是一個小村莊，要想讓它太平無事，也必須有一種宗教。」在「A、B、C」一文中，A說：「我要讓我的律師、裁縫師和妻子都信仰上帝，這樣我就會少受些欺騙，少被偷竊。」

在他的無神論朋友們面前，他平心靜氣地為自己進行了辯解。在《哲學辭典》中，「上帝」條目下，他向霍爾巴赫說：你親口說，對上帝的信仰使一些人避免了犯罪。對我來說，僅僅這一點就滿意了。

要是這種信仰哪怕只能防止十起謀殺或十次誹謗，我認為整個世界都應當接受它。你說，宗教也帶來了難以計數的苦難，我卻認為這是統治我們這顆不幸星球的迷信引起的。迷信是對上帝真誠崇拜的最兇惡的敵人。我們英國對這個撕裂母親胸膛的怪物深惡痛絕；和迷信進行抗爭的人是人類的恩人。迷信是一條將宗教死死纏住的毒蛇，我們必須砸碎它的腦殼，但又不能傷害被它纏住的母親。

將迷信和宗教區分開來，這對他而言是帶有根本性質的。他很樂意接受登山訓眾這樣的神學，他對耶穌的讚頌連教徒們長篇大論的熱情稱頌也難以與之相比。他把基督描繪成一個聖賢，對那些以他的名義犯下的罪惡感到痛心。後來，他建造了自己的教堂，上面題刻著「伏爾泰的上帝」。他說，這是全歐洲僅有的一座為上帝建造的教堂。

另外，他認為宇宙需要一個最初的推動者、有限的物質的運動和引力需要上帝給予、思維需要上帝置入到物質中。上帝僅僅是作為宇宙的第一推動者和自然規律的制定者而存在，他在創世後便不再干預宇宙了。 上帝猶如一位建築師。認為上帝的存在對道德世界也是必要的。因此，他說：「即便上帝不存在，也要創造一個。」

語言哲學：
也稱為語言分析。認為哲學問題源自於對語言的誤用，只有對所使用的語言加以細膩分析，才能夠解決或消除這些問題。

自然神論者孟德斯鳩

孟德斯鳩是十八世紀法國啓蒙運動中的卓越代表、有開拓性的法學家、有創造性的社會學家和傳播了唯物主義的思想家。

西元1689年1月18日，出生於法國波爾多市附近的拉勃烈德城堡一個達官顯貴之家。

孟德斯鳩像

按照當時貴族習慣，要由一位鄉間婦女哺育，因此造成了他一生都帶著地方口音。他出生受洗時，一個乞丐正好上門，家中即以其為他的教父，來表示人無論貧富皆為上帝子民之意。

孟德斯鳩七歲喪母，西元1700年開始就讀於茹伊里學校，在那裡一直堅持求學到西元1705年。這裡的老師非常嚴肅、認真，但思想也比較開明；課程內容林林總總。總之，這是當時法國所能提供的最大限度的自由教育。中學畢業後，他到波爾多大學主修法律，西元1708年獲得學士學位。

他天生愛讀書，父親希望他走上官員生涯，更鼓勵他這個愛好。他一輩子真正高興的事情就是讀書，尤其好讀經典著作。他在筆記本裡寫給自己一句話：「多讀少記。」

西元1714年，孟德斯鳩進入著名的波爾多法院，兩年後成為院長。西元1714年，他被任命為波爾多議會議員。西元1715後，他結了婚。新娘給丈夫帶

來十萬法郎的嫁妝。孟德斯鳩還成為成立不久的波爾多學院的院士，有志將之變成一個真正的科學學會。

孟德斯鳩對他貴族特權或所擔任的司法職位（波爾多高等法院院長）無動於衷，他為人毫不傲慢，而且有地位高則責任重的「貴族義務」意識。為貴族辯護的人喜歡說貴族都有這股意識，其實不然。孟德斯鳩去職以後很久，聽人叫他一聲「院長」，還是喜歡。他繼承了伯父的男爵爵位，同時擔任波爾多法院院長之職，長達10年。

西元1726年，孟德斯鳩賣掉院長一職，獲得巨額資金，移往巴黎。他是巴黎風雅人士沙龍中的常客，能言善道，頗具才華，深受文人學者的仰慕，他是霍爾巴赫集團中的成員，愛爾維修和達朗貝倍加愛戴。

錢幣上的孟德斯鳩

在哲學上，孟德斯鳩是一位自然神論者。他的特點在於把「法」當作他的哲學思想的中心範疇。

首先：孟德斯鳩肯定物質世界及其運動規律的客觀性，認為自然界是運動著的物質，是受自然界固有的規律支配的。在他看來，世界就是物質按照自身的規律運動的過程。天體、地球、海洋和大陸等都處於不斷的生滅變化中，沒有永恆不變、萬古長存的事物。地球不過是浩瀚無垠的宇宙中的「一粒原子」，人作為一個物理的存在物，和一切物體一樣，也是自然界的組成部分。

其次：他在肯定物質世界及其運動規律的客觀性的同時，也肯定一個宇宙創造者即上帝的存在。不過，他的上帝和天主教的上帝是不同的。

1、他否定天主教的人格化的上帝，反對偶像崇拜。對於《聖經》的「創世紀」中所說的也持批判態度。至於上帝是一個什麼樣的東西？它是怎樣

創造世界的？對此他始終沉默。

2、更為重要的是，他否定上帝的萬能，認為上帝也為「法」所制約。他所
說的「法」，是泛指事物的固有法則、規律，有時也指人們制定的法
律。在他看來，一切存在物都有它們的法。上帝有祂們的法，物質世界
有它們的法；高於人類的「智靈們」有他們的法；獸類有牠們的法；人
類有他們的法。」

3、上帝在創造萬物之後便「放棄了他支配造物，決定造物的權利」，讓萬
物遵照自己的「法」行事。可以看出，孟氏的上帝儼然是一位立憲君
主，一位高高在上，但沒有任何實際權力的「虛君」。從這種自然神論
的觀點出發，他始終強調自然界和人類生活對上帝的獨立性。當孟氏探
討法律的發展的時候，他就只談政體、風俗習慣，以及地理環境等等和
法律的關係，而根本不談上帝。

自然神論：

一種推崇理性原則，把上帝解釋為非人格的始因的宗教哲學理論。又稱理
神論。由17世紀英國思想家L.赫爾伯特始創，著名代表有J.托蘭德、D.哈
特利、J.普里斯特利等人，18世紀法國啟蒙思想家伏爾泰、孟德斯鳩、盧
梭等人也都是具有一定唯物主義傾向的自然神論者。

三訂社會契約——盧梭

盧梭認為，只有這樣，人們才能心胸開闊，精神爽朗，忘卻世俗的紛擾，這就是他的「返回自然」的口號。

　　讓‧雅克‧盧梭是法國著名的哲學家，西元1712年出生於瑞士日內瓦的一個鐘錶匠家庭。母親因生他難產而去世。盧梭十歲時，父親被放逐，離開日內瓦，留下了孤苦伶仃的兒子。西元1728年盧梭十六歲時，隻身離開日內瓦。盧梭長年做臨時工，他默默無聞，到處謀生，漂泊四方。

盧梭像

　　他的父親嗜好讀書，這種嗜好無疑也遺傳給了他。盧梭的母親遺留下不少小說，父親常常和他在晚飯後，互相閱讀。每讀到一卷，不一口氣讀完是不肯罷休的，有時竟通宵達旦地讀，直到父親聽到早晨的燕雀叫了，才很難為情地說：「我們去睡吧！我簡直比你還孩子氣呢！」在這種情況下，盧梭日復一日地讀書，無形之中養成了讀書的習慣，漸漸充實並滋養了他年幼的心靈。7歲的盧梭就將家裡的書籍遍覽無餘。這讓盧梭深深體會了自由思想和民主精神的可貴。他既有父親的愛國血統，又以這些偉人為自己的榜樣，甚至在言行之間常把自己比作那些歷史人物。

　　有一天，他在桌旁闡述斯契瓦拉的事蹟，在座的人全都很驚訝地看到盧梭走上前去，把手放在熊熊燃燒的爐火之上，表演斯契瓦拉的英雄壯舉。這種早熟、早慧的表現，正是盧梭特有天資的最初顯露。

西元1749年夏天，天氣非常炎熱。從巴黎到監獄之間有較長的路程，盧梭步行去看朋友狄德羅，他常常帶著一本書，走累了休息時可以看看書。

有一天，他帶了一本《法蘭西信使》雜誌，忽然看到第戎科學院的徵文啟示：「科學和藝術的進步對改良風尚是否有益」。

盧梭看到了這個題目時，就好像被千道光芒刺射一樣，許多富有生氣的思想不知不覺地從他心中湧現出來。他頓時感到了一陣窒息，

盧梭紀念館

彷彿看到了另一個宇宙，自己變成了另一個人，腦子裡不僅湧現出與第戎科學院的論文有關的思想，而且一連串的想法相繼而起，就像大浪一樣衝擊著他。這次心靈的震盪，顯示了他思想上真知灼見的潛力。

盧梭把這件事告訴了狄德羅。狄德羅鼓勵盧梭繼續發揮自己思維，寫出文章去應徵。盧梭積極撰寫了一篇論文，寫成後送給狄德羅審閱，自己又反覆修改了多次，以《論藝術和科學》為題寄出應徵。西元1750年，他這篇論文獲得了頭等獎。他在這篇文章中否定藝術和科學的價值，從反面進行了論證，表露了他對巴黎社會的不信任和憎惡，並反對這種社會中所隱藏著的欺詐。他斥責科學、文學和藝術，認為這些東西被權力所主宰了。西元1756年，44歲的盧梭接受朋友的餽贈──一座環境優美的鄉村小房子，開始了他的隱居生活。盧梭隱居6年之中，寫了許多著名的著作，被翻譯成多種語言，風靡全歐。

盧梭認為人類新的發展階段是從社會不平等向社會平等的過渡。關於這第二個過渡，他認為是透過社會契約建立起來的重新使人獲得自由和平等的社會。在這裡盧梭形成了自己的新的社會契約論，他的主要觀點有：第二次社會契約與第一次社會契約不同。

　　它是在平等的條件下制定的，是真正意義上的社會契約。這次的社會契約進行的權利轉讓是所有人把所有權利轉讓給所有人，這種轉讓對所有人都是平等的，每個人的自由權不會因轉讓而被剝奪。

　　社會契約所產生的結果既不是霍布斯所說的有絕對權力的「利維坦」，也不是洛克所說的只有有限權力的政府，而是集強制的權力和自由的權力於一身的「公意」。

盧梭雕像

一個最規則的動詞

康得是盧梭的崇拜者，他曾說：「我是個探求者，渴望知識，急切地要知道更多的東西，有所發明才覺得快樂。我曾經相信這才能給予人的生活尊嚴，並蔑視無知的普通民眾。盧梭糾正了我，我想像中的優越感消失了，我學會了尊重人，除非我的哲學恢復一切人的公共權利，我並不認為自己比普通勞動者更有用。」

伊曼努爾・康得，西元1724年4月22日出生於東普魯士的首府哥尼斯堡（今天的俄羅斯加里寧格勒）。康得出身於一個家境貧寒、子女眾多的馬鞍匠家庭。

康得像

他的祖輩是十七世紀從蘇格蘭遷來歐洲大陸生活的。西元1740年康得進入哥尼斯堡大學求學，西元1745年畢業。離開大學後康得去鄉下一個貴族家庭任職家庭教師。西元1755年康得重返哥尼斯堡大學，任講師。西元1770年康得被評為教授，西元1786年升任校長。在校期間他先後當選為柏林科學院、彼得堡科學院和科恩科學院的院士。西元1797年康得辭去大學的教學工作。西元1804年2月12日康得逝世。

康得是一位偉大的思想深邃的哲學家，但他的生活極為有規律和單調。

十八世紀的哥尼斯堡，在一座庭院外的林陰道上，每天午後三點半，總會悠然走來一個身高不足五英尺，凹胸凸肚，右肩內曲，左肩下斜，歪搭著頭的小矮子。他身上永遠穿著一身灰色的裝束，手裡永遠提著一支灰色的手杖，後

面永遠跟著一位忠誠的老僕人，永遠為他準備著一把雨傘。這一主一僕是如此的守時，以致市民們在與他們親切地打招呼的同時，總忘不了乘機校正自己的手錶。這就是哲學家康得和他的僕人蘭姆。

兩個人三十年如一日保持著這個生活規律，無論颱風還是下雨，他都堅持不懈。

一位傳記家讚歎道：「康得的一生就像是一個最規則的動詞。」

的確，而且這還是一個從不與其他詞搭配的動詞。康得畢生既沒有過遠離故土的經歷，也沒有過結婚、生子的願望。他只知道日復一日地沿襲著自己的時間表，簡直像一部最精確可靠的機器。

在哥尼斯堡大學任教的康得的一天是這樣進行的：五時康得起床，穿著睡衣去書房，先喝兩杯淡茶，再吸一斗香煙。七時康得去教室上課。課後他又換上睡衣回到書房看書。十三時康得再次更衣，與朋友共進午餐。飯後十三時三十分，康得便踏上那條被後人稱為「哲學家之路」的小道，哲學家開始散步了……康得的私宅是在校任教後不久才買下的，共兩層。書房裡擺著兩張普通的書桌，牆上掛著一幅盧梭的畫像。康得的私人書籍並不多，各種書加起來也不過五百本。正是在這種樸素、單調的環境下，康得度過了他平凡、刻板的一生。名譽、權力、利益、愛情……世人渴求的一切都與他終身無緣。

海涅甚至下結論說：康得沒有什麼生平可言。康得直到八十歲時才告別人世，在當時的確是罕見的高齡了。不知道這是否該歸功於他那整齊劃一、保守而有節制的生活。 然而有一次，康得讀到盧梭的《愛彌爾》，簡直是如獲至寶，不忍釋卷，一連幾天足不出戶，把自己的作息安排表，忘得一乾二淨。這是一次例外，而且是廣為人知的康得的僅有的一次例外。

康得哲學一方面宣揚主體性，使主體成了其物件世界的構造者，另一方面又以自在之物限定了主體，因為作為現象的基礎，自在之物是永遠不可顯現、

不可知的，因而也就成了認識主體的界限。

對認識主體的限制雖然突顯了人的有限性，留下了自在之物恰恰給人留下了希望。因為自在物作為完整性和統一性的存在。

它在任何時候都在提示我們：我們生活於其中的世界並不僅僅是我們所認知的那樣，我們生活的世界還有其他可能性。對自在之物的覺悟、思想會使我們具有能從眼前生活與眼前世界擺脫出來的超越性眼光，從而展開新的希望。

本體：
在人類意識的背後所無法認識的實在。而人類能意識的實在則被稱作現象。本體是自在的存在，與經驗無關。

以幸福為尺規的邊沁

邊沁在知識論上是個典型的經驗主義者，他不願用嚴格的論辯來為自己的基本原則——功利原則提供證明，他不願陷入永無終點的證據之鏈而妨礙其理論的建設過程。

傑瑞米·邊沁於西元1748年2月15日出生在倫敦亨茲迪奇區紅獅街。據說他生在一個道地的托利黨家庭，他的父親和祖父都是律師。他母親是安多弗地方一個商人的女兒，結婚前的名字叫艾麗西亞·格羅夫。

傑瑞米·邊沁幼年時身體矮小、羸弱，秉性沉靜、勤勉。他3歲多的時候就開始學拉丁文，只要能到手的書就貪婪地閱讀。他缺乏強壯的體魄與充沛的精力，缺乏這些使一個人童年快樂的東西。他曾不斷為一些小病和精神過敏所折磨，但卻並非不幸福，因為他的雙親始終都對他慈祥而鍾愛。

邊沁像

邊沁12歲時就被認為可以進入大學。西元1760年6月28日，他在牛津女王學院正式入學。入學的煩惱原是可以應付得過去的，但邊沁所得到的生活費用很有限，不得不借債度日。更糟糕的是，他的個子仍然很小，穿著大人的短褲和鑲邊的衣服時，樣子很古怪。在大學裡的前輩與晚輩中也沒有多少他喜歡或尊敬的人。他恨他的導師。這個人姓傑弗遜。「他唯一關心這個學生的事情就是不讓他有任何娛樂。」傑弗遜從不用心去理解學生知道什麼，或者有多少進步。邊沁沒有經過他的批准，甚至根本沒有通知他，就學了數學。傑弗遜的壞脾氣是他自己的特性；他的漠不關心卻是導師們的共通性。他們大半是「上午做一些無聊的日常事務，到晚上就打牌」。

邊沁

邊沁對大學裡的前輩普遍下了一個結論：有些人放蕩奢靡，有些人抑鬱乖僻，大多數人則是毫無生氣的。在和大學生的交往中，邊沁也並不幸運。許多人都是放蕩而貪杯。

有一回一個牛津大學的自費生請邊沁吃晚飯。吃完一頓豐盛的晚餐之後，那位同學卻在歸途上攔住他，揍了他一頓，使他的眼睛上面裂了一大傷口。另外有一個同學常常抓住邊沁的腳，把他提起來，讓他的腦袋朝下。還有一個秉性溫和的同學堅持每天早晨要替他梳頭。日後他回憶這一段生活時，不像吉本那樣輕鬆並有禮貌地抱怨，而是痛心疾首地表示憤慨。「我認為謊言和虛偽是英國大學教育的必然結果，而且也是唯一的必然結果。」牛津大學培養出來的名人恐怕沒有誰比他更不喜歡牛津了。

邊沁這一個時期的生活使他性格中的怪僻難以改變，同時使他從學校中所得到的教訓也更為牢固，那就是對舊制度的漠視或鄙視，對可能的改革的充滿自信的希望。邊沁生來就有的這些感情，在教育中得到了強化，並給邊沁的全部思想與著作烙上了特殊的印記。邊沁的哲學以兩個思想為基礎，即聯想原理和功利主義的最大幸福原理。根據功利主義倫理學，可以得出兩個重要結論：第一，在某些方面，所有人都具有同樣強烈的幸福欲望；第二，最大幸福只能在形勢保持穩定的條件下才能實現。

本體論：
哲學的一個分支，研究實際存在的事物，而不是研究認識的本質。後者則是認識論。本體論和認識論構成哲學的主流傳統及其歷史。

以「自我」為起點

費希特既是德國古典哲學的重要代表，也是近代宣傳道德宗教的主要代表人物之一。他發表的第一部論著，並且因此而蜚聲學術界的，就是用先驗哲學的立場來闡述理性主義宗教觀的《試評一切天啓》。

費希特（西元1762年～西元1814年）德國哲學家。著有《全部知識學基礎》、《論學者的使命》等。西元1762年，費希特出生在奧勃勞濟慈的一個貧寒的農家。

小時候做牧鵝童時，他就表現出非凡的聰慧。據說，一個星期天的中午，有個地主來到村裡，為自己錯過了佈道的時間而生氣。這時人們安慰他說，有個叫費希特的牧鵝童能夠一字不差地重複佈道的內容。果然小費希特完全模仿牧師的語氣、姿勢，一字不漏地將佈道的內容重複了一遍。地主非常高興，決定出錢培養他。

費希特中學畢業以後進入耶拿大學，但是這時他的資助人去世了。費希特生活陷入困境，只好靠做家教度日。無論是在蘇黎世、萊比錫，還是在華沙，由於他熱情、叛逆的性格，費希特做家教的時間都不長。但是他在給學生做家教的過程中，接觸了康得哲學，並且為之折服。他說：「我因懊惱而將自己投入到康得的哲學中……他既使人振奮又傷腦筋。我在這裡找到了一件能充溢心靈和頭腦的工作，我強烈的傳播欲沉默了。那是我經歷過的最美好的時光。雖然時常有缺乏麵包的尷尬，但我那時卻感覺自己是這個星球上最幸福的人。」

西元1791年的夏天，費希特前往哥尼斯堡拜訪康得。那時，費希特認為自己已經徹底掌握了康得思想，並且有能力獨立地在這個領域中向前推進。於是他用僅有的一點餘錢，留駐在哥尼斯堡，花了4個禮拜寫成《對一切啟示的批判》，呈現給康得。康得一看，發現文章表述的正是自己的看法，而且文筆流暢也正是他所缺少的。所以康得很高興地把這篇文章推薦給出版社。

　　哪知道，出版社出於商業考量，故意隱瞞了費希特的名字，而說這本書是康得先生的新作品。因為當時，有很多人正期待著康得能對宗教的「啟示」問題發表新看法。如此一來，這本書當然就很暢銷了。但是對於康得來說，出了這種事，感覺是很不好的。於是他趕緊發表聲明，說這本書不是我寫的，而是一個叫費希特的人寫的。就這樣，費希特在哲學界奠定了自己的聲望。

　　但是費希特很快就發現，康得哲學中有他無法理解的地方。比如說關於「物自體」，康得認為它一定存在，但我們無法認知；而費希特卻說我們既然不能認知，那怎麼敢斷定它一定存在呢？費希特進一步發揮說，世界上根本沒有外在於「自我」的那些「物自體」，所有的東西都是我們的「自我」設定出來的。只有自我才是實存的，才是完全自由的。在思想中，高傲的費希特先生依然燃燒著他的熱情。

　　但是，康得對這種說法十分反感，於西元1799年發表聲明，說自己無法接受費希特狂妄的「自我」。於是兩人從此分道揚鑣。在哲學上，他受康得批判哲學影響，主張哲學應闡明科學知識發生、發展的原則和方法。

　　他提出「自我」作為他的哲學的起點，取消康得的「物自體」。認為自我作為純精神性活動，首先是使自己具有實在性，即「自我設定自我本身」；然後「自我設定非我」，給自我創造一個對立面。自我是絕對的、能動的，在克服了非我，並形成對自我本身和外在的非我的認知後，達到自我與非我的統一，即絕對自我。這種主客體雙方的矛盾構成了經濟世界的全部內容。

現象：
直接呈現的經驗。如觀察一個物件，人所經驗的這個物件就是一種現象。康得把現象與自在存在的物件、不依賴於經驗的物件（他稱之為「本體」）加以區分。

自然是可見的精神

謝林的自然哲學不再像知識學那樣把自然、非我看作由自我設定的,而是把自然看作精神的無意識的階段。

　　弗里德里希・威廉・約瑟夫・謝林(西元1775年～西元1854年)出生於德國符滕堡萊昂貝格一個新教牧師家庭。他少年早慧,15歲便獲准破例進入圖賓根神學院,與年紀較長的黑格爾和荷爾德林同窗。在這期間,法國大革命和康得、費希特哲學給了青年謝林深刻的影響。西元1854年死於瑞士的旅行途中。

　　謝林是身為費希特哲學的信徒走上哲學舞臺的,但是從一開始他就有著與費希特不同的哲學旨趣和思想傾向,這種差異決定了謝林哲學的獨特地位。如果說費希特主要關注的是自我、主體或人的問題,那麼對自然、客觀世界的重視則成為謝林哲學的發源地與生長點,這也是謝林為德國古典哲學開闢的一個重要的領域。

　　謝林把自然看作是與自我一樣自身就具有實在性的東西。這樣一來,自然哲學就成為哲學不可或缺的組成部分。自然哲學不像自然科學那樣僅僅著眼於自然的表面與外在的客觀事物,只考察自然界的局部現象,而是把自然看作是一個整體,著眼於自然的、內在的動力結構和普遍原理,探究自然之為自然的構成條件。因此,謝林把自然哲學稱為「思辨的物理學」,它為自然科學提供前提和準則。

　　謝林在總結自然科學發展新成果的基礎上,力圖從自然出發來理解自然界,認為自然的發展經歷了質料、無機物和有機體三個主要階段,各種運動形式是相互聯繫並最終統一,不存在孤立的運動形式,自然是普遍聯繫的整體。

　　他明確意識到矛盾是運動的泉源,貫穿於整個自然中的是一種普遍的二元對立,「極性規律」或對立統一是「普遍的世界規律」,是自然哲學的第一原

則：「對立在每一時刻都重新產生，又在每一時刻都被消除。對立在每一時刻這樣一再產生又一再被消除，必定是一切運動的最終根據」。

謝林在自然哲學中明確表述了自然界具有能動性、創造性和變化發展的思想，認為自然應該是可見的精神，精神應該是不可見的自然，自然界從一個階段向另一個階段的發展運動，是從無意識的東西向有意識的東西的逐步轉化。物質只是自然實現自己過程中的低級階段，它是死寂的、無意識的，是一種尚不成熟的理智；意識則是自由的、有意識地產生的理智，自然本身就孕育著生命與精神，生命與精神是自然界運動和發展的產物，並且自然借助理性或精神才第一次回去復到它自身。

謝林的自然哲學以有機的和辨證的整體觀念，補充和修正了費希特哲學忽視客觀、自然的侷限，成為德國古典哲學從主觀性向客觀性過渡的關鍵環節。更為重要的是，謝林運用概念、理性的形式來說明自然界林林總總和千變萬化的本性，把自然界描繪成一個在對立發展中有機聯繫著的、逐級上升的整體，將普遍聯繫、對立統一的方法運用於對自然哲學的考察，從而第一次系統闡釋了自然的辨證法，豐富和發展了辨證法思想，被黑格爾稱為近代自然哲學的創始人。另外，儘管其自然哲學的辨證法思想為黑格爾所繼承和發展，但是，黑格爾只是把自然看作是絕對精神的異化形式，進而從根本上否定了自然界的發展變化；而謝林則是從自然本身出發，用普遍聯繫和矛盾對立的觀點來看待自然界的發展的。如此種種，使謝林的自然哲學受到了各界人士的熱烈歡迎，締造了德國自然哲學的黃金時期。

實用主義：
一種真理論。其主張，一個陳述只要符合要求，比如說：確切地描述了情境，促使人們正確地預知經驗，與已經獲得的陳述相符等等，它就是一個真實的陳述。

「絕對真理」的黑格爾

黑格爾斷言現實的就是合理的，合理的就是現實的。他認為，凡經驗主義者所以為的事實，都是不合理的，而且必然都是不合理的；只有把事實作為全體的樣貌來看，進而改變了它的外表性格，才能看出它是合理的。

黑格爾像

黑格爾（西元1770年～西元1831年）是德國古典哲學的代表之一，哲學發展史上第一個系統地闡述唯心主義辨證法的哲學家。

黑格爾出生於德國斯圖加特市一個稅務官的家庭裡，從小父親對他的學習就盯得很緊，在學好學校的每門功課的同時，還特別請了一位家庭教師指導他讀書。

黑格爾是一位好學的孩子，他每天放學回來以後都抓緊時間看父親的藏書。儘管父親的藏書很多，但是黑格爾還是嫌書不夠讀，他常常跑到圖書館瀏覽各種書籍。

中學每年照例舉行即將畢業的一屆學生演講。畢業演講的評分，在很大程度上決定他們能否順利進入大學校園。一位神色拘謹、似乎還有幾分謙恭的學生在眾人面前，念出自己演講的篇名《土耳其統治下的應用藝術與科學之衰落》。他就是黑格爾。然而教師從未聽說黑格爾對土耳其文化也有研究。黑格爾在演講開頭，歷數奧斯曼帝國不重視科學文化的種種弊病，然後話題立即轉向讚揚符騰貝格如何重視文學、科學和藝術，婉轉又巧妙地對自己的國家、故鄉及學校極力謳歌。

果然，黑格爾的這篇演講獲得在座的校長、學監與教師的一致好評，也因

此獲得了政府提供的獎學金。

他順利地進入圖賓根神學院讀大學。圖賓根神學院是培養未來教師與牧師的一座古老學府，有強烈的修道院色彩，學生們不但一律要穿著黑色袍服，而且要求學生每天早起就自修，連散步都有時間規定及專門規則約束。圖賓根神學院也有體育活動——擊劍與騎馬，這是當時進入上流社會的人物所必須具備的技能。

從此，圖賓根神學院出現了一名用功讀書，卻不太參加擊劍與騎馬活動的學生黑格爾。一些同學對黑格爾的埋頭苦讀頗有微詞，於是私底下畫了幅漫畫嘲笑他。一天，黑格爾看到了這幅畫。畫中的他是一個駝背、撐拐杖的小老頭。他寬容地笑了笑沒作計較。他比較成熟，既然能夠巧妙地用畢業演講迎合中學校長、學監們愛被奉承的心態，當然也會老練地處理同學之間的矛盾。

黑格爾畢業後來到耶拿，不久，就被聘為大學的哲學講師。他知識淵博，但卻不善言談，學生們常常對他的課程感到疑惑不解。而他的忘我狀態常成為人們的議論中心。

有一次，黑格爾被安排在三點鐘上課，但他卻記錯了時間，兩點鐘就進了教室。教室坐滿了另一個班的學生。黑格爾並沒留意，走上講臺，開始上起課來。當這個班的任課教授走到門口時，聽見黑格爾的聲音，以為自己遲到了一小時，不得不歉疚地離開。

在耶拿大學教學期間，拿破崙的軍隊攻佔了這所德國的大學城。黑格爾只得攜帶了自己的書籍來到紐倫堡。後又輾

黑格爾講課

轉到海得爾堡和柏林，在當地的大學教學謀生。他的學問艱深，能夠真正聽懂他的課的人少之又少。

他在哲學史上的主要貢獻是，把矛盾看作一切事物的真理與本質，論述了辨證法就是對立面的統一。把整個自然界、人類社會、人的思維都看作處於普遍關聯與發展變化中。其辨證法的不徹底性在於他的作為「絕對真理」的哲學體系是絕對的、永恆不變的。馬克思和恩格斯在創立唯物辨證法時，批判地吸取了黑格爾哲學中的辨證法這一合理內核。

他主張，理念是第一性的，它以純概念的形式在邏輯學中不斷發展，然後理念外化成為自然界，最後又在精神哲學的各門科學中回復到理念自身。

因此，他建立了一個以理念為基礎的、包括了一切科學的龐大的客觀唯心主義體系。

理性主義：
認為無須借助感覺，只要運用理性就能夠獲得關於世界的知識。在理性主義者看來，感覺經驗是不可靠的。與此相反的觀點，亦即敬仰主義則認為，不借助感覺就無法獲得有關世界的知識。

悲觀主義的叔本華

叔本華被稱為「悲觀主義哲學家」。他是黑格爾絕對唯心主義的反對者、新的「生命」哲學的先驅者。

　　叔本華，西元1788年2月22日出生。他與以前西方哲學家的最大不同是，傳統西方都是樂觀主義者，而叔本華卻是個典型的悲觀主義者，他的悲觀思想來自印度的印度教和佛教。而他的哲學從整個思想歷史來看，具有重要的轉型和突破意義，沒有他，就沒有現代哲學的意志主義、存在主義、生活哲學，乃至這些哲學的反面：邏輯實證和語言哲學。

　　叔本華的出身很好，父母都是有錢的商業望族。很多人認為這個家庭沒有給叔本華帶來什麼，其實，這個家庭鑄造了叔本華的一切。他財力雄厚的父親給了他不愁經濟的一生，讓叔本華可以放心的做任何事情。而他和他母親著名的矛盾，更形成了他一生對女性輕視的思想：叔本華的母親喜歡文學，曾主辦了一個著名的文藝沙龍，並自己寫書，和很多文化人交往，對此，叔本華一直反對。尤其是，母親對他缺少慈愛，卻老訓誡他不要空談空洞的傷感和哲學，這直接激怒了叔本華，於是，他認為母親在跟旁人耍弄風情並大發雷霆，最終他和母親徹底分道揚鑣。

叔本華像

　　分析這個家庭，我們看到，無論是叔本華的哲學，還是他的處世，都帶有父母的色彩：商人的父親使他可以過與其學說完全不符的生活，而文藝的母親

則賦予了他神經質般的思想和生活色彩。

　　有時候，他甚至出現一些怪異的行為：有一次，叔本華到一個柑橘園閒逛，他一邊思考他的哲學，一邊對著灌木叢自言自語。有個好奇的路人問他是誰，他帶著疑惑的目光回答說：「假如你告訴我我是誰，我將感激不盡。」說完揚長而去。

叔本華

　　在法蘭克福隱居時，叔本華每天總是帶著他的小狗上街散步，他一邊用手杖敲打路面，一邊嘀嘀咕咕，如果誰違反了他的規則，不是從他的右側經過，他就會勃然大怒。

　　每次叔本華上餐館吃飯時都有一個奇怪的習慣，他總把一枚金幣放在桌上，但令侍者失望的是，飯後他又把金幣放回口袋。

　　叔本華曾經臆想自己悲觀哲學的偉大，西元1819年自薦做了柏林大學的無俸講師，而且自負到把自己的講課和黑格爾的排在同一個時間。結果可想而知，他既沒能將黑格爾的學生吸引來，也沒使自己本來就不多的學生數得以保持，於是，不久就被迫停課。

　　更丟人的是，在後來整個柏林遭受瘟疫，而所有人都在為抗爭疾病奮鬥時，他卻逃跑了。他跑到鄉下，過著類似康得的隱修生活。

　　不過這些事並沒有讓他感到太大的不平，他真正憤恨的是他極其自負的那部經典著作《作為意志與表像的世界》自西元1818年首次發表後，只賣出了幾百本。這讓叔本華大為光火，因為他認為，他這本書的有些段落是聖靈口授給他的。之後他無數次請求出版社再版，可是直到西元1844年才出了第二版，但

這仍舊沒有任何效果。一直到叔本華晚年，隨著整個德國社會生活的普遍下降和人們的悲觀不滿情緒的產生，他這本書才真正暢銷。其原因是他的哲學與19世紀初蒸蒸日上的德國現實不符。

叔本華的哲學本體是意志，他認為這是人之所以為人的第一性本體，而世界無非是這個意志的表像而已。但是，這個意志卻是邪惡的，它是人類的全部永無止境的苦難的泉源。人因為意志而不斷追求，可是，「就像我們把肥皂泡吹得再久、吹得再大，但我們知道它終究是會破裂的。」

雖然意志欲望不滿足是痛苦，但意志得到滿足後卻並沒有什麼幸福——當我們得到所謂的願望實現後，我們反而發現自己卻更加空洞和虛無了。叔本華極端認為，意志迫使人類蓄育後代，之後便又衍生新的苦難和死亡，如此無窮。所以他認為，要求真正的解脫的路，只能是佛教的涅槃。於是，他在他的書中探討了禁欲、道德修養等很多高尚的東西。可是實際上，他自己在現實中沒有一項實踐。

他經常在上等餐館裡大肆吃海鮮；他愛過並玩弄過很多年輕的女性；他喜愛爭吵，並異常冷漠。據說，一個五十多歲的老婦人在他的門外跟朋友大聲講話，結果把他惹火，他衝出房門，提起老婦人就把她扔下樓去，使得她終身傷殘，最終法院判決叔本華在她生存期間，必須每季付給她十五塔拉的生活費。

二十年後，這個老婦人終於死了，而叔本華在帳本上記下：「老婦死，重負釋。」

神學：
對有關上帝本質的學術問題和認知問題所做的研究。與此相反，哲學則不會設定上帝的存在。

人，就是人自己的上帝

費爾巴哈的功績是在唯心主義統治德國哲學界達數十年之久後，恢復了唯物主義的權威。他曾屬青年黑格爾派，後批判了黑格爾的思維和存在同一說，提出了以人和自然為哲學唯一物件的人本學。

路德維希·費爾巴哈（西元1804年～西元1872年），是19世紀上半葉德國的唯物主義哲學家，人本學唯物主義者。費爾巴哈出生於巴伐利亞的朗茨胡特鎮，其父是一位法學家。

費爾巴哈曾立志做神學家，並於西元1923年進入古老的海德堡大學神學系。然而，一年的求學生活使他「看透了盲從的、狹隘的、愚昧的天主教教義的空虛」，他很快因信仰和理性發生衝突而對神學失望了。

費爾巴哈像

次年春天，他來到柏林大學，並在哲學系旁聽黑格爾的全部課程。從而讓他萌發了轉往哲學王國的意向。一年後，費爾巴哈正式成為柏林大學哲學系的學生。接下來的兩年裡，他主要是聽黑格爾的講課。但沒過多久，他又對黑格爾哲學的前提和抽象性質產生了懷疑和不滿。

於是，費爾巴哈轉學到了愛爾蘭根大學，開始主修植物學、解剖學和心理學。兩年後，他撰寫了論文《論統一的、普遍的和無限的理性》，透過答辯，獲得博士學位並在該校任編外講師，主要講授近代哲學史、邏輯學和形而上學。

然而，平靜的生活並沒有過上兩年，就被他親手給打碎了。西元1830年，他匿名發表了《論死與不朽》，藉以揭露基督教教義的虛偽，可是書中的泛神論思想和否定個人不死的觀點卻給他帶來了終生不幸。該書立刻就遭到了宗教人

士的猛烈攻擊，並被當局沒收。而他的真實身分也被查明，他被趕出了學校。從此，費爾巴哈離開了大學講壇，即使他後來發表的那些論著都證明他有足夠能力勝任教授職務，但他求職的努力和希望最終破滅了。他只好回到鄉下，依靠妻子的產業、自己微薄的稿酬和政府的少量津貼，過著簡樸、孤寂的生活。

這時候，他仍舊堅持學術研究，加工整理大學的講稿，他此時雖還未完全擺脫黑格爾唯心主義觀點的影響，但已經處於向唯物主義的轉變中。他對近代唯物主義給予了充分的熱情和肯定，明確地把哲學和宗教對立起來，並將哲學的發展歷史描述成為人類理性從神學下解放出來的過程。

柏林大學

　　不過，費爾巴哈最適合的還是屬於青年黑格爾派，他是盧格主編的《德意志藝術和科學哈雷年鑒》的積極撰稿人，正是這家刊物首次登出了他關於哲學和宗教問題的主要著作。這些著作批判了黑格爾的思辨唯心主義和基督教的黑暗本質，提出了費爾巴哈的人本主義原理和無神論思想，他的哲學觀點已根本轉變到唯物主義方面來了。

　　但是，他將黑格爾批判得太徹底了，他自己也走向了與其完全否定的反面。費爾巴哈不僅拋棄了黑格爾的唯心主義觀念，也捨棄了黑格爾的辨證法思想；但他畢竟在促使青年馬克思迅速轉向對黑格爾辨證理論批判改造的過程中起到了異常強大和直接的影響作用。費爾巴哈認為，人的依賴感是宗教得以延續的基礎。所謂依賴感，就是人對自己無法控制的力量所產生的依賴心理，主要指恐懼感，也包括歡樂感、報恩感等。他解釋道，原始的自然宗教或多神教以自然力為依賴對象，精神宗教或基督教則以君主體現的政治、法律、道德等社會力量為依賴對象；在依賴感的背後隱蔽著自我保存的利己主義，這是宗教暗藏玄機的最後根據。

費爾巴哈宣稱：「宗教是人類精神之夢。」人類在意志、願望和想像中是無限的、自由的，而在能力、獲得和實際中又是有限的、依賴的。為了擺脫這一切矛盾，就只能去充分幻想一種超越人和自然的力量存在，作為自己生存與幸福的保證。這便是宗教的意圖和目的之所在了。

費爾巴哈指出：宗教本質是人本質的物件化……人和自己相分裂，人使自己的本質物件化，然後，人又使自己成為這個物件化了的、轉化稱為主體人格本質的物件。這同樣也是宗教之秘密。在自然宗教和多神宗教裡，自然提供造神的材料，幻想賜予神靈性；人崇拜諸神，就是崇拜物件化在自然中人自己的特性。在基督教裡，上帝的本質是人類本質的物件化和異化；人把自己的思維力、意志力、創造力等一切心力和對未來的願望、理想都物件化了，構成全知全能的永恆上帝，作為統治自己思想和行動的力量。

在費爾巴哈看來，人的本質在宗教中被物件化、異化的後果，帶來了人性的貧乏和喪失。上帝是神聖無不、至高無上的統治者，人卻是毫無價值、罪孽深重的奴隸，人越是肯定上帝就等於越否定自己。宗教崇拜成為一切邪惡和不幸的泉源，成為導致科學文化停滯落後的根本原因。那麼，如何才能擺脫基督教及克服其所造成的後果呢？這就需要有「愛的宗教」了。費爾巴哈說：「愛乃是實踐的無神論。」在愛的宗教裡，沒有神的力量和位置，只有人與人、人對人的愛；人，就是人自己的上帝。雖然，費爾巴哈還並沒有認知宗教產生的社會階級根源；但他對宗教的批判深刻揭露、打擊了德國封建制度，是馬克思主義以前無神論的最重要成果。

先驗：
外在於感覺經驗世界。有些人認為倫理學是先驗的，因為倫理學的根源在於經驗世界。徹底的經驗主義者認為根本不存在先驗的東西，尼采和人道主義的存在主義亦然。

唱響自由的密爾

密爾認為公民自由所應當包括的三個方面中最重要的就是思想和討論的自由，即在科學、道德、政治、文化、宗教信仰等問題上，人民有形成、闡述和堅持自己意見的自由。

翻譯過來的《論自由》

約翰·密爾（西元1806年～西元1873年），出生於英國倫敦，英國哲學家、經濟學家、著名的自由主義法學家。自幼在父親的嚴厲管教下受教於英國和法國，為《旅行者》、《編年史早報》、《威斯敏斯特評論》、《法學家》等刊物撰稿多年後，應聘主編《倫敦評論》。在此期間的著述後被收錄於《論文集》中（西元1859年）。

《論自由》一書是密爾最具代表性的著作。《論自由》一書寫於西元1859年。密爾認為，個人在追求某一個合法目標時，無論在任何制度中，都不可避免會產生對他人利益的影響，造成他人利益的損失。判斷這種行為正當與否的標準應該是：是否對社會普遍利益造成危害。密爾所強調的個人自由是一種社會自由，這體現了密爾對如何實現自由原則的思考。

他認為人格的價值不僅僅是形而上學的教條，而是在實際條件下要實現的東西。他肯定思想和討論自由，並要求政府不僅要透過消極地不干預來保障公民自由，還須依靠立法來創造和增進公民自由。體制發揮作用的方式主要是社會，社會要素被引入密爾對自由的討論之中。密爾認為，政治自由和社會自由本身具有價值，人們對自由的追求不僅於己有利，也使社會能從中得到好處。透過密爾的論述，自由的範圍更加廣闊，自由主義哲學也更加貼近時代要求。

　　自由原則和自由主義哲學無論在理論上還是在實踐中都獲得了更加廣闊的發展空間。

　　密爾認為公民自由所應當包括的三個方面中最重要的就是思想和討論的自由，即在科學、道德、政治、文化、宗教信仰等問題上，人民有形成、闡述和堅持自己意見的自由。

　　討論自由是以語言、文字、音像、電子、藝術或其他形式表達意見、尋求資訊、接受觀念、傳播思想的自由。它對人類的生存和發展具有極其重要的意義。在很大程度上，人類社會政治制度的變革、經濟組織的演進、科學技術的提升，都離不開言論的自由傳播和廣泛交流。人類社會前進的每一步都與討論自由密不可分。因此，人們通常把討論自由稱為「第一權利」、「人類最重要的、潛力巨大的、活動的資源」。而思想自由和討論自由的關係可謂緊密。

　　密爾的自由原則中，曾舉了一個例子，比如說，如果有一個父親揮霍無度，把本該留給兒子繼承的錢揮霍完了，兒子因此就得不到任何繼承，父親的這個行為是不是危害，是不是涉他行為呢？密爾說：「NO！」為什麼？密爾說：「困難並不是因為這個父親揮霍無度而浪費，可能是因為這個父親又把這些錢用來進行一些審慎的經過精心考慮的投資，但是不幸這個投資失敗了，父親難道該為這個行為負責任嗎？當然不能！」

　　密爾認為，對於各種思想的自由探索和自由討論，是保證科學和藝術獲得發展的首要前提。凡有這種自由的時代，必是學術昌明、藝術輝煌的時代。凡壓制這種自由的時代，必是思想和藝術死氣沉沉、愚昧黑暗的時代。真理只能在自由探討中才能被發現。在某一個時代某一個民族思想界一時居統治地位的觀點，並不能因此而被認為即是真理的觀點。

　　儘管思想自由不應該受到控制，但現實告訴我們，控制思想絕非不可能。關於人的思想不可能被控制因而不可能不自由也並非事實。

　　第一，國家權力可以透過干涉或剝奪人們的表達自由而變相限制或剝奪人民的思想自由。因為，國家權力無法干涉人們的內心思考，但卻可以干涉人們思想的表達，而沒有思想的交流、資訊的傳播，人們就會失去資訊源、失去觀念的摩擦和不斷完善而無從思想或正確地思想，人們的思想就會逐漸的枯萎甚至死亡，思想自由也就不復存在了。

　　第二，國家權力可以透過剝奪人們的資訊自由或向人民灌輸錯誤甚至有害的資訊、理論而引誘或逼迫人民錯誤地思想。

功利主義：
一種倫理學和政治學理論，即根據行為的後果來判斷其道德屬性，認為最值得追求的結果就是最大多數人的至善，而「善」是根據快樂和無痛苦來加以定義的。

存在主義的先驅克爾凱郭爾

克爾凱郭爾是丹麥基督教思想家，存在主義的先驅。早年在哥本哈根大學學習神學，因對理性哲學特別是黑格爾主義的批評而著稱。

克爾凱郭爾西元1813年5月5日出生於哥本哈根，卒於西元1855年11月11日。他的一生生活非常淒慘，家庭給他很大的影響。與未婚妻解除了婚約，因為他認為自己擺脫不了孤獨，也無法獲得美滿的婚姻。最終他孤獨地死去了。

西元1855年10月2日，秋天的哥本哈根，一位四十出頭的男子暈倒在一條大街上。丹麥首都哥本哈根，是一座臨海而建的城市，它的秋天顯得格外沉重而陰鬱：「在這陰鬱的日子裡，太陽隱沒不見了，遍地是銀灰色的天光……在別的國度，你能清楚地看見地平線，以及地平線之外蔚藍色的蒼穹。可是在丹麥，肉眼很難分清天空和大地的界線，天與地宛如連接在一起，地面的輪廓朦朧難辨。」——即便安徒生的大筆，也未能完全寫盡哥本哈根秋天的陰鬱，未能寫盡這雲霧彌漫、細雨連綿的潮濕季節……那個人躺在人行道上，身軀孱弱、畸零、脊背佝僂；昏厥使他本已蒼白的臉上泛起不祥的青紫色彩。他躺在那裡，把秋天哥本哈根陰鬱的天光弄得更加陰鬱。事後才知道，那人昏厥於中風。在被送往醫院的途中他甦醒過來。他說：「我是到這裡來死的……」他是否嗅到了教堂和墓地那種曖昧的氣息？瞥見了死神陰森的影子？

克爾凱郭爾像

本來，單是他的名字就夠陰森了，克爾凱郭爾！在丹麥語中，這個名字既有教堂的意思，又有墓地的意思。事實上，從他呱呱墜地那一天起，他就飽受焦慮、敵意、孤獨、憂鬱、不安、畏懼、絕望的折磨，比常人格外感受到生之

煩惱和死之恐懼的分量，最後在畏懼之畏懼和絕望之絕望中走向了信仰‧滿懷絕望的熱情與人群和教會做不妥協的抗爭。

　　此刻，他抱著剛從銀行領出的最後一筆存款。只有自己才知道這筆錢意味著什麼。他孑然一身，獨自一人與整個哥本哈根乃至整個當代世界相對抗。他唯一的武器是一支筆，但這支筆也需要經濟的支撐，沒有這種支撐，他無法出版自己的著作，無法進行絕望與熱情的戰鬥。這幾天，戰鬥完全進入白熱化，他的精神處於鏖戰的亢奮狀態。他先天孱弱、畸零的身體本已力所不支，長年的心理折磨和寫作勞頓，早就悄悄地摧殘了他的心腦血管和神經系統。在此刻生命的高峰狀態，在罪過與信仰、絕望與熱情、生存與死亡、教堂與墓地的巨大衝突中，他終於倒在秋天哥本哈根陰鬱的大街上，在醫院的病床上彌留，用巨大的隱忍痛苦地眷顧著悲黯的往日……幾十天後，他孤獨地死去了……

　　克爾凱郭爾是一名虔誠的基督徒，其哲學的中心思想基本上可以說是「如何去做一個基督徒」。他還將人的存在描述成三個不同層次：感性、理性和宗教性。感性的人或是享樂主義者，或是熱衷於生活體驗的人，他們主觀而具創造力，對世界沒承擔、沒責任，覺得人世間充滿可能。理性的人則是現實的，對世界充滿承擔和責任，清楚明白人世間的道德、倫理規條。因此，有別於感性的人，理性的人知道這世界處處設限，充滿著不可能。面對不可能，理性的人只有放棄，並永遠為失去的東西而悲傷。這個時候，人只有靠著「信心的一躍」進入宗教性，相信在無限的神中凡事俱可能；儘管理性上非常明白事情的不可能性，但只有信仰荒謬，人才能重獲希望。

有效性：
一種論證的特性。如果一個論證的結論是從前提中得出的，那這個論證就是有效的。這並非意味這個結論就是正確的，如果某個前提是錯誤的，那麼結論就是錯誤的，而論證本身則仍然是有效的。

「超人」──尼采

尼采，一個具有多重身分的人：他是大學教授、詩人、哲學家、孤獨的漂泊者。他殺死了上帝，但他不是傳說中的惡魔。

尼采是個真實的人，有人說，不瞭解尼采，就不可能瞭解這個世紀的西方哲學思潮、文藝思潮和社會思潮。因此，我們就以此來窺探這位在西方哲學史上充滿爭議而又在二十世紀初掀起了政壇軒然大波的尼采。

尼采像

尼采出生於呂琛地區的勒肯鎮（現德國撒克森州境內）。他出身於宗教家庭，據說他的祖先七代都是牧師。他的父親曾任普魯士王國四位公主的教師並處於普魯士國王的庇護之下，是一位新教牧師。尼采的母親是一位虔誠的新教徒，尼采是他們的長子。

尼采的生平其實很簡單。他出生在一個有著極濃的宗教色彩的家庭，這使得他的思想充滿了宗教熱情和激狂。他在大學裡表現出眾，畢業後便一直擔任教師工作。

然而，他不佳的健康狀況，和激烈的思想熱情，使得他在休過若干次病假之後，不得不在西元1879年退職。西元1888年他精神失常了，到死一直如此。

西元1868年，他的導師李謝爾思向巴塞爾大學推薦他：「39年來，我親眼目睹了這麼多的年輕人成長，但我從未見到有哪個年輕人像尼采一樣如此早熟，而且這麼年輕就已經如此成熟……如果上帝保佑他長壽，我可預言他將來會成為第一流的德國語言學家。他今年24歲，體格健壯，精力充沛，身體健康，身心都很頑強……他是萊比錫這裡整個青年語言學家圈子裡的寵兒……您

會說，我這是在描述某種奇蹟，是的，他也就是個奇蹟，同時既可愛又謙虛。」李謝爾思第一個向世間預言尼采是位天才。

尼采

他是一個強烈的個人主義者，是一個極度崇拜個人英雄的人。因此，產生了他的「強力意志」和「超人」學說。他說：「世界除了強力意志之外，什麼也不是；同樣，你本人除了強力意志之外，什麼也不是。」強力意志就是一種昂揚向上的強大生命力，世界的一切，乃至知識和真理也都是強力意志的結果而已。而這種強力意志的極致，就是超人──完全按照強力意志行動且完全擺脫了努力意志的絕對的強者，他對世俗無所顧忌，對眾生無所憐憫，是擁有無比強大能力的個體。所以，「超人是世界的意義，讓我的意志說，超人將成為世界的意義。」

由這種思想出發，尼采認為：「所有人民的災難，除了在強而有力者的感情以外，並不在一起構成一個總和。」也就是說，百姓的苦難根本沒有意義。

尼采關於女人談的很多，有褒有貶。他說：「你去女人那裡嗎？別忘了你的鞭子。」、「男人應當訓練來戰爭，女人應當訓練來供戰士娛樂。其餘一概是愚蠢。」即便如此，其實尼采也並不躲避女人，一生中有過幾次戀愛，只是都不成功罷了。

西元1882年4月，尼采旅居羅馬，他的朋友梅森葆夫人和雷埃給他介紹了一個學生，跟他學哲學，這是一個極其聰慧、富有勉力的俄國少女，叫莎樂美。這一回，尼采真心墜入了情網。莎樂美也喜歡他，後來她這樣描繪自己對他的印象：「孤獨，這是強烈的第一印象，尼采的的形象因此而很有吸引力……當他談話激動時，眼中會點燃一對動人的火花，然後漸漸熄滅。但是，如果他心

情憂鬱，他的眼睛便顯得深不可測，流露出異常孤獨的神情。他的舉止給人一種內向而沉默寡言的印象。有時，他彬彬有禮，具有一種近於女性的溫柔，待人態度友好，風度優雅。」

他們的結伴旅行有五個月之久。其間，尼采向她娓娓講述往事，回憶童年，談論哲學，感受到一種被理解的快樂。

然而，他那致命的羞怯再一次妨礙他表露心跡，只好懇請雷埃替他求婚。殊不知雷埃自己也愛上了莎樂美。莎樂美拒絕了這兩位求婚者。她尊敬和欽佩尼采，把他看作自己的人生導師，但她的感情還不是愛情。他們繼續友好相處，後來，由於尼采的妹妹伊莉莎白出於嫉妒而進行干預和挑撥，兩人才不歡而散。

尼采的矛盾，不僅是他個人理論的矛盾，也造成了歷史的矛盾：納粹以他的思想為教父，結果導致了世界上最悲慘的戰爭；而中國革命者也對他積極回應，結果造成了一個四億民族的解放。但其中相同的，都是民族精神的高揚。在這種意義上看，尼采哲學的重要性是必須肯定的！

唯意志論：
一種主張意志是宇宙的本體、意志高於理性的唯心主義和非理性主義哲學。產生於19世紀20年代的德國，流行於19世紀下半期和20世紀初，主要代表人物是德國的A.叔本華和F.W.尼采。

實用主義哲學的先驅

詹姆斯還把實用主義看作一種方法論，並把它歸結為一句格言：「不講原則，只講效果。」

　　詹姆斯（西元1842年～西元1910年），美國哲學家、心理學機能主義和哲學實用主義的先驅。早年愛好繪畫、音樂、哲學和文學，曾決心要成為畫家，但終於轉而研究科學，於西元1869年取得哈佛大學醫學博士學位。西元1872年開始在哈佛大學講授解剖學和生理學，西元1875年他出於講課演示的需要，曾建立美國第一個心理學實驗室。他是美國心理學會的創始人之一，曾先後兩次任美國心理學會主席。

詹姆斯像

　　詹姆斯在《信仰的意志和其他普及哲學論文》中自認為他的實用主義哲學思想得益於C・S・皮爾斯。這本論文集的前四篇論文討論所謂「宗教信仰的合理性」。其他論文講決定論、道德生活、偉人、黑格爾和心靈的研究等。皮爾斯用「實用主義」這個辭彙來指實驗性的、以經驗為依據的思想。他的實用主義是用更為明確的符號來說明某種符號，藉以克服語言概念的混亂。西元1907年，詹姆斯出版了《實用主義：舊的思維方法之新名稱》，擴展了皮爾斯的實用主義，使之更加體系化。

　　詹姆斯的實用主義主要從心理學和倫理學上考察價值、評價和滿意等問題。他認為思維的主要功能是幫助我們建立「和我們的環境之間令人滿意的關係」，因而人總是按照自己的需要和願望來塑造現實的特點。這種看法和他在《原理》一書中表現的非理智主義的觀點是一脈相承的。他還認為「真理是人們

在經驗過程中構成的」，「如果有一概念，我們能用它很順利地從一部分經驗轉移到另一部分經驗，將事物美滿地聯繫起來。很穩妥地工作起來，而且能夠簡化勞動，節省勞動，那麼這個概念就是真的。」詹姆斯進而認為「真理就是任何證明自己在實現信仰中有效的東西的名稱。」他不僅把實際結果作為判斷真理的經驗的工具，認為「有用就是真理」，而且把它推廣到說明善的道德領域中，用有利於道德行為的實際結果多元性給善下定義。他甚至用這種實用主義觀點來為宗教信仰辯護。他說：「根據實用主義原則，只要關於上帝的假設在最廣泛的意義上能令人滿意地起作用，那麼這個假設便是真的。」

詹姆斯還把實用主義看作一種方法論，並把它歸結為一句格言：「不講原則，只講效果。」他說：「實用主義的方法不是什麼特別的結果，不過是一種確定方向的態度。這個態度不是去看最先的東西：原則、『範疇』和必須的假定，而是去看最後的東西：收穫、效果和事實。」他認為許多「原則」的爭論，都不是「效果」的爭論，因而是多餘的和沒有意義的，想以此來取消唯物主義和唯心主義的原則爭論。

西元1908年，詹姆斯在牛津的曼徹斯特學院演講，翌年，把演講稿編成《多元宇宙》出版，進一步發展了他在《宗教經驗之種種》一書中提出的真理的標準。他認為無論是知識、真理或意義，都應解釋為一種自然的過程或一種功能的混合物。在他看來，宇宙是以如此眾多的特殊和具體的方式聯繫在一起的非永恆過程的多元體，不可能只用抽象的思辨加以解釋。

西元1912年，詹姆斯又出版了《徹底經驗主義論文集》，主張宇宙的本源是「純粹經驗」。他說：「我認為世界只有一種本源，一切事物都由它構成，我把它稱為『純粹經驗』。」他認為具有各種規定性的萬物只是人們對「純粹經驗」或「混沌的意識流」加工改造的結果。

在《原理》中，他也說過，「我們的經驗乃是我們所注意的東西。」，「總有無數的事項呈現於我的感官之前，但是只要我們對它們沒有興趣，它們就絲

毫不能進入我的經驗之中，我的經驗乃是我所注意的東西。」又說：「實在就是我所注意的東西。」，「一切實在的基礎和起源，無論從絕對的或實踐的觀點看來，都是主觀的，也即是我自己的。」如果把他的「純粹經驗」和他在《原理》中表現的上述觀點聯繫起來，就不難看出詹姆斯純粹經驗論實際上是把經驗主觀唯心主義化。

他善於啟發學生思考，卻不要求他們照他的意思去思想。在他致力於心理學著述和教學時，他是哲學教授；在他轉而從事哲學著作時，卻當心理學教授。他的《心理學原理》出版後，多次重印，被譯成法文、德文、義大利文和俄文。當舉世為他這本書喝彩時，他卻在給他的出版商的一封信中說，他的這部著作是「令人作嘔的、膨脹的、臃腫的、浮泛的一堆資料，它不過是證明兩件事情；第一，沒有什麼科學心理學這種東西，第二，威廉·詹姆斯是一個無能的人」。

演繹：

一般在邏輯或幾何學的意義上使用，意為從前提推出結論。康得採用了來自法學家們的實踐的不同用法。法學家們把權利問題和事實問題區分開來。這兩個問題都需要證明。對事實問題的證明是經驗的，而對權利問題的證明則稱為演繹，意為對某種事情的合法性的證明。

生命就像街頭拐角處的風

亨利‧柏格森是上世紀重要的法國哲學家。可能現在很多知識分子不太知道他，但在當時，他絕對是最流行、最熱門的哲學家，不僅因為他的哲學高揚了生命而符合時代需求，也因為他的哲學的通俗易懂和其文筆的輕鬆靈動。

柏格森像

西元1859年柏格森在巴黎出生。父親是波蘭籍鋼琴家，為了生計，經常到西歐各國進行演出，因此，柏格森及他的7個兄弟姐妹就經常隨著父母奔波於歐洲各國，過著一種貧困、動盪的生活。

他父親有著很高的音樂素養，有著藝術家所獨有的善良和敏感。由於擔負著一個有八個孩子的大家庭，他的藝術才華常常被消磨於為全家人謀取生計的過程當中，但他始終沒有一絲抱怨。這給幼年的柏格森留下了深刻的印象。同時，柏格森的母親是一位樂觀、溫和的家庭婦女，在照顧孩子們的過程中也表現出一種母性的堅韌。

多年動盪的生活，使柏格森的眼界比同年齡人寬廣許多。柏格森九歲時，由於他出色的作文能力獲得了波拿巴皇家中學的獎學金，開始了寄宿的生活。11歲時，舉家搬遷倫敦，而柏格森則獨自留在法國。這段時期的獨立生活，培養了柏格森自由的天性和非常強的生活和思考能力。在此期間，他的成績永遠名列前茅。而在巴黎高等師範學院就讀大學期間，生性熱愛自由的柏格森竟敢冒天下之大不諱去抨擊當時為人所熱烈稱道的康得主義，這在當時的學生當中引起了不小的震撼。這也與柏格森早年的生活是密切相關的，正是由於那種居無定所的生活，柏格森養成了對一切都抱持懷疑態度的精神，所以在他看來，

權威是不應該存在的，越是為人們所擁戴的，越應該對其提出相反的意見。他的這種獨立思考的能力在當時是相當難得的。

最後，透過撰寫《論意識的即時性》等著作，他形成了自己的哲學體系，就是著名的柏格森主義。

在柏格森看來，世界有兩個部分，一是生命，一是物質，或者說是某種無自動力的東西。整個宇宙就是向上攀登的生命和往下降落的物質的衝突矛盾運動而形成的。生命是先天產生的一種巨大的原始力量、一個活活潑潑的活力衝動，它在物質的阻礙中奮力打開一條道路，逐漸組成整個世界。

柏格森說：「生命就像街頭拐角處的風一樣，被自己遭遇的障礙物分成方向不同的潮流；於是他不得不做出物質強要它做的適應，它一部分被物質制服了；然而它總是保持著自由活動能力，總是奮力要找到新的出路，總是在一些對立的物質障礙中尋求更大的運動自由。」所以在這個意義上：「宇宙不是被造成，而是正在不斷的生成。沒有已被造成的事物，只有正在創造的事情；沒有自我保存狀態，只有正在變化的狀態。靜止從來就是表面的，或者所說的相對的東西。」

這種不斷的運動，就構成了對於生命萬分重要的時間——即他所謂的綿延。柏格森說：「純粹的綿延是，當我們的自我讓自己生存的時候，即當自我制止把它的現在狀態和以前各狀態分開的時候，我們的意識狀態所採取的形式。」

可證實性：
一個陳述或一組陳述的特性，即這些陳述可以被經驗證據證明為真。邏輯實證主義者認為，只有可證實的經驗陳述才是有意義的。休謨和波普爾揭示出，科學定律是無法證實的。

教育即生活

杜威是美國著名的哲學家、教育學家和心理學家，是20世紀對東西方文化影響最大的人物。

西元1859年10月20日，約翰·杜威出生在佛蒙特州伯林頓地區的一個市鎮上。杜威小時候，並未表現出超人的智慧，他和許多孩子一樣，到了上學的年齡，便進入附近的一所公立學校求學。

杜威的祖輩，沒有人進入大學讀書，杜威的父親是做雜貨生意的小老闆，受過一點點學校教育。因為做生意的需要，使他對閱讀書籍產生了興趣。他讀過莎士比亞和彌爾頓等人的著作，目的在於從這些著作中吸取與做生意有關的演說類的語言和措詞。有時工作時，他引用彌爾頓的話，得意地反覆念著與眾不同的和諧悅耳的句子；有時還為自己的孩子背誦一些詩句。杜威的母親盧出生於富裕的家庭，性格開朗、熱情。她對孩子們的要求相對比較嚴格，並經常對他們提出更多的具體目標。

兩位家長的特點，有助於給孩子們提供範圍更廣的有益讀物。在一次書籍拍賣中，

杜威像

他們用自己辛苦賺來的錢，買了一套錢伯斯的《百科全書》和兩套《威弗利》小說集供孩子們閱讀。這是那些與他們同樣經濟狀況的家庭所沒有的。後來當地建立了一所公共圖書館，學校圖書館也增加了一批可以供給孩子們借閱的書籍。

當時的教育壓抑了孩子們的天性。杜威和別人一樣，對學校生活感到厭煩，但他的興趣似乎在課本之外，他樂意閱讀學校教材以外的任何書籍。暑假裡，杜威在親戚家所開辦的鋸木廠和磨坊裡，經常好奇地和高興地在那裡待上好幾個小時。身為一個男孩子，他親眼看到了他所有親戚都參與了生產工作，自己便主動承擔了一部分工作。

杜威在15歲的時候，進入了佛蒙特大學求學。大學第四年，他學習了基本的政治、經濟、哲學和宗教理論，並產生了濃厚的興趣。

經過多年的教育實驗，使實用主義教育理論得到了發展，並對這種理論充滿了信心。為了推行他的實用主義教育主張，他來到了紐約的哥倫比亞大學。在這裡，他一面任教，一面去各地進行演講，宣傳他的教育主張，並到許多國家進行考察和演講。他還在中國長期講學。

你如果認為杜威就是實用主義的創始人，那就錯了，杜威只不過是站在皮爾斯、詹姆士這些前人的肩膀上，系統地發展了這種哲學思潮，並把它具體應用到教育領域中，付諸於中辦學教育的實驗活動。我們僅從他與詹姆士的關係中可窺見一斑。

杜威曾系統地閱讀了波爾斯的著作，並與詹姆士的思想進行比較，並從中找到了缺口，他在教育實踐中進行研究探索，逐步形成了實用主義教育思想體系。

在他看來，教育是社會改良的首要工具，也是最健全的工具。他的教育思想體系中有一個最基本的觀點，可以表現為兩個口號：「教育即生活」和「學校即社會」。可以看出，杜威對傳統教學進行了徹底革新，特別注重教學內容的社會化和實用性。

他把教育看作是兒童現在生活的過程，而不是生活的預備。學校中一切課程的主要內容，就是兒童現在生活的生活經驗。學校是社會生活的一種形式，

是一種小型或雛型的社會。在學校裡，必須呈現兒童現在的生活，如同他在家庭裡，在鄰里間，在運動場上所經歷的生活一樣。

到了晚年，杜威把自己的教育哲學概括為一句話：「我們討論中的這種哲學，引用林肯關於民主的說法，是屬於經驗，由於經驗和為著經驗的。」

可見他對詹姆士從生活觀點看問題的思想既相似又有所發展。可以用一句話來描述杜威與前人和實用主義產生與發展之間的關係，那就是皮爾斯是實用主義的創始人，詹姆士使實用主義通俗化，杜威則站在前人的肩上系統地發展了它。

統覺：

與有關外部世界的知覺相對，統覺是內省的被意識到的思想，或是對內在狀態的意識。同時，它又是對「我」或「自我」，即這些狀態的主體的意識或反省。在統覺中，自我意識到自身是一個統一體，意識到自身具有行動的能力。在萊布尼茨那裡，所有的單子都有知覺，但是只有他稱作「理性靈魂」的一類特殊單子有統覺。正因為統覺，我們才變成人，才變成道德世界的成員。萊布尼茨的區分意味著，也可能有無意識的知覺存在。統覺概念在康得那裡起著核心作用。

孤獨的磨刀者

胡塞爾在現象學中的先驗唯心主義與徹底主觀主義的立場、觀點，在現象學學派內部不斷受到批評。但他提出的一些分析方法，在20世紀初以來的西方哲學與人文科學中一直具有重要影響。

　　胡塞爾（西元1859年～西元1938年）德國哲學家，是20世紀最有影響力的哲學家之一。出生於現屬捷克斯洛伐克的普羅斯涅茲城，係猶太族後裔。他和康得一樣，都是書齋裡的哲學家，一生都在純思想領域做艱辛的探索。他生前發表7部著作，但遺留的手稿比這些著作的分量大很多。胡塞爾是猶太人，晚年遭納粹迫害。死後他的妻子把他的全部手稿轉移至比利時的盧汶大學保存，戰後成立「胡塞爾檔案館」，對胡塞爾用速記法寫下的手稿加以整理編輯，出版《胡塞爾文集》，這項工作至今還沒有完成。

胡塞爾像

　　透過胡塞爾的回憶，可以知道他童年的一些生活片斷。他對他小時候住過的房間，以及在這個房間裡所做的遊戲有深刻的記憶；他印象最深的是，他在冬天常常玩一種遊戲，那就是夢幻般地追逐陽光照射下的煙霧，那煙霧是從房子對面的玻璃工廠的煙囪裡冒出來的；小胡塞爾也曾跟隨大人繞過教堂、穿過狹小的街巷到市場上去買東西。有趣的事是：他曾經和別的小孩子打賭，他敢在高高的大牆上奔跑，他記得當時自己很驕傲，覺得自己跑起來像個強壯的小馬。

　　法國著名的現象學家列維納（E.LEV-

INAS）曾給人們說過胡塞爾的一段往事。胡塞爾在斯特拉斯堡逗留的時候給列維納講過一個他童年的故事：一天，有人送給小胡塞爾一件禮物，那是一把小刀，胡塞爾覺得小刀不夠鋒利，他就不斷地磨它。他只想讓小刀更鋒利一些，但沒有想到，他越是磨刀刃，這刀刃就變得越小，最後刀刃幾乎就沒有了。列維納說，當胡塞爾講述他童年的這個有著一定深刻含義的故事時，他的語調是悲哀的，他似乎認為這件事具有某種象徵意義。

胡塞爾晚年視力衰竭，使他的閱讀量大量減少，以致連以現象學名義發表的重要文章和出版物也不能讀完，這使得他對他人的研究成果和現象學的整個發展也不能完整、準確的瞭解。以致於他難以和他人對話，難以對他人的現象學研究做出這門新哲學的奠基者權威的評論。這一切使他感到處於一種悲涼的、孤寂的處境中。

西元1934年，在致布拉格國際哲學會議的信中他表達了自己的這種孤寂。這種孤寂首先是他的新哲學缺乏回應者和忠實的信徒，因為一種決心要使本身成為科學的哲學，並且像在其他科學中一樣堅決鼓勵協作和進步事業的哲學差不多從一開始嘗試時就失敗了。

歐根‧芬克至死都是胡塞爾的助手，他是胡塞爾晚年唯一的思想對話者。胡塞爾只有透過芬克一個人來突破他個人思想的封閉圈子。在這種情況下，芬克扮演著辯論的對手。胡塞爾所感到的學術思想上的孤立，使他的思想根本上是一種獨白。這並非只是晚年如此，即使過去在面對一群知己朋友時也是如此。不過，過去他並不像晚年這麼孤寂。晚年與他來往密切的人也只有少數的幾個。

修女A‧耶格施密特是這少數人中的一個，她回憶說：「當時胡塞爾是非常孤獨的。因為納粹使得他的朋友圈子越來越小，科學界也開始疏遠他。當我去祝賀他78歲生日時，只有他一個人。晚年的胡塞爾不只是孤寂，還有一種淒涼、一種淒慘、一種不幸。這一切是誰給予的？是納粹？還是自己的性格？」

通常人總要投入到與他人的共處中才能找到自身的安寧，這是人的沉淪。雖然孤寂是他晚年生活的真實寫照，但他有「純思」為伴，孤寂又算得了什麼呢？胡塞爾曾說，他追求哲學的結果就像他小時候磨小刀一樣。他畢生的理想就是要使哲學成為「一門嚴格的科學」。

嚴格，一方面意味著最具有確定性的知識起源於內在感知之中，起源於對意識活動的內在反思之中；另一方面是指一種不依賴於相對的經驗認知的絕對觀念知識。他的哲學思想發展分為三個時期，即前現象學時期（西元1900年以前）、現象學前期（西元1901年～西元1913年）、現象學後期（西元1913年以後）。前兩個時期主要是建立了從個人特殊經驗向經驗的本質結構還原的描述現象學。後期則力圖使現象學還原深化為純粹意識或純自我，以便使知識的客觀性或確定性建立在純主觀的基礎上。

胡塞爾在現象學中的先驗唯心主義與徹底主觀主義的立場、觀點，在現象學學派內部不斷受到批評。但他提出的一些分析方法，在20世紀初以來的西方哲學與人文科學中一直具有重要影響。著有《算術哲學》、《純粹現象學和現象學哲學的觀念》等。

實然的：
斷定某件事情是或者不是的一種判斷或命題。肯定的實然判斷具有「X是Y」的形式，否定的實然判斷以「X不是Y」的形式表示。一個實然判斷是一個命題或判斷的模態形式，相對於其他兩個模態直言判斷：即或然的（可能的）和確然的（必然的）判斷。用副詞表達，一個實然判斷要不是「X事實上是Y」，就是「X事實上不是Y」。

羅素與「羅素悖論」

身為哲學家，羅素的思想大致經歷了絕對唯心主義、邏輯原子論、新實在論、中立一無論等幾個階段。他的主要貢獻首先是在數理邏輯方面，他由數理邏輯出發，建立起來的邏輯原子論和新實在論，使他成為現代分析哲學的創始人之一。

伯特蘭・羅素（西元1872年～西元1970年），英國著名哲學家、數學家、邏輯學家。著作有：《數學原理》、《數學哲學導論》、《布林什維主義的實踐和理論》。羅素先後四次結婚，卻三度不幸離異。由於政治原因，曾兩次被監禁：一次在西元1918年，因犯對美軍的誹謗罪被監禁6個月；另一次是在西元1961年他89歲時，因煽動民眾反對政府，支持核裁軍運動，在醫院被軟禁一星期。

羅素出身於一個古老而顯赫的英國輝格黨的貴族世家。他的祖父約翰・羅素曾兩度出任英國首相，他幼年受的是這種家庭教育。羅素思想深處似乎總有著某種與現代化的文明格格不入的東西，所以反對工業文明和工業化的態度，就成為有意無意在支配著他思想傾向的一個主要因素。

第一次世界大戰及其所造成的滿目瘡痍，使得他也和當時許多西方的知識分子一樣深感幻滅，於是他遠遊東方。西元1919年，他先到剛剛革命後不久的蘇聯，但停留了短時期以後感到失望，遂向東方來到中國。在中國，他發現這種文明還不曾被近代的工業化所玷污，他非常欣賞這種古老的、未經工業文明玷污的文明。此後多年，他在他的許多文章中都對中國文化稱讚不已。

伯特蘭・羅素

羅素是一位邏輯大師。有一個著名的悖論，稱為「羅素悖論」。

一天，薩維爾村理髮師掛出一塊招牌：「村裡所有不自己理髮的男人都由我幫他們理髮，我也只幫這些人理髮。」於是有人問他：「那您的頭髮由誰理呢？」理髮師頓時啞口無言。因為，如果他幫自己理髮，那麼他就屬於自己幫自己理髮的那類人。但是，招牌上說明他不幫這類人理髮，因此他不能自己理。如果由另外一個人幫他理髮，他就是不幫自己理髮的人，而招牌上明明說他要幫所有不自己理髮的男人理髮，因此，他應該自己理。由此可見，不管怎樣的推論，理髮師所說的話總是自相矛盾的。這是由英國哲學家羅素提出來的，他把關於集合論的一個著名悖論用故事通俗地表述出來。

哲學上羅素最大的貢獻是和G‧E‧摩爾一起創立了分析哲學，此外他還在認識論、形而上學、倫理學、政治哲學和哲學史方面做出過貢獻。在劍橋大學時羅素信奉唯心主義和新黑格爾主義，但是在西元1898年在摩爾的影響下羅素放棄了唯心主義，轉而研究現實主義，並很快成為「新現實主義」的宣導者。羅素之後始終強調現代邏輯學和科學的重要性，批判唯心論。

羅素的分析哲學由此誕生：透過將哲學問題轉化為邏輯符號，哲學家們就能夠更容易地推導出結果，而不會被不夠嚴謹的語言所誤導。羅素認為哲學和其他自然科學的不同只是在於其研究的方向（哲學研究更廣泛的內容），但他們的研究方法應該是相同的。哲學和數學一樣，透過應用邏輯學的方法就可以獲得確定的答案，而哲學家的工作就是發現一種能夠解釋世界本質的一種理想的邏輯語言。

世界：
在哲學中，「世界」一詞具有特殊意義，意指「全部經驗實在」，因此可以等於所有現實的和可能的經驗。

兩部書兩個世界——
維特根斯坦

維特根斯坦的哲學思想可分為前期和後期，前期為邏輯分析哲學、核心是圖式說，它對邏輯實證主義具有決定性影響；後期基本上拋棄了前期的哲學觀點，即以語言遊戲說代替了圖式說，以語言分析代替了邏輯分析，以日常語言代替了理想語言。他這一時期的哲學對日常語言哲學和科學哲學中的歷史主義有較大影響。

維特根斯坦像

路德維希·維特根斯坦，西元1889年4月26日出生於奧地利維也納一個有錢人家庭。他的父親是當地做鋼鐵生意的大商人，母親是很有藝術素養、很有藝術造詣的家庭婦女。維特根斯坦兄弟姊妹有8個，他排行老么。

維特根斯坦是當代西方哲學中的一個特殊人物。他的思想與性格都反映出他的與眾不同：他的個性既是唯我的，即更多關注自己能否得到他人的理解，又是忘我的，即全心地投入到自己思考的問題之中，而不顧及任何身外之物。

維特根斯坦在與他人爭論時表現出的粗暴態度眾所周知，最有名的例子是他在主持歡迎卡爾·波普爾的討論會上與波普爾爭論的情景。當時，波普爾應邀來劍橋做關於哲學的困惑的報告。當波普爾講到道德問題時，維特根斯坦打斷了他的話，說哲學問題其實遠比波普爾想像的要複雜得多。因此這個報告並沒有解決大家的困惑，反而讓大家更糊塗了。

對此，波普爾反擊道，他不過是用維特根斯坦和他的學生們時下所寫的一些東西作為哲學困惑的例子罷了。聽了這句話，維特根斯坦的反應顯得異常激動。他揮舞著當時正好拿在手上的撥火棍向波普爾質問，「那麼，請你給我一個關於人們公認的道德規範的例子！」波普爾也不甘示弱，他反唇相譏道：「比如，不要用撥火棍威脅一位做客的演講人！」維特根斯坦聽後勃然大怒，立即摔門而去。但當時在場的羅素馬上又把他拉回來，對他叫道：「維特根斯坦，這就是你的錯了！」

他早期師從羅素，追問可否用邏輯建構世界，對這一問題的思考和回答顯現在他在第一次世界大戰被俘虜時所寫的著作《邏輯哲學論》中。在這本書中，他認為所建構的邏輯世界是根本的，依照邏輯圖示可衍生若干個可能的現實世界，當下世界不過是其中之一。該書完成後，維特根斯坦認為他的哲學思考完成了，不再有哲學問題讓他煩心了。於是，在他出了戰俘營後，他重返故鄉，做的第一件事就是宣佈放棄父親去世時留給他的那份豐厚的遺產。有人要他解釋為什麼把這些遺產分給自己的兄弟姐妹，而不是送給窮人時，他的回答耐人尋味：因為金錢和財富會使人產生貪婪和懶惰，若給了窮人就會害了他們，而對於富人來說，他的這些錢就不算什麼了。

維特根斯坦

西元1920年至西元1926年，他經歷了托爾斯泰主義的轉變，到奧利里山區當一名鄉村小學教師，教孩子們算術和語文。儘管努力地想維持現狀，可惜沒有成功。他的性情，尤其是他那種極度不耐煩，根本不適合這份工作。然而，也正是這份工作和經歷，使他對世界的看法完全改變了。長期的思考之後，他放棄了《邏輯哲學論》中以邏輯規則為意義標準的思想，轉而採用日常語義規

則為意義的標準。提出「語言遊戲」，即把語言比作遊戲，他把語言和行動交織在一起的整體，稱為語言遊戲。並於西元1953年出版了《哲學研究》一書。

這本書代表他更加成熟的哲學思想。這時他的哲學觀點已經有了根本性的改變。他認知到語言並沒有單一的本質，相反，語言是由各種不同種類的語言遊戲組成的集合。語言除了其描述世界的功能之外，還有其他用於不同活動的重要功能。語言的意義不再限於指示外界事物，語言的意義在於它在人類各種活動中所實現的許多用途。這種語言觀不僅批判了作者自己在《邏輯哲學論》中所主張的論點，實際上也是對以奧古斯丁為代表的傳統語言觀的徹底革命。

維特根斯坦一直認為，哲學問題產生於「對我們語言邏輯的誤解」。一旦語言的運作得到人們的正確理解，哲學問題就會隨之消失。在早期階段，他認為語言的本質決定了可說的與不可說的之間的界限。傳統哲學問題就產生於用語言去說那些不可說的東西。所以找到語言的本質也就一勞永逸地解決了傳統哲學問題。在後期階段，由於認知到語言功能的多樣性，他放棄了那種對語言做出系統說明即提出理論的方法，取而代之以如實描述各種語言遊戲的方法。照這種新觀點看，哲學問題產生於不能區分不同種類的語言遊戲或者脫離語境孤立地去理解語句。因此，維特根斯坦後期哲學的特點就是透過「描述」語言的運作來對哲學問題進行「治療」，從而使其消失。

《邏輯哲學論》和《哲學研究》是維特根斯坦一生著作中最重要的兩部書，因為它們分別代表了他的前後期哲學思想。

語言遊戲：
維特根斯坦提出的語言哲學概念，把語言理解為言說者所玩的重疊而複雜的遊戲系統。在維特根斯坦看來，每一個言語都是語言遊戲中的一個步驟，它不僅僅是語言實踐，而且是生活方式。尚無普遍的理性作為一切語言遊戲背後的規則基礎，這就意味著哲學本身也是一種語言遊戲。

現代瑜伽的創始人

阿羅頻多的哲學，從現代哲學的角度看，可稱為「精神進化論」。他認為，宇宙的最高本體是一種純精神，稱之為「梵」或「宇宙精神」，世界一切現象都是「宇宙精神」的顯現形式。

阿羅頻多是瑜伽派的大師。他的出身很好，很小的時候就被帶往英國，在著名的私立學校聖保羅中學接受教育，學的是拉丁文、希臘文、英國詩歌還有歷史。他的表現極為出色，從而獲得劍橋大學的獎學金。但出人意料的是，他決定回國了──因為那是他的祖國。

20世紀初，孟加拉爭取獨立期間，阿羅頻多成為一個宣導獨立的極端民族主義集團的領袖。為了爭取自由，他不惜使用一切暴力手段。

可是他被逮捕了，被關押在加爾各答的阿里普監獄中。就在這一年裡，他發現了《薄伽梵歌》，於是一切都變了。

阿羅頻多無法自由行動，他學會了冥想，學會了自我提升和自我超越。他整天看到的是罪犯、獄卒、員警、法官、律師，但漸漸的，他學會看到同情、憐憫、正直、善良。

小小的監獄只能困住他的身體卻無法困住他的精神。正是在這種特殊的環境下，他為了追求解脫，真正地走向了瑜伽。他不再追問「什麼是國家」，轉而追問「什麼是生命」，他要追求一種真正的「神聖人生」。

要綜合數千年來分裂的幾派傳統，自創一派，這種大話可不是人人敢說的。阿羅頻多敢誇下這樣的海口，是因為他首次把進化evolution思想引入新吠檀多哲學中。

但是這種進化絕非達爾文說的物種進化，而是純粹的精神進化，是人生的

進化，在犧牲中獲得自我的提升。

印度瑜伽

物質再也不是和精神分離的了，甚至瑜伽本身亦不再是分裂的了。阿羅頻多徹底打破了業報，思辨和奉愛這些傳統瑜伽範疇，瑜伽就是瑜伽，雖然練習方法不同，但最終目的是一致的，一切都可以包容到他的整體瑜伽論中去。

阿羅頻多的哲學，從現代哲學的角度看，可稱為「精神進化論」。他認為，宇宙的最高本體是一種純精神，稱之為「梵」或「宇宙精神」，世界一切現象都是「宇宙精神」的顯現形式。「宇宙精神」分為若干等級，最低的等級是物質、第二等級是生命、第三等級是心思（指有思維能力的人）、第四等級是超心思（指超人的思維）、最高的等級是梵（指具有無限智慧和無限歡樂的神聖境界，即梵界）。

為了使精神進化論符合吠檀多基本原理，阿羅頻多認為有一個「精神」依序自我退化的過程，梵降為超心思，超心思降為心思，心思降為生命，生命降為物質。在自然界，梵披上了各種物質的外衣，成為有外殼包裹的「潛在意識」。

這種「潛在意識」有恢復自己本來面目的要求，因此推動萬物向「精神」的最高等級──梵進化。進化的過程就是由物質進化為生命，由生命進化為心思，再由心思進化為超心思，最終由超心思進化為梵。阿羅頻多所描述的梵的退化過程與黑格爾哲學中「絕對精神」從邏輯階段向自然階段的轉化過程頗為

相似，因此人們推斷，阿羅頻多的哲學肯定受到黑格爾思想的影響。

現在，自然界已經由「物質」（無生命事物）階段進化到「心思」（有思想的人）的階段，雖然人所處的「心思」階段已有了很大的進步，但是宇宙的進化絕不會就此停止。由於人內部「潛在意識」的推動，必然要進化到「超心思」階段並上升到梵界（無限福樂的「神聖人生」階段）。

但是，現在人的「心思」由於受外部物質世界的影響充滿貪欲和自私，要想進化，就必須透過「整體瑜伽」的途徑或方法，消除私欲，淨化心靈，喚醒沉睡在自己體內的「潛在意識」（即吠檀多哲學的「我」或「阿特曼」），使其真、善、美的精神本性顯現出來。喚醒了內在精神本性的人，被稱為「超人」，他再去幫助和啟迪其他的人。當世上的人都成為超人的時候，人類社會就可以進入一個和諧、統一、盡善盡美的理想境界，即「神聖人生」境界。

先驗自我：

所謂「先驗自我」，首先是具有先驗的特徵。先驗自我是絕對的被給予，是原始的奠基性領域，自我不是世界的一部分，而高於世界。不僅這個世界的自然存在，而且整個客觀世界的意義，都是因為有了自我才有效。自我是一切意義的賦予者，世界從而成為我的世界。

存在主義哲學的創始人

海德格爾是西方哲學史上一位有獨創性的、影響廣泛的思想家。他的最重要的著作是《存在與時間》（西元1926年），由於此書，海德格爾被視為現象學學派的發展者、存在主義哲學的創始人。

　　海德格爾（西元1889年～西元1966年），早年在弗萊堡大學研讀神學和哲學，西元1923年任馬堡大學哲學教授。西元1928年，接替他的老師、現象學創始人胡塞爾任弗萊堡大學哲學講座教授。

海德格爾像

　　海德格爾極為嚴格。有一次討論會，海德格爾像一頭咆哮的獅子，因為他對手裡揮舞著的一篇教授論文極不滿意，認為它簡直與哲學研究毫無共同之處！他口若懸河、滔滔不絕地至少說了三個小時，幾乎把那篇論文中的每一句話、每一個字都批駁得體無完膚。所有坐在海德格爾周圍的人：那些未來的博士和教授們，都噤若寒蟬。那是一種末日審判的景象：海德格爾彷彿用一雙無形的手，把那篇有罪的論文一頁一頁地撕得粉碎。他就是這樣的一個人。

　　阿倫特和海德格爾的故事也很有趣：他們曾經是戀人。他們在分別了17年之後又一次單獨在一起。此時的氣氛讓人不由得去回憶逝去的時光。還是像從前一樣，在談話的大部分時間裡，都是海德格爾在講，阿倫特在聽。人到花甲之年的海德格爾已顯現出難以掩飾的暮氣與老態，阿倫特心裡頓時產生一種莫名的感覺。海德格爾對阿倫特也不掩飾自己的衰老，接著，他就說到他衰老的原因完全是外界壓力所致。

他抱怨，這幾年來，他一直在忍受著來自四面八方的無端指責。那些加在他身上的罪過純屬莫須有，他怎麼會做出那麼多的壞事呢？整個晚上阿倫特幾乎被一種同情心所攫取，她靜靜地聽著海德格爾的陳述，她對他所講的痛苦深信不疑。看來，一個人對深愛過的人是無法憎恨起來的。

她還答應了海德格爾的請求，第二天，來家中認識一下他的夫人艾爾佛麗達。今晚，她有約在身，不然，她也會熱情款待阿倫特這位貴客的，海德格爾如是說。

海德格爾還希望阿倫特能與他的妻子艾爾佛麗達多接觸、聯繫，他的妻子肯定樂於接受。他還向阿倫特表達了認識他的丈夫布魯希爾的願望。阿倫特從此開始了與海德格爾夫人的通信往來。海德格爾一直承受著外界對他那段不光彩歷史的譴責。阿倫特為此深深的不安。她擔心，這位大哲學家會被淹沒在這輿論的聲浪裡而失去了他的哲學。

於是，阿倫特一回到美國，便積極為海德格爾著作的出版工作四處奔波，簡直和一年前的她判若兩人。那時，她曾十分激烈地反對在美國出版海德格爾的作品。如今，她找到代理商，洽談合約，找最好的翻譯來翻譯他的作品，她幾乎成了海德格爾在美國不爭酬金的代理人。她如此盡心盡力地為他做事，就是想幫助他從納粹的陰影中走出來。兩人像真正的朋友一樣維持著友誼。

在海德格爾看來，現象學不是科學，它是一種本源科學，因而，現象學要求自己達到對自身的原始理解。就現象學而言，生活本應是所謂的「事情本身」。現象學不應成為人所杜撰出來的一種世界觀。

課堂中的海德格爾

在海德格爾看來，打著科學招牌的世界觀無疑是一種謬誤的生活，它本應透過真正的生活和徹底地、忠實地實行這種真正的生活而獲得新生。

謬誤就是一種危險，在這種危險裡，提出和進入「先驗問題」都由於「科學的構成形式」而受到了限制。海德格爾把這種危險稱為「科學觀念的無批判的絕對化」。他認為，自稱為科學的現象學雖然在尋求一種「直接的給予性」。

而實際上，就現象學自身來說，這種「直接給予性」是無法直接給出的。現象學的這種科學性實際上遮蔽了現實的湧動著的生活，而一切「直接的給予性」，包括了現象學的問題範圍都首先是在那種無論什麼方式的生活本身的行動過程中給出的。

現象學的還原論，還原到最後就直接面對著那些活生生的、具體的東西，即生活本身。在海德格爾看來，現象學所要把握的不應該是自我，也不應該是所謂純粹意識，而只有生活。現象學的「現象」、「顯現」，就是生活。只有生活才是「自我顯現」的，才是「自足性」的和「具有意義性」的東西。

極權主義：
一個頗有爭議的社會學和政治學概念，在20世紀50和60年代成為描述希特勒和史達林政權的時髦術語。阿倫特的定義最為中肯，即認為極權主義政權不僅僅是專制，或許其突出的特點是造成每一個人心頭的極度恐懼。

波普的三個世界理論

時至今日，正是由於波普，所有的哲學家或多或少都成了證偽家，他們都認知了實證主義的失敗。有些哲學專業不願接受波普的思想，在某種程度上是因為，他的哲學常能穿透常識的的蒙蔽，違反人的直覺。很多哲學家相信，實證基礎可由理性的辨論提供，因而，也就毋須波普的推測及批評驅動的方法。

卡爾·波普像

西元1902年7月28日，卡爾·波普誕生在維也納的一個非常富有文化氣息的猶太律師家庭。他的父親是西蒙·西格蒙德·卡爾·波普博士，母親是燕妮。卡爾·波普的家位於維也納市中心，緊靠教堂。充滿書籍和音樂。他的父母放棄了猶太教信仰。

父親是一位律師，也是作家和社會改革家，非常喜愛哲學。他的母親愛好音樂，和他父親一樣對社會和哲學問題非常關心。

他在父母的房子中首先發現的就是豐富的藏書，他從柏拉圖一直讀到叔本華，其中也包括馬克思、恩格斯、弗洛依德和阿德勒。他從母親那裡繼承了音樂才能。但是這一舒適的天地卻讓第一次世界大戰的陰影籠罩著。

西元1922年他被維也納大學錄取。為實現自立，他給一位傢俱工匠做過學徒，並從事社會工作。為實現當學校教師的理想，他後來又重返校園。西元1928年，獲得哲學博士學位，西元1929年獲得教師資格證書。

20年代晚期開始，他開始與維也納著名的邏輯實證主義學派成員來往，這個傑出的知識分子群體試圖表明科學對於哲學的重要性。西元1934年他出版了一本論述科學之邏輯基礎的著作，當時幾乎無人關注，但卻相當經典。然後在

納粹反猶主義的危險下被迫離開奧地利。先到新西蘭,並在那裡獲得大學教職,二戰後回到英國,出任倫敦經濟學院科學哲學教授,一直到退休。

由於對政治和科學思想的貢獻,波普將成為二十世紀中,最偉大的一位哲學家而為人們銘記。他的很多見解已成為常識,這也可能是他名聲不振的原因吧!我們常聽人說「證偽」這一或那一理論,卻不見人提起導入這一概念的人,科學已深深烙上了證偽方法的印跡,而開放社會一詞,也成了人們的日常用語。

他的證偽論,大致是這樣的: 首先是透過猜想提出科學理論,然後就用事實來驗證它,如果能夠找出符合它的事實,它就進一步被強化,但是一個科學理論是永遠不能被證明是對的,越來越多的事實只能不斷強化這個理論,但是用遠存在下一個事實是不符合這種理論的可能性,一旦這樣的事實出現,就證明這種理論是錯誤的,就需要提出更新的理論來解釋。所以一個科學理論只可能被證明是錯的,而不可能被證明是對的。

維也納風光

波普的證偽主義很重要,但已有較大的發展。這主要涉及科學方法的問題,三個世界理論則處理更廣的問題。

波普從波爾紮諾(Bolzano)的思想出發,區分了三個世界存在,世界一包括現實的事物,也就是物理世界,包括物理物件和狀態;世界二是精神世界,包括心理素質、意識狀態、主觀經驗等存在於我們意識中的主觀觀念;世界三是客觀知識世界,包括一切見諸於客觀物質的精神產品,如語言、神學、文學藝術、科學,以及技術裝備等。

　　包括定理的客觀內容，這就是波爾紮諾所說的「定理自身」。波普以具體的事例指出，思想的客觀內容屬於世界三，它可以以不同的方法和不同的語言陳述，這種陳述的思維過程屬於世界二，這種陳述表述的是世界一。

　　區別了三個世界：物理的、或說客觀的、純現實的世界一，依賴於我們思想的主觀能力的世界二，透過判斷能觀察、過濾並記錄儲存知識的世界三。這就排除了絕對的知識。因此任何聲稱獲取了可靠的認識都是過早的提出了這種要求。儘管波普一向都認為自己是一個實在主義者，而不是一個實用主義者，但是在這種暫時有效的範圍中包含著波普學說中的實用主義的成分。

　　他斷言，世界一最先存在，世界二在新的層次上出現，世界三則出現在更高的層次上。他指出，這三個世界都是實在的，世界三與世界一、世界二一樣，在物件和增長方面具有自主性，它只是在起源上是人造的，而它一旦產生後就開始了自己的生命。他認為，世界一和世界二相互作用，世界二和世界三也相互作用，世界三與世界一則透過世界二相互作用。

　　波普在最後的歲月中主要從事的是分成三部分的本體論工作，即在三個世界之間的關係。他和埃克勒斯合寫的書主要涉及的就是身一心理論。他的本體論區別了物質世界一和我們的主觀感覺、經歷和思想的生理世界二。但是在世界三中也存在理論、論證和思想的客觀內容。

　　波普巧妙地批評了很多主流哲學觀點。他朋友很少，學術界也鮮有人皈依他的思想。他甚至被他最出色的學生所背棄。

　　他的一位同事曾開玩笑說，波普的書其實應該被他的敵人稱為開放社會。波普的追隨者很少成為著名大學有勢力教授的。儘管有這些批評和挫折，不過波普仍將在世界各地普通讀者中廣受歡迎。

　　他對開放的胸懷和觀念自由交流的呼喚，將繼續深得讀者之心。波普也留下了一批論文和未出版著作在胡佛研究所。他的著作總是充滿洞見，使他成為

二十世紀哲學家中，少數在未來仍廣受讀者關注的人物。

　　西元1994年春，卡爾·波普談到多年前年輕的索羅斯首次出現在他家門口的情形。「他走進我的辦公室，對我說，『我是倫敦經濟學院的學生。我能跟您談談嗎？』他是個聰慧機敏的學生。我寫的那本關於開放社會的書，顯然對他影響很大。他時常來與我談他的看法。我不是他的正式導師。如果現在他把我稱為他的指導教師，他是很友好的。」

　　雖然索羅斯曾一度和波普相處融洽，但是這位年輕人並沒有給這位教授留下持久的印象。波普回憶說：「我靜聽他的想法，但我不向他提任何問題。我沒有聽到多少關於他的事情。「波普對索羅斯最大的影響，在於鼓勵這位青年學生去思考世界的運行方式，盡可能地提出有助於解釋世界運行方式的哲學圖式。

　　波普這位著名的哲學家試圖把他的智慧傳給這位嶄露頭角的知識分子。他無意去幫助索羅斯應付現實世界。哲學，無論是波普還是其他人的思想，都不應是在現實世界中尋找發財之路的地圖。

證偽：
波普爾用於表示科學與非科學界限的術語。波普爾認為，科學是透過證偽現成的科學理論而進步的，一個理論在經過嚴格的檢驗之後，將為更有說服力的理論所替代。自稱永遠不可能被證偽的理論就不是科學理論。

存在就是被拋棄

「行動吧！在行動的過程中就形成了自身，人是自己行動的結果，此外什麼都不是。」

——薩特

薩特（西元1905年～西元1980年），法國當代著名作家、哲學家、存在主義文學的創始人。父親是海軍軍官，在他兩歲時去世，後來他就跟隨寡母到當大學教師的外祖父家中生活。

薩特的成名作是西元1938年出版的長篇小說《噁心》，這一部帶有自傳性質的日記體小說，透過主角對世界和人生的看法，充分表達了作者的哲學觀念──存在主義。

它的特徵是以「自我」為中心，認為人是其存在先於本質的一種生物，人的一切不是預先規範好的，而是在日常行動中才形成的。

薩特像

存在主義文學是薩特存在主義哲學的一種體現形式，具有它鮮明的特徵，這些特徵的核心是「真實感」，即提倡文學作品要如實地、赤裸裸地，一覽無遺地把世界和人類表現出來，絕對不應該把作品中的人物典型化、集中化，不應該要求他們比現實世界中的人物來得更美或更醜。

在藝術技巧上，薩特喜愛自然主義的渲染人的卑下情感和事物的醜惡細節，經常用大段的「意識流」打斷或代替故事的闡述，結構比較鬆散。薩特是當代法國哲學界、文學界的首要人物，他以他的存在主義哲學思想，影響了法國以致全世界整整兩代文學家和思想家。薩特，這個私生活中道地的浪漫主義者，與政治的關係也高潮迭起，沒有多少理性。

薩特的僧侶小屋就在蒙帕那斯。早在50年代，有一天，薩特、波伏瓦和出版商羅貝爾‧加利馬一起用餐，談起身後事，羅貝爾說：「我才不在乎呢！我是無神論者，我的繼承人願意怎麼處理我都可以。」

薩特：「我也是，我完全不在乎。」但他馬上又說，「不過，別把我葬在芒西（薩特的繼父）身邊！這是絕不可以的，我不要埋在芒西身邊！」「薩特，你都死了，還管這些。」「問題不在這裡！」薩特那個「死後之怕」，源自於詩人波德賴爾。波德賴爾就葬在離薩特墓不遠的地方。薩特某次站在波德賴爾墓前對朋友說：「你想想看，波德賴爾居然永生永世躺在奧皮克將軍身下！」

薩特一生的另一個戰場便是女人。他從未正式結婚，因為他討厭任何形式的束縛。他說：「我之所以成為哲學家，之所以如此渴望成名，說穿了，就是為了這個理由：誘惑女人。」這個兒時便在盧森堡公園的椅子上編木偶戲以吸引女孩的人，一生等待的便是女性投過來的目光。他還說：「你放棄你所喜愛的任何東西，都形同改變一個世界。」可見讓他放棄這一嗜好，也是不太可能的。

薩特

另外，他認為：存在就是被拋棄，即「被擺在那裡的存在」。如果我的存在是無根據（理由、動機）的，其意義便來自我本人，我的行為及我的選擇：「我被迫處於自由狀態。」即迫使我在沒有外部安全的情況下進行選擇，以及由於這種對自由的發現而產生的焦慮。但這種自由不是脫離自身的，它是永遠的「在場」。

即使我沒有選擇這個場景，日後我總要對我提供的意義負責。自由是意義

的唯一捐贈人，它是價值的唯一泉源。這位比任何人都能體現其時代精神的哲學家這樣描述他自己：「我只有在自由之中才感到心安理得，……我是一個真正的虛無，沉醉於自尊、自傲與坦蕩胸襟之中……這就是我想要的世界。」

50年代初，薩特等人在巴黎劇院審排薩特劇作《魔鬼和上帝》

羅格斯中心主義：
哲學家德里達所用的術語，指西方文化中以羅格斯為中心的概念。

土地上的兩個兒子

加繆的思想，其核心就是人道主義，人的尊嚴問題，一直是纏繞著他的創作、生活和政治鬥爭的根本問題。

加繆（西元1913年～西元1960年）法國小說家、戲劇家、評論家。西元1913年11月出生於阿爾及利亞的蒙多維城。他父親在西元1914年大戰時陣亡，母親帶他移居阿爾及爾貧民區，生活極為艱難。加繆靠獎學金讀完中學，西元1933年起以半工半讀的方式在阿爾及爾大學攻讀哲學。

他和阿爾及利亞之間有種扯不斷的關係。西元1957年12月10日，加繆在斯德哥爾摩市政廳從瑞典國王的手中接過了諾貝爾文學獎。在回答了關於電影、因道德或信仰原因拒服兵役、法國作家和新聞界的自由等問題之後，話題漸漸轉到了當時正日益嚴峻的的阿爾及利亞局勢上。加繆在那裡出生，並生活了27年，才於西元1940年3月移居到了祖輩生活的法國。而他的母親、哥哥、舅舅和岳母全家人仍然居住在阿爾及爾。

西元1954年11月，要求民族獨立的阿爾及利亞民族解放陣線（FLN）發動全面起義，阿爾及利亞戰爭爆發。在加繆領取諾貝爾文學獎時，戰爭已經進入了第三年。斯德哥爾摩大學的學生詢問在阿爾及爾大學是否存在對阿拉伯人的種族歧視。加繆承認，由於貧窮的原因，能夠讀得起大學

加繆像

的阿拉伯人要少於法國人。

隨後他表示願意就阿爾及利亞問題發表自己的看法。這時氣氛突然變得緊張起來，一個自稱代表阿解陣（FLN）的阿爾及利亞留學生走上加繆所在的講臺，厲聲指責他三年來沒有為阿爾及利亞做過任何事情，然後情緒激動地發表了長篇講話。由於他的吼叫和斥責打斷了學生們與加繆的理性對話，在場的瑞典學生發出了噓聲。加繆臉色變得鐵青，但盡量保持著克制闡述自己在阿爾及利亞問題上的看法：「一年零八個月以來我保持了沉默，這並不意味著我停止了行動。我曾經並且始終支持建立一個公正的阿爾及利亞……我可以肯定地告訴你，幸虧某些你所不知道的行動，你的一些同志今天才保存了性命。我一向都譴責恐怖。我也要譴責那種例如在阿爾及爾大街上盲目進行的恐怖活動，也許某一天它們就會攻擊到我的母親或我的家人。我相信正義，但是在捍衛正義之前，我首先要保衛我的母親。」

加繆對阿爾及利亞學生的那番話是想說，如果你理解的正義就是不顧後果、針對平民的恐怖活動，那麼我的母親有可能在阿爾及爾坐上被人放置了炸彈的電車，如果是這樣的話，我寧願保衛母親而不要這種恐怖主義的正義。

然而，儘管加繆一直反對阿解陣的武裝行動，但對阿爾及利亞的感情使他在各種場合呼籲法國社會理解這些行動的原因，他本人則盡力救援因武裝行動而被法國殖民當局逮捕判刑的阿解陣成員。西元1957年12月加繆在斯德哥爾摩回答學生提問時卻表示，他尊重因道德或信仰原因拒服兵役的年輕人，呼籲給予他們合法地位。

加繆的存在主義反映的是人面對世界感到的一種情緒，孤立無援，個人承擔無意義的世界，荒謬而沒有盡頭，人處於一種「被拋」的境地，也就是說，每個人都是西西弗斯，差別只在是否認知到這一點，就像西西弗斯神話中說的，「起床、電車、四小時辦公室或工廠裡的工作，吃飯、睡覺，星期一、二、三、四、五、六，總是一個節奏，大部分時間都輕易地循著這條路走下

去。僅僅有一天，產生了『為什麼』的疑問，於是，在這種帶有驚訝色彩的厭倦中一切就開始了。」對既定的生活的提問成了人類對荒誕的自覺。

加繆認為：「幸福和荒誕是同一塊土地上的兩個兒子」，幸福可以「產生於荒誕的發現」。

人和生活的分離，演員和佈景的分離；懷有希望的精神和使之失望的世界之間的分裂；肉體的需要對於使之趨於死亡的時間的反抗；世界本身所具有的、使人的理解成為不可能的那種厚度和陌生性；人對人本身所散發出的非人性感到的不適及其墮落……等等。這些都是荒誕。

論理：

康得把「論理」作為哲學的基本原理，賦予它基本原理的意義。與之相比，公理是指數學或自然科學的基本原理。這也是公理和論辯的原理之間的區別，或數學原理與哲學原理之間的區別。公理要求求諸物件的直觀，因而在特殊中考慮普遍，而論理是論證的，僅在普遍中考慮特殊。所有純粹知性的原理都是論理，因為它們都是透過對語言的分析和辯論的的論證過程而建立的。康得做出這個區別用意是來批評傳統形而上學把數學原理用於哲學的錯誤傾向。

死就意味著終結

保爾‧利科崇高的學者形象是以他卷帙浩繁的著述，融合多方流派理論的博大精深的學術研究以及那執著而又寬容的治學精神樹立起來的。

保爾‧利科（西元1913年～西元2005年），是20世紀法國傑出的思想家。在半個多世紀的教學、文字生涯中，無論遇到何種磨難、誤解、挫折，他從未放棄過自己的學術追求，始終堅守著精神領地，思想的城邦。

西元1913年2月27日，利科出生於法國南部瓦朗斯的一個新教家庭，在羅馬天主教占主導地位的法國，他似乎天生異類。利科從小就是一位「不幸」的孤

兒，他出生6個月，母親去世。他的父親曾經是一位英文教師，在利科僅僅兩歲時，戰前任英語教師的父親又陣亡於第一次世界大戰的前線。他由姥爺帶大，先在雷恩上大學，後到巴黎大學精研哲學，西元1935得到教授職銜，此後輾轉至外省任教。

保爾‧利科

二戰爆發後，利科應徵入伍，旋即被俘，囚於德軍在波蘭的戰俘營。他在獄中研讀德國現象學大師胡塞爾和存在主義哲學家卡爾‧雅斯貝爾斯的著作，並與囚友合寫了《雅斯貝爾斯與存在哲學》一書的初稿。

西元1945年，利科獲得釋放，回國重執中學教鞭。50年代開始任教於斯德拉斯堡大學，西元1956年獲巴黎大學教職，期間開始翻譯胡塞爾的作品，並成為法國哲學界對胡氏研究的領袖人物。

第二次世界大戰後，從集中營回到巴黎的他就開始現象學研究，是他翻

譯、注解了胡氏《觀念I》，繼而又奔波四處終於與同行們一起在極其困難的情況下組建了「胡塞爾中心」；五月風暴過去兩年之後，他在農泰爾的階梯教室裡平靜地教他的哲學，一位目擊者事後說：他是那麼的高貴！人們更不會忘記，從30年代起就開始為學術界奉獻的他，受過許多無理的譴責，承受過來自各方、甚至是學生造成的心靈創傷以及多次難以述說的誤解，直到80年代才真正得到承認，而這遲到的輝煌卻為這位「只透過與別人接觸而完善和證明自己」的哲學家增添了更多的光彩。

他面對這紛亂的世界，從內心深處發出這樣的宣言：「我的倫理學格式由三項構成：重視自己，關懷他人，公正的制度……人際關係的象徵是友誼，而制度的理想則是公正……」

「我在生死觀上的看法要比海德格爾的範圍和視域廣闊很多。」利科說，「我最重視的是『能夠是』成為，它要大大超過『死而生』，因為我們對『死』是一無所知，是透過他者，即死者的家屬的悲傷而獲得的。而對我們而言，死就意味著終結。

因此，我更關心的是『生』，是與他人的一起『生』。我所關注的是『公正』的東西是超越人生的。我希望與『他人』一起生。海德格爾並沒有談到『生』，在這一點上，我與海德格爾不同，我一直希望『生』，因此，我對『生』的關注要超過對『死』的關注。」他的兒子對法國媒體說，利科是在睡夢中自然死去的。

唯心主義：
一個認為現實完全是精神活動的哲學流派。換言之，顯然有內在素質和頭腦中的相對概念相互分離的事物，完全是由精神相互協調的。

結構還是後結構主義
——羅蘭・巴特

不是每一個人都能成為詩人，但每個人都經歷過成為詩人的那個時期，那便是戀愛。人們在戀愛時都會說出詩人般的話語，因為戀愛中的語言最具模糊性和多義性，一切盡在不言中。而巴特則對戀愛中語言的模糊性與多義性的分析非常有趣。

羅蘭・巴特西元1915年11月12日出生於法國雪堡，是十九世紀著名的當代法國著名文學理論家與評論家，是當代法國思想界的先鋒人物。讀書、生病、任職：如此過了一生。西元1980年2月在穿越法蘭西學苑前的大街時發生車禍，3月26日逝世……。除了年輕時生過一場肺病，65歲時死於一場莫名其妙的車禍，巴特的一生全交付給讀書和寫作。

他的《寫作的零度》、《神話學》、《戀人絮語》、《符號學原理》等作品影響了人們對文學和文化的看法，也可視為巴特對文學研究工程延伸而成的一套思想體系。

羅蘭・巴特無疑是這一類型的天才，身為法國符號學理論的大師，結構主義的思想家，在他的思維裡，似乎毫無清規戒律可言。任何一個企圖要將他歸類的想法在他的那些著作前會變得徒勞，也許把他定義在一個喜歡在文本裡捉弄、倒騰的「捉狹鬼」會更合適。他是一個喜歡兩邊奔跑的人，他會一面推崇新小說，一面卻將大量的熱情用來解釋經典的文學作品；會一面做著結構的工作，一面卻已經在解構著自己的理論。他的智慧使他相信世界並不存在所謂完美和無懈可擊這些蠢話，也使他相信那些浪漫得自以為是只不過是一些瞎了眼的傢伙在那裡盲人摸象。而浪漫本身就是發狂的特徵，否則不會說戀人都很愚蠢這類的話。

巴特對那些所謂纏綿悱惻，神秘癡狂，喃喃自語的戀人情話來了個「一個都不能少」。巴特精巧地勾勒戀愛狀態的每一個場景，但剪不斷，理還亂的戀人心緒哪裡有什麼邏輯可言？因此巴特只能針對每一個場景進行勾勒分析。巴特的分析是建立在戀人這一方，而以戀人愛上的對象為情偶之上的主體性分析。

在「情書」、「獻辭」、「我愛你」等諸多條目下，他十分精闢的揭示了語言雙向性的特徵，尤其對「我愛你」這一語詞的分析更見精彩。他透過對匈牙利語中我愛你這個黏著語的分析，說明這一情境不是指愛情表白或海誓山盟，而是指愛的反覆呼喚本身。

因為在匈牙利語中我愛你這一語句是無法被分析的，它無法被拆解，我愛你不是個句子，它不傳情達意，只是伴隨一種特定情境而生：「主體被懸吊在與異體的映照當中」，它是一種呼喚，和我們平常在說啊、哈、哦，這些語氣詞毫無二致，它是在某種特定情境裡產生的特定話語。因此對我愛你這句話最好的回應，並不是我不愛你，而是沉默，對於召喚的拒絕。

這樣它所否定的不僅僅是我愛你這個句子中的某一個指稱，而是直接否定說話人本身，是對說話人主體的拒絕，這無疑是對戀人的最大打擊。巴特在語言的分析裡騰挪跌宕，不時的精彩之論讓人驚喜不已。其實仔細捉摸巴特的思考方式，也還是不難覺察出巴特是藉否定語言的終極意義來否定神、權威和理性。他對戀人情話的分析，也看得出他對主體性高揚的浪漫主義的鄙視。這一鄙視也許只是他個人的偏見，誘惑著我們進入到他思想的迷宮裡去窺視他那時時迸發的狡點智慧。

> 超現實：
> 在一個大眾媒體支配大眾文化的世界上，已經很難區分現實與虛構了。換言之，大眾媒體的符號和意象在當代文化中如此無所不在，尤其是在美國，幾乎可以把文化稱為「超現實」了。參見博多里亞爾。

愛滋病思想家

福柯一生漂泊不定，講學多國，其思想新穎、深刻，分析方法獨特，研究主題多變，涉及文學、歷史學、哲學和政治學等領域，尤其關注癲狂、知識型、知識、權力、性欲這五大主題，並對之進行哲學沉思，以它們為基礎展開學說。

福柯全名蜜雪兒・福柯。他於西元1926年10月15日出生在法國維埃納省省會普瓦捷的一個醫生家庭，直至19歲才離開。他生活在法國的一個小資產階級的外省環境裡。成名後福柯很少談到自己的童年和少年生活，偶爾談起來，也往往出言不遜，鄙夷與忿忿之情難以平復。從中可以窺見寧靜而窒息的外省生活和第二次世界大戰的陰冷歲月對他的深刻影響。 經過三年的努力，福柯終於如願以償地進入巴黎高等師範學院。他對集體生活不能適應，對高師有組織的生活更不能忍受。他更加孤僻、暴躁，與同學吵架。雖然他是個普遍不受歡迎的人，同學們都認為他有點瘋癲，但又不得不承認他是個學習狂。

他的文化素養之高，學習能力之強，涉獵範圍之廣，在同學中有口皆碑。福柯在高師的思想發展經歷不單是學術累積和轉向的離城。他的人格發展也經歷著深刻的精神危機。這種人格危機對於福柯的學術興趣有著至關重要的作用。在競爭激烈的環境中，精神抑鬱症不是個別現象，但是福柯的情況比較嚴重。他經常酗酒，西元1948年和西元1950年，福柯兩度企圖自殺。為什麼福柯會陷入嚴重的抑鬱症乃至產生自殺的念頭？研究者傾向於認為，是由於福柯的同性戀傾向受到壓抑。福柯自己後來坦承他從很早的時候就喜歡同性夥伴。

根據一般對於同性戀的研究，同性戀往往與勝利特徵、自戀傾向、家庭壓抑以及青春期的性經驗有密切關聯。福柯從小孤僻、自傲，並且對父親的形象難以認同，在男生學校讀書等，都可能是導致同性戀的重要因素。福柯後來的男友丹尼爾・德菲爾說，福柯長期以來的痛苦不是源自於同性戀的壓抑，而是另有原因。他分析可能有兩個因素：一是福柯為自己不夠漂亮而苦惱，二是福

柯早年可能吸過毒，毒癮可能很深。

福柯曾經激動地談到愛滋病問題。他說，這個世界，權力遊戲，真理遊戲，這些本身就是危險的。但情況就是如此。這就是你所擁有的。有誰會害怕愛滋病？你明天可能會被汽車撞倒。甚至過馬路都是危險的。如果與一個男人的性愛使我感到快樂，為什麼要拒絕這種快樂？我們擁有權利，我們不應該放棄。西元1983年，愛滋病在福柯身上發作了。為了不影響《性史》（中文新版《性經驗史》）的寫作，醫生只是把病情告訴了他的秘書。

敏感的福柯很快就意識到了病情的嚴重性。一次，他問醫生：「還有多久時間？」醫生當然是輕描淡寫地加以敷衍。福柯自知來日不多。他決定發表一些原來準備延遲的演講。並且兩度到美國加州伯克利大學講學。在與那裡的朋友談到愛滋病時，福柯反問朋友：「難道你怕死嗎？」福柯表示，死並不可怕，他講述了自己車禍的經歷，那種體驗與吸毒體驗十分相似，是一種靈魂出竅、飄飄欲仙的感覺。西元1984年6月25日中午，一個驚人的消息如閃電般傳遍巴黎知識界。電臺和電視臺宣佈：福柯去世了。當時福柯還不到58歲。

福柯不論述柏拉圖、笛卡爾和康得，不討論傳統的哲學概念，而是從西方文化的邊界入手，考察瘋癲、醫學、監獄和性的歷史。在他的歷史分析中，瘋癲、疾病、犯罪和性，乃至「人」，都不是確定不移的「客觀事實」，而是「觀念」、「知識」、「話語」。歷史是時間的流程，但在他看來，歷史不是進步、發展，而是斷裂、不連續。他在人文科學中看到的不是「客觀真理」，而是權力關係。他的科學史是理性的，但是現代理性的話語卻成為他嚴厲批判的對象。

人文主義：
人文主義是一種普遍性觀點而不是一種具體的思想流派。在事物秩序中，人文主義賦予人和人性以比上帝和自然更多的意義。這一術語直到19世紀才時興起來，而在之前一直用於描述典型的文藝復興哲學。

第三章

科學之外的哲學世界

幾千年來，人類創造了多種不同的宗教，除了中國歷史上有過的主要宗教外，在人類其他文明中所形成的宗教，比如基督教、伊斯蘭教目前在世界上擁有比儒家還要多許多的信徒，其影響非常之大。

宗教往往和自然哲學、人生哲學聯繫在一起，在吠陀時代，就有人認為世界萬物的本源是「風」；也有人認為是「水」，或者是水、地、火、風四元素，或是水、地、火、風、空五大元素。以此為基礎，逐漸形成了獨特的宇宙觀、自然觀和人生觀。

其實，哲學是宗教的世俗化。當宗教充當社會的引導與認知基石時，社會是缺乏變革的。因為宗教本身缺乏變革原動力（自身受到壓迫），神是無法體會人間疾苦的，祂只是一個抽象的概念。當神主導一切時，人就無力思考其自身幸福與社會進步了。

本章在為讀者講述佛教哲學代表人物的同時，向大家講解印度的阿維森納及素有「東方朱子」之稱的朱子學者李退溪。使讀者能夠進一步瞭解宗教與哲學的關係，並加深對哲學的理解和認識。

捨身餵鷹，佛法無邊的佛祖

佛教創始人釋迦牟尼，本姓喬達摩，名悉達多。釋迦是其種族名，意思是能；牟尼意思是「仁」、「儒」、「忍」、「寂」。釋迦牟尼合起來就是「能仁」、「能儒」、「能忍」、「能寂」等，亦即是「釋迦族的聖人」的意思。

釋伽牟尼是佛教的創始人。關於他的傳說有很多。

釋尊降生於娑婆，以無量劫的修行，為娑婆眾生開示了一個解脫之道。西元前六世紀，釋尊現成佛，並建立了現在的佛教。

釋尊於西元前565年出生在古印度北部的迦毗羅衛國。釋尊的父親是「迦毗羅衛國」國王，名叫淨飯王。釋尊的母親是摩訶婆耶王后。在釋尊降生之前，出現了各種吉兆，如王后受胎後，占卜者預言王子將為聖人；王后孕期不生疾病；王后夢見六牙白象入體等。

釋伽牟尼佛像

陰曆4月初八，釋尊降生於天臂城蘭毗尼園（今尼泊爾境內靠近印度邊境小鎮魯明迪旁）。父母當時為王子起名為喬達摩·悉達多，意為「一切義成」。釋尊出生時即一剎那顯出異相，在地上直行七步，右手指天，左手劃地，說道：「天上天下，唯我獨尊。三界皆苦，吾當安之。」隨後又回到一般嬰兒模樣。

釋尊生性慈悲，不好塵世的喧囂，經常坐馬車到城外靜處遊覽。在經過城門、鬧市時，見到眾生有的疾病纏身，痛苦難熬；有的年老體衰，苦不堪言；有的親人身亡，悲苦交加……釋尊詢問他人，得到的回答是，這種事情太常見

了。於是，釋尊產生悲憫之心，發誓為一切眾生尋求解脫之法。

釋伽牟尼佛像

有一天，釋尊見到了一個沙門行者，於是上前請求解脫之法。經過沙門的開示，釋尊得知出家修行可以解脫煩惱，於是決定出家。淨飯王和王后聽說釋尊要出家，自然很不捨得，因此百般阻攔。於是，釋尊向父母提出要求，說若能滿足四個要求，自己就不出家。四個要求是：一不老，二不病，三不死，四不分。

淨飯王等自然無法滿足釋尊的要求，但又不想讓釋尊出家，於是為釋尊修了豪華的宮殿，想以生活的奢華、舒適來打消釋尊出家的念頭。但是，釋尊出家之心已決。來到山中，命車夫牽馬回宮，自己拔刀削髮，發誓道：「我今剃除鬚髮，願與一切眾生斷除煩惱習障。」從此，釋尊開始四處參訪名師，精進修行。起初，釋尊向比舍離國跋伽婆求道，後來又到王舍城隨數論派賢者阿羅羅迦羅摩和郁陀迦羅摩學習禪定。透過努力精進，釋尊雖然禪定功夫日深，但還無法解脫生死。

釋尊在菩提伽耶的菩提樹下，以吉祥草敷金剛座，靜坐默照，清淨思維四十九天，在本尊大日如來的導引下，於陰曆臘月初八黎明，抬頭見啟明星而大徹大悟，說道：「一切眾生皆具如來智慧德相，唯以妄想執著不能證得。」釋尊終於成就了菩提正果，佛號釋迦牟尼。釋尊成佛時，年僅三十一歲。

後現代主義：
旨在反對圍繞歐洲啟蒙運動的所謂現代哲學的一場哲學運動，它反對認為存在一個普遍理性或客觀認知的理論，或一般說來，可能存在永恆的人類知識基礎的思想。在多數後現代哲學家看來，人類思想和知識完全是歷史的偶然的。

大乘佛教的鼻祖

龍樹創立的就是大乘佛教的中觀宗，他的「空」、「中道」、「二諦」等思想對後世影響很大。

　　龍樹是古代印度著名的哲學家。他是大乘佛學的創始人，生於約西元2至3世紀，是南印度的婆羅門種姓，傳說其父姓「龍」，母生他於樹下，故名「龍樹」。龍樹天資特別聰明，在孩提的時候，聽到婆羅門誦讀經典，數遍之後，他即能背誦了。到了二十歲以後，對天文、地理、數學，以及婆羅門和各道的經文，幾乎都讀遍了，而且理解力相當強，因此他在青年時名氣就很大。

　　有一天，龍樹想到了佛陀所說：「貪欲是眾苦與禍患的根本，一切敗德喪命之事，皆由此引起。」於是下了皈依佛門的決心。他找到一座山上的佛塔，向一位沙門虔誠請求，出家受戒。他在佛塔待了九十多天，讀遍了所有經論，並不滿足，但已無其他經文可得。他辭師下山，又訪尋到北印度雪山的一座佛塔，向一位老比丘懇求，得到了《摩訶衍》大乘經典，他用心研讀求教。

　　三個月之後，他又背熟並理解了，仍感到不滿足，於是就周遊列國，搜集沙門的各種經論。一路上，很多人都辯不過他，他逐漸產生了驕傲，認為佛經較諸外道，其理雖然高明深奧，但亦不難窮盡，不能滿足我的要求。他就萌生非非

龍樹像

之想，別出心裁，欲另自立一派，廣收徒弟，宣揚他的學說。

正在這時，有一位叫大龍的比丘來找他，說：「年輕人，你不能持井蛙之見，你的學識再高能超越佛陀嗎？你跟我到一個地方，讓你看看大乘經典，你再下結論吧！」

大龍比丘把他帶入龍宮，打開了一個個玉石寶庫，裡面藏著數不盡的稀世經典，寶庫裡發出陣陣幽香。大龍比丘說：「年輕人，這下夠你讀了吧？」龍樹貪婪地翻閱，口裡說道：「長老，我太感謝您了！」

這下龍樹真的滿足了，比過去讀到的多十倍，玄理更精妙深奧，他如饑如渴地晝夜閱讀，不明之處隨時向龍師請教，視野頓時開闊，心胸也開始謙虛了。

至此他才真正地感悟到，佛學浩如煙海，其理博大精深，沒有任何外道能超越

龍樹

它，夠我一生用心鑽研了。同時也就打消了自立門戶的陋見。他在龍宮待了很久，把所藏的經典反覆細閱，幾乎能背誦了。他才別師出來，回到了南印度。從此大力宣揚佛法，說服外道，推廣大乘佛教。

龍樹進一步發揮了大乘佛教般若經的空性思想。所謂的「空」既不是「零」也不是「空無」，而是指「不可描述」的實在。他認為世界上一切事物以及人類的人事包括感覺、概念、意識和地、水、火、風等元素都是一種相對的、依存的關係，是假借的概念，是不真實的。它們本身沒有獨立的實體性或自性。

宇宙萬物的真實相是「空」，亦是「中道」。所謂「中道」就是不能用語言

分別，不能用概念親證的一種最高存在，也就是非有、非無、非亦有亦無、非非有非無。又認為，有為法空。我空，無我亦空。生死空，涅盤亦空。

　　既然一切皆空，那麼，世間萬物又做何解釋？龍樹說，佛陀為那些被無明覆蓋的凡夫說法時，採用俗諦，承認世界和眾生的真實存在；為那些已經消除無明、洞察真理的人說法時，採用真諦，否認世界和眾生的真實性。他認為只有眾俗諦入手，才能達到真諦，若不依俗諦，不得第一義。

　　龍樹在論述世界的非真實性，為了破除名相，排除因緣關係，還提出了不生不滅，不常不斷，不一不異，不來不出的「八不」概念。認為這四對對立的範疇是一切存在的基本形式，也是人們認知事物的依據，在每一個範疇的前面加上否定的「不」字，說明了事物存在和認知的相對性、不真實性。可見，龍樹的範疇論是為他的本論輔助的。他的「八不」說，不生不滅是指實體而言，不常不斷是從時間方面考量，不一不異是從空間方面說，不來不出是從運動方面來說明的，這四對範疇包含了某些唯心主義辨證法的因素。

解構：
一種當代哲學方法，意在追究哲學論證的不一致和偶然性，主要歸功於德里達的工作。解構主義者的運作旨在玩掉反對他們的哲學論點。

唯識派大師無著

無著是第四世紀最著名的印度佛教聖者，瑜伽宗理論體系的主要建立者。

關於無著學得佛法，有一個傳說：無著熱切希望能夠見到彌勒菩薩出現，從祂那裡接受教法。就艱苦地做了六年的禪修，可是連一次吉兆的夢也沒有。他很灰心，以為他不可能達成看見彌勒菩薩的願望，就離開了閉關房。

他在路上走著，看到一人拿著一塊絲綢在磨大鐵棒。無著問他在做什麼？

那個人回答：「我沒有針，所以我想把這根大鐵棒磨成針。」

無著驚奇地盯著他，自言自語：「看人們竟如此認真對待這種荒謬透頂的事，而你正在做真正有價值的修行，還如此不專心！」

於是他調頭，又回到閉關房。三年又過去了，還是沒有見到彌勒菩薩的絲毫跡象。他想：「我將永遠不會成功。」因此，他又離開了閉關房。

不久走到路上轉彎的地方，看到一塊很大的石頭。在岩石下，一個人拿著一根羽毛浸水忙著刷石頭。

無著問：「你在做什麼？」

那個人回答：「這塊大石頭擋住我家的陽光，我要把它搬開。」無著對這個人不屈不撓的精神甚感訝異，對自己的缺乏決心感到羞恥。於是，他又回到

無著像

閉關房。

三年又過去了，他仍然連一個好夢都沒有。這下子他完全死心了，決定永遠離開閉關房。

當天下午，他遇到一隻狗躺在路旁。牠只有兩隻前腳，整個下半身都已經腐爛掉，佈滿密密麻麻的蛆。無著心中產生了無比的慈悲心。他從自己身上割下一塊肉，拿給狗吃。

無著庵

然後，他蹲下來，要把狗身上的蛆抓掉。但他突然想到，如果用手去抓蛆的話，可能會傷害到牠，唯一的方法就是用舌頭去舔。

無著於是雙膝跪在地上，看著那堆蠕動的蛆，閉起他的眼睛。他傾身靠近狗，伸出舌頭……結果他的舌頭碰到地面。

他睜開眼睛，那隻狗已經不見了；在同樣的地方出現彌勒菩薩，四周是閃閃發亮的光輪。「終於看到了。」無著說：「為什麼從前都不示現給我看？」

彌勒菩薩地說：「其實我一直都跟你在一起，但你的業障卻讓你看不到我。你十二年的修行，慢慢溶化你的業障，因此你終於能看到那隻狗。」彌勒菩薩把無著帶到天界，傳授給他許多崇高的教法。

無著的思想，概括在他的《攝大乘論》一書中。

該書根據《大乘阿毗達磨經》對唯識論進行了系統的闡明，認為阿賴耶識是一切諸法的根本，也是生死輪迴的主體，具有能藏、所藏和執藏三種性質。另外，為了闡明「一切唯識」、「境無識有」，他還提出三性說，他認為從認知上看對宇宙萬有可分析為三類，即遍計所執性、依他起性和圓成實性。

　　遍計所執性是一種虛妄的存在，是由於人對外界事物的迷妄而賦予它的名稱；依他起性是一種相對的存在，事物本身並非永恆的存在，而是由因緣或條件引起的；圓成實性是一種絕對的存在，它最完滿、最真實，排除了各種妄執而達到的一種存在。

　　無著的批駁數論、勝論、順世論、佛教說一切有部和中觀派的過程中，在方法論上運用了因明，由於重點是和別人辨別是非，所以採用論議的形式，總括為七因明，即論體性、論處所、論所依、論莊嚴、論墮負、論出離、論多所作法。七因明雖然不是無著首創，但是他繼承了前人的學說並吸取了正理論的精華，構成了自己的方法論，成為唯識派理論的重要組成部分之一。

交往行為：
目前十分流行的「交往行為概念」，是由當代德國哲學家哈貝馬斯提出的。簡言之，它指傾向於產生理解和交往的行為。哈貝馬斯認為，這是現代世界基本的政治項目。

解空第一的僧肇

僧肇雖生於玄學盛行之後，早年又曾受老莊的影響，但他的學問實得於鳩摩羅什，以《維摩》、《般若》、《三論》為宗。他以緣生無性（實相）立處皆真為中心思想以談體用動靜有無等問題，頗為學術界所稱賞。

僧肇（西元384年～西元414年），京兆（今陝西西安）人，俗姓張。僧肇出生於貧困家庭，「以傭書為業」。正因他以給人抄書為生，得以閱讀大量書籍，遍觀經史。於中，僧肇尤其喜好老莊，但又覺得老子未達到盡善境界，因而更推崇莊子。

不過，他對這兩部書仍有不滿意之處。有一次讀罷《老子·道德章》，掩卷沉思，喟然歎息道：「美則美矣，然而要把它當作精神寄託，期望冥除思想系累，則還不能盡如人意。」

後來他讀到三國時支謙在吳國譯出的舊本《維摩經》，高興異常。經過反覆的研讀體會，認為此書的精妙理論，才是自己思想的歸宿。於是披剃出家，皈依了佛門。

從此潛心研讀佛典，對大乘佛學的典籍研究得最深，兼通經、律、論三藏。

20歲時，他已名振關輔，京城長安及其附近地區，誰都知道僧肇是一位年輕有為的佛教理論家。但也有一些人對僧肇年輕早就很不服氣，為了

僧肇像

爭名氣，比高低，有的人竟千里負糧前來和僧肇抗辯。

僧肇學問既深，又富於辯才，論辯中沉著機智，總是不失時機的將論敵挫敗。據說長安的宿儒和外地的名流，都敵不過僧肇犀利的辯鋒。經過多次較量，僧肇的名聲更大了。

但僧肇不為虛名所惑，自知對於佛學的認識還很不夠。他聽說鳩摩羅什大師在姑臧（今甘肅武威），便不辭辛苦，奔赴姑臧拜鳩摩羅什為師，問道受學，精勤努力，深受羅什賞識。

後來羅什被送到長安，僧肇也隨行回鄉。姚興請羅什主持譯事，僧肇和僧睿等助譯。弘始五年（西元403），羅什譯出《摩訶般若波羅蜜經》，即《大品般若》後，僧肇寫出一篇《般若無知論》闡揚其意義，羅什讀後，大稱「善哉」！遠在廬山的居士劉遺民見到此文後，對僧肇說：「不意方袍，復有平叔。」慧遠見到此論，則扶幾長歎：「未常有也！」劉遺民致書僧肇提出疑問，僧肇一一作答，並向廬山方面介紹了長安方面的譯事盛況。

僧肇之學，實則在強調一個「中」、中道。僧肇以動靜、生滅論「中」，為《物不遷論》；以有無、體用論「中」，為《不真空論》；以知（般若）與無知論「中」，為《般若無知論》；以名（涅盤之名）與無名論「中」，為《涅盤無名論》。龍樹以「八不」論中道，還只是對世界本質的一種本體分析，僧肇將中道方法擴展到了認識論和解脫論上了。

《物不遷論》是講即動即靜之中道。按照俗理來說，物體是運動的，而按照佛教的真諦，諸法無來去，不變不動。如果只強調俗諦之「遷」，那麼明顯是違背真諦的，但要是只講真諦之「不遷」，又難以為俗士所接受，「談真則逆俗，順俗則違真」。

如何處理遷（動）和不遷（靜）的關係？僧肇提出即動即靜之中道，在物之遷與不遷之間處其「中」，「聊復寄心於動靜之際」。如同莊子處於「材與不

材之間」。「物不遷」這一命題中的「物」，代表俗諦之動，「不遷」，代表真諦之靜。所以這個「物不遷」的概括，具有即動即靜之意。

　　僧肇提出一個基本觀點，「即萬物之自虛」。從俗諦認為是實有的萬物本身來認識萬物的空，而不是離開萬物，空虛自心地理解這個問題。具體而言，雖有而非有，雖無而不無。無不是絕對的虛無，有也非指真實之存在。為什麼沒有真有存在呢？有如果是真有，僧肇認為應該是箔常的有，而不需要待緣而有。同樣，無假若是真無，也應該是永恆的無，而不要以緣起而論無。而按照空宗的緣起論原則，有不能自主地成其有，是待緣而成有，因此，有非真有，是假。同樣，由於緣合而成有，說明不可能有絕對的無和離有之無。

　　陰陽：

　　本義為日照的向背。向日者為陽，背日者為陰。後來用以指氣和事物所包含的對立因素。

山林間的優雅僧人

慧遠在廬山對佛教理論繼續進行了深入研究，而且有所發揮，使佛教和政治進一步結合起來，推動了佛教的發展。他主張佛性之說，認為佛的精神實體是不變的，是永恆存在的，人們應該把達到這一境界作為奮鬥目標。佛教徒稱佛學是內學，把儒、玄叫做外道。

慧遠本姓賈，出身於仕宦家庭。他從小喜好讀書，十三歲時即隨其舅父令狐氏遊學於許昌、洛陽一帶，讀了大量儒家、道家典籍。致使當時的宿儒賢達，也無不嘆服他學識淵博。

21歲與弟弟慧持一起跟從道安出家，擅長般若之學。東晉太元六年（西元381年）入廬山，在東林寺傳法。他的弟子甚多。元興元年（西元402年）與朋友集結了白蓮社，傳授淨土念佛法，組織並翻譯整理佛教經典《阿毗曇心論》、《十誦律》等。第二年著作了《沙門不敬王者論》，在書中主張應該面對世俗王權，要爭取享有獨立地位。他的主要著作有《明報應論》、《三報論》，主要談論靈魂不滅、因果報應。

慧遠像

晉哀帝興寧三年，北方的少數民族統領慕容氏侵擾河南，慧遠跟隨師父道安避難到了湖北的襄陽。在當時，有個名僧叫道箱，在荊州一帶宣揚般若學的「心無」，影響很大。

慧遠不同意這種看法，就產生了與他辯論的念頭。他跟師父說，道安一聽十分高興，當下同意。於是慧遠奉道安之命，前往慰問正在患病的一個叫做竺法汰的人。

慧遠離去後，立刻向道箝攻難。據《高僧傳‧卷五‧竺法汰傳》的記載：「慧遠就席，攻難數番，關責鋒起。箝自義途差異，神色微動。尾扣案，未即有答。遠曰：『不疾而速，杼柚何為？』坐者皆笑。心無之義，於此而息。」

「不疾而速」這句話，出自《易‧繫辭》。「杼柚」是織布機的一個小部件，即梭子和軸子，在這裡被引申為反覆思考的意思。「心無」主張心體「豁如太虛，虛而能知」，慧遠就反駁他說，既然「心無」能「不疾而速」，那又何必苦費思索啊！慧遠巧妙地援引了《周易》來駁斥道箝，使道箝一時無言以對。

晉孝武帝太元三年（西元378年），前秦王圍困襄陽，梁州刺史朱序為了安全起見，留住道安不讓他外出。道安便派遣他的各個徒弟到全國各地去傳教。

慧遠圖

臨行之前，道安對弟子們一一加以勸勉，但是只有對慧遠不發一言。慧遠誠惶誠恐，跪在師父前問道：「獨無訓勖，懼非人例？」道安就說：「像你這樣的人，難道還有什麼可以擔憂的嗎？」於是，慧遠和師兄弟等一行十餘人告別了道安，南下荊州。

從此，慧遠終生再也沒能與師父相見。

晉安帝義熙六年（西元410年），盧循率領十餘萬農民軍從廣州起兵北上，

佔據江州（今江西九江）時，入山拜訪慧遠。慧遠與盧循的父親盧嘏同過學，見到盧循後熱情相待，並高興地述說幼年往事。

　　當時有的和尚勸慧遠說：「盧循為國寇，和他這樣交厚，難道不會引起朝廷懷疑嗎？」慧遠不以為然地說：「我佛法中情無取捨，這一點有識之士都瞭解，沒有什麼可怕的。」不久，盧循被劉裕擊敗。劉裕率領軍隊追擊盧循經過江州的時候，手下人告訴他說，慧遠與盧循交情很深。劉裕說：「遠公世表之人，必無彼此。」於是派人給慧遠送去一封信，表示敬意，同時還送給慧遠一些錢和米。

　　慧遠由唯心主義的「本無」哲學向神秘的超驗主義的轉化，他對因果報應說的闡述和與此相關的形盡神不滅的唯心主義理論，以及他為調和佛教與中國傳統道德的矛盾所做的努力，並提出「儒佛合明論」。

氣：
本義為雲煙、雲氣。後用以指無形狀的充塞於整個宇宙的彌漫性物質，是構成物質存在的基本元素。

吠陀哲學大師喬荼波陀

喬荼波陀對奧義書哲學和佛家大乘學說有獨到的研究，在聖教論中提出一系列新見解，構建了一個新的吠檀多體系。因此，《聖教論》不僅僅是一部對《蛙氏奧義》的權威注釋，而且成為一部自成體系的獨立作品。

喬荼波陀，無分別不二論的奠基人。深受中觀和唯識的「幻論」影響，並將之運用到《奧義書》的注解中，寫成其代表作《聖教論》。其主要思想有「三相」和「四位說」。認為夢時境界是幻，醒時境界也是幻，一切皆幻，唯梵獨真。由奧義書的「梵──我」思想到「梵──我──幻」思想，既奠定以後吠檀多各個支派發展的基礎，也成為它們之間爭論的根源。

關於他的生平和事蹟，僅有傳說，沒有可靠的歷史或記載。

據說，喬荼波陀是戈文陀的老師，戈文陀是商羯羅的老師。商羯羅曾說他受過喬氏的教導和影響，還談論過喬氏的其他弟子的道德文章。

也就是說，喬氏生活在商羯羅的學生時代。至於商羯羅的年代問題，雖然有些爭議，但學術界普遍地接受這一說法：商羯羅的年代約為西元788年～西元800年。

由此推定，喬氏既然能夠直接教導商揭羅，那麼他至少活到西元800年──喬氏的年代約為7世紀末至8世紀初。

傳說喬荼波陀寫過好幾部哲學著作，但公認是他本人的原作，只有一部──《喬荼波陀頌》，即通稱的《聖教論》。此論一般地闡述奧義書哲學，而專門為蛙氏奧義作注解，故又稱為蛙氏奧義頌。

喬荼波陀在《聖教論》提出的、用佛家範疇所論證的「無差別不二論」，在當時的宗教哲學界，特別是在本宗的吠檀多學者中，引起相當大的迴響。一些

同派的吠檀多論師強烈反對喬氏把奧義書的「梵我」和佛家的「真如、實相、阿賴耶識」等最高範疇畫上等號。

隨後，商揭羅繼承喬氏的哲學，大力弘揚無差別不二論。他撰寫了公認為權威著作《機經有身疏》，集中地闡述這一理論，並創造性地做了發展。

與商氏同時代和在他之後者紛紛站出來，從不同的理論角度注解《脫經》，從而形成了許多與商氏觀點相左的吠檀多支派和理論。

其中主要的有：分別不分別論、差別不二論、有二論（二無論）、二不二論、濕婆差別不二論、分別不分別我差別不二論、清淨不二論、梵我一如分別論、不可思議分別不分別論等這些吠值多支派的理論，從總體上說，擴大了吠檀多學派在學術界的影響，使它逐漸在印度意識形態領域中佔據主導地位，成為占印度人口75%的印度教徒的人生觀賴以形成的思想基礎。

今天，吠檀多哲學已不成文地被印度統治集團奉作治理國家大事的指導思想。因此，研究吠檀多哲學，特別是喬荼波陀和商揭羅的無差別不二論，對於瞭解印度人的思想，無論是它過去的淵源或現在的趨勢，無論它是官方的或民間的，同樣具有不容忽視的現實意義。

存在：
這是一個非常複雜的術語，從古希臘到當代哲學，具有完全不同的意義。最近的意義是由海德格爾提出的。海德格爾在《存在與時間》中認為，「存在」先於「存在者」或事物，因為前者包含了後者被理解和獲得意義的條件。在海德格爾看來，存在是歷史的，不可還原的。

阿拉伯最著名的哲學家

阿維森納不僅是位科學家，在哲學上，他認為永恆存在的物質不是真主創造的，而是從真主的泉源中「流」出來的精神，精神將形式賦予質料，然後形成物質。

阿維森納（西元980年～西元1037年）是阿拉伯著名醫生和自然科學家。原名伊本・西拿。西元980年出生於布哈拉附近的哈梅森（在今蘇聯烏茲別克），西元1037年6月卒於哈馬丹（在今伊朗）。他自幼受到良好教育，博學多聞，成為中世紀伊斯蘭世界醫術高明的醫生和知識淵博的學者。曾受聘於幾個穆斯林的統治者。

阿維森納天資聰穎，自幼好學，很小就顯示出超人的才華。10歲的時候，他就修完了普通學校的所有課程，並能背誦全部《古蘭經》和許多阿拉伯文學著作。

阿維森納像

後來在一名叫納特里的哲學老師的指導下，阿維森納開始系統地閱讀古希臘的醫學、數學、哲學和天文學著作，為自己日後成為一名醫學家打下了堅實的基礎。

阿維森納讀書時堅持獨立思考，善於舉一反三。在學習歐幾里得的《幾何原本》一書時，他先是從頭到尾看了五、六遍，然後自己努力鑽研，用僅僅學過的六種幾何圖形演繹出當時已經很深奧的幾何學，最後才解答書中其餘部分的題目。

他自幼勤奮，博覽群書，16歲時就嶄露頭角，成為名醫，四面八方前來求

診的病人絡繹不絕，甚至各地的醫生也前來求教。

阿維森納18歲那年，當時的統治者埃米爾得了重病，許多巫師和醫生都束手無策，他卻自告奮勇前去診治，結果醫好了埃米爾的病。

埃米爾為了對他表示感謝，不僅委任他為御醫，而且還特許他進入王室圖書館。這是極少數博學之士才能享有的特權。阿維森納得到這個機會，如獲至寶，日以繼夜地讀著館藏的各科圖書。累了、睏了，就喝一點果子酒，提一提神接著又繼續看。

憑藉著非凡的記憶力和理解力，在很短的時間內，他就把整個圖書館的書看完了。這一經歷使他進一步熟悉了前人的成就，對他後來學術上的深湛造詣有著很大的影響。後來，這座王室圖書館被燒毀了，成千上萬冊圖書化為灰燼，人們卻慶幸地互相告慰說：「智慧的寶庫並沒有毀掉，它已轉移到『學者大師』的大腦中去了。」

西元999年，埃米爾王朝滅亡，阿維森納的父親去世，阿維森納的住宅也被掠奪。他不得不離鄉背井，開始了長達15年的漂泊流浪、江湖行醫的生活。在此期間，他與米茲加尼相識結為好友，並總結診斷實踐經驗，完成了《起始與回復》一書和開始了名著《醫典》的寫作。

西元1014年，阿維森納遷入哈馬丹定居。後來因為他治癒了哈馬丹君主的病而被任命為大臣。但是，由於他對醫學、科學的態度十分認真，為人誠懇爽直，剛正不阿，又不善於應酬、奉迎，因此常常受到朝中權貴們的排擠。

有一次，宮廷發生內訌，王室衛隊誣陷他暗藏奸黨，突然闖進他的官邸，把財物洗劫一空。阿維森納幸好從後門逃走，才免去一死。君主死後，王子之間爭奪王位，爭鬥更加激烈，有人乘機指控阿維森納不信真主，散佈邪說。他因此鋃鐺入獄。直到查發爾王子攻克哈馬丹，他才被釋放出來，並被任命為隨從醫官和科學顧問。

　　阿維森納最後14年是在阿拉・杜拉王的庇護下度過的。

　　關於山脈的形成，他認為有兩種可能，一類是伴隨著地震的陸地上升，另一類是由風雨侵蝕地面而成。他提出在地球的漫長歷史中，海洋和陸地曾不只一次地更替著。古代的人熱衷於煉金術，幻想用廉價金屬製造黃金。而阿維森納明確地指出，金屬是不可能相互轉化的。這種觀點在當時可謂標新立異，並威脅到一些江湖術士的飯碗。他對金屬性質的認知得益於對礦物的深入研究，他提出對岩石和礦物的分類，得到廣泛的傳播，一直影響到近代科學。

阿維森納

　　另外，他還是阿拉伯亞里斯多德學派主要代表之一。持二元論，並創造了自己的學說。肯定物質世界是永恆的、不可創造的，同時又承認真主是永恆《知識論》等。主張靈魂不滅也不輪迴，反對死者復活之說。

把握：
德國哲學家赫爾巴特最早提出表像把握的概念，洛茲後來加以發展，在布倫塔諾哲學中成為基本範疇，並影響到胡塞爾。胡塞爾在把握概念中做了細微的區別：被內在構成的把握和屬於此內在構成的把握；完全的、持續的把握可使感覺內容活躍化。他並且提出了「原把握」概念，後者不再被構成，不再是一種行為，而併入到時間流諸位相之內。

朝鮮的朱熹——李退溪

李退溪是朝鮮性理學之巨擘，其學以朱子學為宗。他曾撰文嚴厲批評王陽明，在李退溪與奇高峰關於「四端七情」的辯論中，雙方均援引朱子的文獻作為論據，且自認為忠於朱子的觀點。

李滉（西元1501年～西元1570年），字景浩，號退溪，朝鮮中期的大臣、學者、儒學思想家。他生活在朝鮮的李朝時代，那個時候，中國的朱子學逐漸傳到朝鮮，李滉透過自己的努力，不僅成為值得矚目的朱子學者，也使朱子學和理學成為了朝鮮的正統學說。他不僅成為朝鮮儒學泰斗，而且還被稱為東方朱子。

李退溪在韓國家喻戶曉，韓國政府為了紀念這位思想家，將其頭像印在1000元的韓圓上。此外，首爾鍾路區北部亦有一條退溪路用以紀念他。

在他很小的時候父親就死了，他是由叔父養大的，這種經歷，使得他從小就養成了堅忍不拔的性格。後來，他刻苦學習了很多學問，最終成為朝廷中的學術領袖。李退溪的學習過程是艱苦而且經歷了很多階段的。

早年時，因為朱子學的很多正宗讀物沒有傳到朝鮮，所以，他僅僅憑藉一些基本的讀物來進行學習，在此過程中，他著力於對道德心的實踐功夫，每天用功於一事一物的精細中，並真正做到了不苟且於自心。

50歲之後，《朱子大全》傳到了朝鮮，李退溪於是毅然決然的從國家大學士的高官

李滉像

上隱退下來，在退溪路附近建築了一座寒棲庵認真刻苦的學習朱子學的真諦，並編纂了《朱子書節要》等朱子學著作。

難能可貴的是，他還編寫了一部《宋季元明理學通錄》，對宋、元、明的理學思想進行了學術史的考究，堪稱第一本宋明理學史的教科書。

李退溪一生最重要的學術活動，是他捍衛朱子學，而和當時剛剛傳到朝鮮的王陽明心學進行的抗爭。當時，王陽明的學問一傳到朝鮮便引起了很多人的反應和追捧。但李退溪獨自力排眾議，以捍衛程朱思想為己任，堅持「以朱子為宗」。

他一方面批判王陽明的學說是禪宗的頓悟學說，不是儒學的正統，一方面努力研究朱子學術的真正含義以求從本源上瞭解和建立朱子學的正統。

經過他的努力，朝鮮始終保持了朱子學術的正宗，而李退溪也被稱為「朱子正宗」、「海東朱子」。

應該說，從明朝以後，朱子學已經不再是中國思想界的生命力來源和重心，但是傳到朝鮮，後又傳到日本，並在那裡發生了新的發展，而且對那裡的文化和思想產生重大影響。就整個東亞的文化圈來說，李退溪是其重要的一個環節，他是朱子儒學東亞化的重要貢獻者和作用者！

意向作用：

意向作用有兩種含義：

1、作為描述心理學概念時，即為意識中所意向物（意向物件）的主觀所與樣式。

2、作為構成性的、意義給予性的現象學概念。意向作用側的分析又稱綜合學分析，即一切物件均經意向作用而成為綜合統一體，它們從此綜合作用中取得意義。

國家圖書館出版品預行編目資料

關於哲學的100個故事／黎瑞山編著.
－－第一版－－臺北市：宇炯文化出版；
紅螞蟻圖書發行，2007.3
面　　公分－－（ELITE；1）
ISBN 978-957-659-604-9（平裝）

1.哲學-通俗作品

100　　　　　　　　　　　　　96002566

ELITE 01

關於哲學的100個故事

編　　著／黎瑞山
發 行 人／賴秀珍
總 編 輯／何南輝
校　　對／楊安妮、鍾佳穎、朱慧蒨
美術構成／Chris' office
出　　版／宇炯文化出版有限公司
發　　行／紅螞蟻圖書有限公司
地　　址／台北市內湖區舊宗路二段121巷19號（紅螞蟻資訊大樓）
網　　站／www.e-redant.com
郵撥帳號／1604621-1　紅螞蟻圖書有限公司
電　　話／(02)2795-3656（代表號）
傳　　真／(02)2795-4100
登 記 證／局版北市業字第1446號
法律顧問／許晏賓律師
印 刷 廠／卡樂彩色製版印刷有限公司
出版日期／2007年3月　第一版第一刷
　　　　　2014年1月　　　　第三刷

定價 300 元　　港幣 100 元

ISBN　978-957-659-604-9　　　　　　Printed in Taiwan